現代社会政策の
フロンティア
3

金融による
コミュニティ・エンパワーメント

貧困と社会的排除への挑戦

小関隆志 著

ミネルヴァ書房

社会政策にかかわる研究の飛躍的な発展のために
―― 現代社会政策のフロンティアの発刊に際して ――

　現代は、社会政策システムの転換期にある。
　第二次世界大戦後における日本の社会政策システムには、その主要な前提の一つとして、男性労働者とその家族の生活が企業にふかく依存する、という関係があった。この依存関係は、いわゆる高度経済成長期と、それにつづく安定成長期のどちらにおいても、きわめて強固であった。その依存は、労働者の企業への献身と表裏であり、日本の経済的パフォーマンスの高さの主要な源泉ともみなされていた。
　しかし、バブル経済が崩壊し、1990年代に経済が停滞するなかで、この依存関係は大きく揺らぐこととなった。そして、この揺らぎとともに、社会のさまざまな問題が顕在化するようになった。それまでの社会政策システムが行き詰まったこと、これが明白になったのである。
　とはいえ、現在までのところ、これに代わる新しい社会政策システムが形成されたわけではない。それどころか、どのような社会政策システムが望ましいのかについて、社会的な合意が形成されたとはいえず、むしろ、諸見解の間に鋭い対立がみられる。そして、これに類似する社会状況は、現代日本のみならず、他の国にも存在する。総じていえば、20世紀後半に先進諸国の社会政策が機能する前提であった諸条件が失われたのであり、まさに現代は社会政策システムの転換期である。
　このような社会状況のもとで、ひろい意味の社会政策システムにかかわる研究を飛躍的に発展させる必要性を、私たちはつよく感じている。研究を発展させ、それによって豊富な知的資源を蓄積し、新しい社会政策システムをより望ましいものとするために役立てたいと考えている。
　社会政策システムにかかわる研究とは何かについて、私たちはひろい意味に理解している。政府による社会保障制度や税制、教育、福祉、医療、住宅などの社会サービス施策、雇用と労働にかかわる諸施策等々の研究は、もとよりこれに含まれる。また、これら分野の少なからずは、政府による諸施策のみでは十分な成果を期待できず、NPO／NGO、労働組合／協同組合、社会的企業などの機能も等しく重要である。したがって、それらに関連する事項の研究も含まれよう。そして、諸政策が取り上げるべき問題やその担い手に関する研究も不可欠であり、大いに期待される。
　これらについての新しい研究成果は蓄積されつつあり、より広範な読者を得る機会を待っている。私たちは、さまざまな研究成果に目を配り、より広範な読者との出会いを促したいと考える。

　2010年12月

　　　　　　　　　　　　　　　　　　　　　　現代社会政策のフロンティア
　　　　　　　監修者　岩田正美　遠藤公嗣　大沢真理　武川正吾　野村正實

はしがき

　本書は，アメリカと日本の2カ国におけるコミュニティ開発金融をテーマとしている。貧困や社会的排除の問題が日本でも深刻化するなかで，筆者は，金融を通じた問題解決の方法を示したいと考え，本書の執筆に至った。

　日本ではここ数年，ソーシャルファイナンスに対して，急速に関心が高まってきている。筆者が活動に関わっている全国NPOバンク連絡会には，新聞社やテレビ局などからの問い合わせが絶えず，イベントには数多くの参加者が集まる。この背景には，NPOや社会的企業が台頭したことや，バングラデシュのグラミン銀行とその創設者ムハマド・ユヌス博士が2006年にノーベル平和賞を受賞したことが挙げられる。

　他方，貧困や社会的排除の問題も，関心が高まっている。1990年代後半以降，労働の規制緩和とともにワーキング・プアが大量に生まれ，社会保障のセーフティネットのほころびも深刻な問題として広く認識されるようになった。貧困層は銀行から借りられず，サラ金から借金を重ねて，生活を破綻させていった。こうした多重債務者を救済するために低利融資するマイクロファイナンス機関も誕生している。むろん，金融だけで貧困と社会的排除の問題を全て解決できると主張するつもりはない。しかし，賢く活用することによって，大きな社会的インパクトを生み出す可能性があることは確かであろう。

　本書の上梓に際しては，遠藤公嗣先生，野村正實先生をはじめ監修者の先生方，ミネルヴァ書房の東寿浩氏に多大なご協力をいただいた。深く感謝する次第である。

2010年12月

　　　　　　　　　　　　　　　　　　　　　　　　　　　　　　小関　隆志

金融によるコミュニティ・エンパワーメント
──貧困と社会的排除への挑戦──

目　　次

はしがき……i

序　章　なぜ，金融によるコミュニティ・エンパワーメントなのか……*1*
　　1　問題の所在——金融によるコミュニティ・エンパワーメント………*1*
　　2　研究方法と対象……………*4*
　　3　本書の構成………………*4*

第Ⅰ部　コミュニティ開発金融の理論

第**1**章　社会開発とマイクロファイナンス……………*8*
　　1　社会開発論……………*8*
　　2　マイクロファイナンス論………*17*
　　　　小　括……………*24*

第**2**章　コミュニティ投資と NPO 融資……………*27*
　　1　コミュニティ投資論…………*27*
　　2　NPO 融資論……………*35*
　　　　小　括……………*45*

第Ⅱ部　アメリカのコミュニティ開発金融

第**3**章　コミュニティ開発金融の歴史と現状……………*50*
　　　　——金融仲介組織主導の急成長
　　1　コミュニティ開発金融の誕生と発展……………*50*
　　2　コミュニティ投資の誕生と発展……………*55*
　　3　コミュニティ開発金融機関（CDFI）の歴史と現状……………*58*
　　4　CDFI の資金調達……………*65*

目　次

　　　小　括……………………………………………………………………75

第4章　コミュニティ開発金融政策………………………………………80
　　　──コミュニティ投資を促進する法制度

　1　地域再投資法（CRA）………………………………………………80
　2　CDFI支援政策………………………………………………………92
　3　地方政府による支援政策…………………………………………100
　4　アドボカシー活動…………………………………………………102
　5　コミュニティ開発金融政策の成果………………………………104
　　　小　括……………………………………………………………109

第5章　NPOへの融資と経営支援………………………………………115
　　　──旺盛な需要と層の厚い経営支援資源

　1　NPOによる融資需要………………………………………………115
　2　NPOに対する融資…………………………………………………120
　3　CDFIによるNPO融資の実態……………………………………122
　4　CDFIによる経営支援……………………………………………133
　5　経営支援組織による経営支援……………………………………143
　　　小　括……………………………………………………………147

第6章　マイクロファイナンスの現状……………………………………151
　　　──途上国からの輸入と独自の模索

　1　マイクロファイナンスを取り上げる理由…………………………151
　2　アメリカにおけるマイクロファイナンスの研究…………………152
　3　アメリカにおけるマイクロファイナンスの導入…………………156
　4　マイクロファイナンスの現状……………………………………159
　5　アメリカのマイクロファイナンスの課題…………………………165
　　　小　括……………………………………………………………167

v

第Ⅲ部　日本のコミュニティ開発金融

第7章　コミュニティ開発金融の歴史と現状 ……………… *172*
——ほのかな発展の兆し

1　コミュニティ開発金融の誕生と発展 ……………………… *172*
2　日本のコミュニティ開発金融の現状 ……………………… *177*
3　NPOバンクの資金調達と経営 ……………………………… *183*
4　コミュニティ開発金融政策 ………………………………… *186*
　　小　括 ………………………………………………………… *191*

第8章　NPOへの融資と経営支援 ……………………………… *193*
——整備が急がれる経営支援

1　融資先への支援の必要性 …………………………………… *193*
2　NPOへの融資 ………………………………………………… *193*
3　金融機関と支援組織による経営支援 ……………………… *207*
4　個別の融資制度にみる各組織の役割 ……………………… *213*
　　小　括 ………………………………………………………… *223*

第9章　マイクロファイナンスの現状 ………………………… *224*
——多重債務者問題と金融危機への対処

1　マイクロファイナンスへの関心の高まり ………………… *224*
2　日本におけるマイクロファイナンスの全体像 …………… *226*
3　生活福祉資金をめぐる動向 ………………………………… *228*
4　政府の多重債務者対策 ……………………………………… *231*
5　民間の多重債務者対策 ……………………………………… *237*
6　個人事業者・零細企業に対するセーフティネット貸付 …… *246*

7　日本におけるマイクロファイナンスの可能性と課題………… 250
　　　　　小　括……………………………………………………… 251
終　章　コミュニティ開発金融の展望………………………………… 255
　　　1　コミュニティ開発金融の理論と実態 ……………………… 255
　　　2　残された課題と今後の展望 ………………………………… 259

初出一覧……261
参考文献……262
索　　引……279

序　章
なぜ，金融によるコミュニティ・エンパワーメントなのか

1　問題の所在——金融によるコミュニティ・エンパワーメント

　本書は，アメリカと日本におけるコミュニティ開発金融をテーマとしている。ただ，「コミュニティ開発」とか「コミュニティ開発金融」という言葉は，普段あまり耳にすることのない表現である。「コミュニティ開発金融」とは何かについて，詳しくは第1章で述べるが，ここでは本書の題名「金融によるコミュニティ・エンパワーメント」の意味するところも含めて，本書が何を問題として取り上げようとしているのかを簡単に述べておきたい。

　「金融によるコミュニティ・エンパワーメント」は，端的に言えば，お金の流れを介して地域社会を力づける，元気づけるといった意味合いである。お金の流れといっても，補助金や寄付金といった「一方通行のお金」ではなく，投資や融資といった「循環させるお金」を意図して「金融」と表現した。

　昨今，日本でも貧困問題が大きくクローズアップされ，生活保護世帯数の上昇や，貯蓄無し世帯数の上昇，ワーキング・プアやホームレスに象徴される貧困の姿がよく論じられるようになった。単に経済的な意味で所得が少ない，資産がないというだけではなく，社会からの孤立，公的サービスやセーフティネットからの脱落といった社会的排除の問題も注目を集めている。

　さらに，こうした貧困や社会的排除の問題は，コミュニティ全体の貧困とも切り離せない。コミュニティのなかに必要な社会サービスやインフラが整備されていなければ，生活の質の低下は避けられない。地方自治体の財政難，過疎による限界集落の続出，シャッター通りに象徴される地域経済の冷え込みによ

り，地方ではコミュニティ全体の地盤沈下が深刻な問題となっている。

　貧困や社会的排除の問題に関して，生活保護給付や健康保険などのセーフティネットの整備がよく議論になっている。もちろんこうしたセーフティネットの整備が急がれることは当然のことである。ただ，セーフティネットは最低限の生活水準を保障するものであって，それだけで必ずしも貧困や社会的排除の問題が全て解決するわけではない。

　福祉給付や慈善寄付に加えて，金融の機能を活用することによって民間金融機関や個人投資家，財団などからより多くの資金を引き出し，コミュニティ活性化のために活用することが必要である。

　「ソーシャルファイナンス」とは，経済的利益だけではなく社会的な目的も含めた金融のことで，近年注目を集めている。この「社会的」という内容は，自然環境保護や自然エネルギー，有機農業，国際協力，フェアトレード，女性の自立，まちづくり，金融の企業社会責任など，実に多義的で幅広い。

　本書は，あらゆる社会的な目的を扱うのではなく，貧困や社会的排除の問題に焦点をしぼり，コミュニティ開発を目的とした金融を取り上げる。

　コミュニティ開発をめぐってはこれまで途上国を中心に数多くの研究がなされてきたが，金融の側面についてはマイクロファイナンスを除き，あまり研究されてこなかった。本書はマイクロファイナンスだけでなく，コミュニティ開発金融全体を対象として，その実態を明らかにしたい。

　さて，冒頭に「地域社会を力づける，元気づける」と述べたが，本書の題名「コミュニティ・エンパワーメント」には，次のような意味を込めている。

　一つは，貧困や社会的排除の問題を考えるにあたって，個人単位だけでなくコミュニティ全体を視野に入れ，住民が参画しながらボトムアップ的な解決を探ることが必要という趣旨で，「コミュニティ」の言葉を用いた。

　もう一つは，金融を通じて，所得上昇などの経済的な効果だけでなく，就職や職業能力の向上，社会サービスの改善や生活の質の向上，精神的な面での効果，コミュニティの意思決定への参加など，総合的な力をつけることが期待できる。そうした意味で「エンパワーメント」の言葉を用いた。

したがって本書は，貧困層や社会的排除層への直接の資金提供だけでなく，貧困地域で社会サービスを提供するNPO，まちづくり組織への資金提供も含めて，社会的包摂に向けての金融の役割を包括的にとらえたい。
　貧困や社会的排除の問題への関心と，コミュニティ開発金融への着目から，本書は学際的なアプローチをとる。コミュニティ開発論（ないし社会開発論）は社会学を基盤としており，他方で金融の部分についてはコミュニティ投資論（ないし社会的責任投資論）やNPO経営論で，経営学を基盤としている。
　「金融の機能がどれだけコミュニティ開発を促進し得るか」という命題と，「コミュニティ開発のために民間からどれだけ資金を獲得できるか」「コミュニティ開発のためにNPOの経営がどうあるべきか」という命題は，相互に密接に絡み合っている。本書では，いずれか一つの学問的アプローチに特化するのではなく，社会開発論の視点を基調としながらも，幅広く見渡すことにした。
　研究対象の地域は，途上国ではなく先進国にしぼった。その理由は，日本への示唆を念頭に置いているためでもあるが，途上国の実践を対象としたコミュニティ開発やマイクロファイナンスの研究が，理論的にも実証的にもこれまで数多く蓄積されてきたのに対し，先進国の実践を対象とした研究は極めて手薄であったからでもある。
　1980～90年代以降，途上国におけるコミュニティ開発やマイクロファイナンスの経験を見倣って先進国に導入する動きが欧米で盛んになった。しかし，途上国と先進国では社会的・経済的背景が異なり，"直輸入"方式は多くが失敗に終わった。失敗の苦い経験を教訓として，先進国の実情に合わせた導入の試みが現在も続けられている。
　先進国と一口に言っても，各国の歴史的・社会的・制度的背景は多様である。日本では近年，アメリカのコミュニティ開発金融機関（CDFI）や地域再投資法（CRA）への関心も高まっているが，言うまでもなく，これを日本に"直輸入"するのではなく，日本独自の方法論を生み出す努力が必要である。コミュニティ開発金融は，それぞれの国・地域の事情やニーズに応じた柔軟で多様なあり方が求められる。本書は，日本への示唆を念頭に置きつつ，アメリカと日本の

2カ国を取り上げ，それぞれの現状を整理する。

2　研究方法と対象

主な研究方法は，関連する文献のサーベイに加えて，関係者への聞き取り調査と質問票調査である。

アメリカに関しては，2009年3月と同年9月に，ワシントンDC，フィラデルフィア市，シカゴ市を訪れ，コミュニティ開発金融政策を担当する政府官僚，コミュニティ開発金融機関（CDFI）の幹部，CDFIの全国組織の幹部，CDFIから融資を受けるNPOの関係者，NPOを対象とする経営コンサルタント，コミュニティ開発に関するアドボカシー組織の幹部から，それぞれ話を聞いた。また，訪問先の組織のウェブサイトや内部資料もあわせて参考にした。

日本に関しては，2007年11月にNPO法人を対象とした質問票調査を行い，NPO融資の実態を明らかにした。また，2007年7月から2009年1月にかけて，NPO法人や社会的企業，地方自治体，NPOやコミュニティビジネスを対象とする中間支援組織，金融機関（銀行・信用金庫・労働金庫・NPOバンクなど），多重債務者救済組織を訪問し，関係者からそれぞれ話を聞いた。また，訪問先の組織のウェブサイトや内部資料もあわせて参考にした。

なお，科学研究費・若手研究（B）「NPO融資によるコミュニティ投資の可能性」（研究代表者：小関隆志）で2007～09年度の3年間，日本とアメリカで聞き取り調査や質問票調査を実施した。

本書は，上記の科学研究費による研究成果である。

3　本書の構成

本書は，理論編と実証編に大きく分けたうえで，まず理論編で本書を貫く基本的視点を提示し，実証編でアメリカと日本を同じ視点から横断的に観察する。

第Ⅰ部のコミュニティ開発金融の理論（第1・2章）では，社会開発論，マ

序章　なぜ，金融によるコミュニティ・エンパワーメントなのか

イクロファイナンス論，コミュニティ投資論，NPO融資論の四つの理論を取り上げる。第1章前半（社会開発論）では，社会開発論が先進国においても貧困や社会的排除の問題に取り組む有効な方法論であることを主張し，そのなかで特に金融の果たし得る役割を論じる。コミュニティ開発金融の具体的な方法論として，①マイクロファイナンス，②NPO融資，③コミュニティ投資の三つがある。そこで，第1章後半と第2章は，①〜③の各領域について述べる。

第1章後半（マイクロファイナンス論）では，社会開発論のなかで1980年代以降マイクロファイナンス論が影響力を強めてきたこと，先進国でもマイクロファイナンスが注目を集めるようになった背景を説明している。

第2章前半（コミュニティ投資論）では，社会的責任投資のなかでスクリーニングや株主行動と異なり，コミュニティ投資においては金融仲介組織が主体的な役割を発揮すること，さらにコミュニティ投資は社会開発に必要な資金を外部から調達する手法として位置づけられることを述べる。

第2章後半（NPO融資論）では，NPOへの融資が近年必要性を増してきたこと，また，融資に関わる経営支援の意義について述べる。

実証編（第3〜9章）は，アメリカのコミュニティ開発金融（第Ⅱ部：第3〜6章），日本のコミュニティ開発金融（第Ⅲ部：第7〜9章）それぞれの実態を明らかにする。基本的には，共通する要素として以下の内容をカバーしている。

①コミュニティ開発金融・コミュニティ投資の歴史
②コミュニティ開発金融の現状と資金調達
③政府によるコミュニティ開発金融政策と法制度
④NPO/社会的企業への融資と経営支援の提供
⑤マイクロファイナンス

終章では，コミュニティ投資のインパクトや金融仲介組織の役割など，本書全体を通じて明らかになったことを整理するとともに，コミュニティ開発金融の展望を述べる。

# 第Ⅰ部
コミュニティ開発金融の理論

第1章
社会開発とマイクロファイナンス

1 社会開発論

(1) 社会開発への注目

「社会開発」(social development) とは1950年代,「経済開発」(economic development) と対置する概念として,国連で使われだした概念である。当時は,経済開発が生み出した国民や地域住民への有害な影響を除去するために行われる開発という意味合いで,社会開発の必要性が説かれていた。

その後,時代の変化に伴って社会開発の考え方も変わっていったが,1990年代以降は国際開発の分野で再び,社会開発という概念が隆盛を見るようになった。先進国ではコミュニティ主義（コミュニティタリアニズム）が,ポスト産業社会に対応する新たなコミュニティのあり方を模索し,改めて社会開発に注目が集まった。

日本でも社会開発への関心が高まり,いくつか研究が登場した。西澤[1993]は途上国の貧困問題解決の方法として社会開発に着目し,社会開発論の系譜をたどるとともに,社会開発の必要性が指摘されるようになった背景を4点にまとめた[1]。すなわち,

①経済成長を引き起こしていくには,経済開発だけでは不十分であって,社会全般にわたる改革が必要であること
②経済成長の成果が必ずしも貧困層まで均霑せず（行き渡らず）,貧困減少が充分に改善しなかったこと
③経済成長の過程で生じる都市化や工業化に伴うさまざまな問題に処する

必要性が生じてきたこと
④経済成長による貧困軽減が必ずしも期待された成果を収めなかったため，貧困層へ直接的に社会サービスを供与するアプローチが重視されるようになったこと［西澤，1993：111］
である。

社会開発が注目を集めるようになった理由として，佐藤寛［2007：1-4］や萩原［2003：243-247］は，①参加型開発が重視されていること，②グローバリゼーションによる貧富の格差が拡大したこと，③国連が提唱していることを挙げている。

一般的に社会開発は，途上国における経済開発のゆがみや貧困問題を解決する方法論として論じられることが多く，途上国の社会開発の実践例も数多く紹介されている。しかし，途上国だけでなく先進国における貧困対策やまちづくりなどにも用いられている。

社会開発論とは，松原治郎によれば「人々の生活福祉を高める計画的な営みの全体系を，多面的かつ包括的にとらえる理論であり，そのための理論枠と分析方法を樹立し，それによって少しでもこの営みが前進するような，実践的手がかりを提供すること」であり，社会学にその理論的根拠を求める［松原1973：1］。社会開発論は経済成長を否定するものではないが，経済成長自体ではなく「人々の生活福祉を高める」ことにその主眼がある。

従来の開発経済論においては，国全体の経済成長により国民全体にその恩恵が行き渡り，間接的に貧困が削減されるはずだという均霑論が中心を占めていた。しかし，実際には経済成長によっても貧困削減は進まなかったことから，経済開発による間接的な生活の向上ではなく，貧困削減を直接の目的とする社会開発が注目されるようになった。

もっとも，近年は開発経済論もアマルティア・センの「潜在能力」論に注目するなど，貧困問題に関心を寄せており，経済成長すれば貧困が解決すると単純に考えているわけではない。貧困対策として食料供給や医療・初等教育，住宅環境改善など，従来社会開発の固有領域だった分野を重視している［原，

2002：155-158]。世界銀行も1999年の『包括的開発フレームワーク』で，経済だけでなく政治，社会，文化などを含んだ包括的なアプローチが必要とうたっており，その点で経済開発は社会開発に歩み寄ってきたと言える。しかし，それはあくまでも経済成長を促進するために必要な手段であり，人々の生活の向上そのものを目的ととらえているわけではない。

（2）社会開発と社会的包摂

社会開発（social development）は経済開発と対置され，極めて広い範囲の内容を含む多義的な概念であり，論者によっても定義は異なる。佐藤寛［2007］はさまざまな定義案を比較検討しながら，社会開発に含まれる以下の五つの要素を抽出した。

①経済開発ではない開発。すなわち社会開発は「経済的な豊かさだけを目指すのではなく，人と人との関係性の豊かさや，文化の発展，自然との共生によって社会全体が豊かになることを目指した活動」といえる。

②個人よりも社会全体を対象とする。個人対象の収入向上というより社会全体が問題解決の力をつけることが必要であり，社会開発とは「生活向上を目指し，社会的要因に働きかける外部介入」であるといえる。

③潜在能力の発揮を目指す。人間の潜在能力の発揮を社会開発の目標とした場合，社会開発は「潜在能力を発揮できるような社会環境づくり」である。

④当事者の主体性。社会の構成員自身が意思決定に参加することを重視するため，社会開発とは「当事者の主体性を尊重した開発のプロセス」である。

⑤外部者による意図的な働きかけ。社会開発は「社会を好ましい形に変容させようとする集合的な行為」である。

上記の5点は社会開発をめぐる多様な議論を包括したものであり，筆者もこれらを本書における社会開発概念の構成要素として採用する。

一見すると社会開発の概念は極めて多義的だが，基本的な問題意識は貧困と社会的排除にあると言える。(2) マクロの経済成長では解決しない貧困問題と社会的排除をいかにして解決するか，現場におけるさまざまな試行錯誤の経験と方

法論の革新を通じて，今日に至るまで社会開発の概念が豊かになってきた。

　貧困といっても，単に所得や資産が少ないという問題にとどまらない。教育・識字，保健・医療，安全な水の確保，雇用，住宅，金融など，社会生活を営む上で必要なサービスやインフラを手に入れられなければ，人間らしい生活ができない。貧困層はこうした必要な社会サービスから排除されてきた存在であり，社会サービスや生活インフラ，セーフティネットの欠如が重層的に貧困を助長する。そのため，社会開発は伝統的にこうした社会サービスの提供や生活インフラの整備に努めてきた。また，外部からサービスを提供するだけでは住民自身による解決能力が育たず，根本的な問題解決につながらないので，住民の組織づくり，リーダーの育成，コミュニティ内部での対立解消など，参加型の手法を取り入れた社会開発による社会的包摂を進めてきた。

　キャンフェンス［Campfens, 1997 : 19-24］は先進諸国の社会開発において，周縁化された（marginalized/marginal）人々のグループの存在に注目し，コミュニティから排除された周縁のグループをいかにコミュニティに再包摂するかを論じている。キャンフェンスは，カナダの協同組合運動の一つである「コミュニティの経済的開発」（CED）が，工場閉鎖や不況などコミュニティの危機に対応し，あるいは路上生活者や先住民の疎外を克服すべく活動している事例を紹介している。彼によれば，貧困層やマイノリティなど社会的に無視された周縁のグループを組織化し，コミュニティへの参加を促すことが必要とされてきているという。キャンフェンスはコミュニティ開発の原則の一つに，「周縁化された・排除されたグループを進歩的な勢力と結びつけて力を与えること」「周縁化された・排除された・虐げられた人々に，自らの状況を分析し自覚できる手段を与え，変化の可能性が見えるようにすること」を掲げている。

　上記のように，社会開発はコミュニティから排除された周縁の人々（エスニック・マイノリティ，路上生活者，先住民など）に対して社会サービスを提供するのみならず，彼らを組織化し，力を与え，コミュニティの意思決定への参加を促してきたのであり，社会開発（特にコミュニティ開発）は，社会的包摂の具体的な方法論として位置づけられる。本書で取り上げるマイクロファイナンスや

NPOによるコミュニティ開発も，社会開発／社会的包摂の文脈でとらえることができる。

（3）人間開発・コミュニティ開発・生活基盤整備の3領域

恩田［2001：22］は「社会開発は，生活基盤整備というハード面，コミュニティ開発というソフト面，人間開発というヒューマン面から構成される」として，社会開発の三つの領域を規定した。

人間開発とは「一人ひとりがもつ『（潜在的）諸能力』を発揮できるようにすること」［恩田，2001：95］であり，具体的には識字教育や職業訓練を指すことが多いが，それらを契機として人々の意識化と自己変革を促すこと（empowerment）も含めている。

コミュニティ開発とは，恩田によれば「伝統的な共同体を近代的なコミュニティとして地域社会のシステムを再生あるいは創生すること」［恩田，2001：115］であり，具体的にはコミュニティ住民の組織化やコミュニティ活動への住民の動員，住民による自助・互助活動を指す。恩田は途上国でのコミュニティ開発を念頭に置いて「伝統的な共同体を近代的なコミュニティとして…」と規定しているが，先進国では必ずしも当てはまらない。藤崎は「共同生活圏に基づく地域社会集団，あるいは地域社会集団の共同生活圏（生活体）を創造，向上，そしてコミュニティの構成員が共同管理する社会システムを開発すること」［藤崎，2006：2］と，先進国にも適用可能な，より広義の概念規定を採用している。[3]

生活基盤整備とは，「生活環境を向上させるために必要な整備を行う」［恩田，2001：135］ことであり，具体的には診療所や保健所，学校などの施設を建設し，地域社会にとって必要な生活環境を整備する事業である。社会開発において生活基盤整備は，電気や道路・橋といった大型の社会資本整備ではなく，より小規模な社会資本整備を指している。

これらの人間開発，コミュニティ開発（ソフト面），生活基盤整備（ハード面）は相互に密接な関係にある。先進国では，協同組合やNPOがコミュニティに

おいて社会開発の主な担い手となり，失業者やマイノリティに職業訓練や起業支援を行う（＝人間開発）とともに，アフォーダブル住宅やコミュニティ施設を建設している（＝生活基盤整備）が，こうした協同組合やNPOは地域住民によって運営され，協同組合やNPOの民主的な運営・活動を通して住民の組織化（＝コミュニティ開発）も図られる。このように三つの領域が相互に関連しあいながら，全体として地域住民の生活の質の向上をはかると考えられる。

　本書は，上記の三領域を包括する概念として「社会開発」をとらえ，金融が社会開発にどのような役割を果たし得るかを検討する。

（4）コミュニティ開発金融が果たす機能・役割

　社会開発論はコミュニティの構成員（地域住民）による主体的な参加を重視する（10ページの佐藤寛［2007］の要素④）。地域住民の参加はコミュニティの民主主義に通じるが，政治的な民主主義の側面に着目した議論と，経済的な民主主義を志向した議論とに大別される。前者の政治的な民主主義は，住民によるコミュニティの自己統治と社会変革を志向し，コミュニティを絶えざる社会変革のシステムととらえる［Cook, 1994］。これに対して後者の経済的な民主主義は，社会生活や労働への参加，社会サービスや金融への平等なアクセス，生活基盤整備による生活水準の向上を志向する。政治的民主主義と経済的民主主義の双方が有機的に結びついていることは言うまでもないが，本書で取り上げる金融について言えば，後者の経済的民主主義により親和的であり，コミュニティ開発金融は経済的民主主義の財政的基礎をなしている。ここでいうコミュニティ開発金融とは，（マクロレベルではなく）コミュニティのレベルでの小規模な社会開発を支える金融サービス全般を意味している。

　金融が社会開発において果たし得る機能・役割とは何か。それは，社会開発（特に生活基盤整備）を行う際の財政的基礎を提供することであり，いわば社会開発の後方支援的な役割であると言える。

　社会開発が取り上げる貧困の問題は，金融へのアクセスの差別・疎外，金融サービスの偏在，あるいは貧困地域での社会サービスに必要な資金が流れない

といった問題と決して無縁ではない。生活基盤整備のための資金が確保できなければ，住民の意識改革や組織づくりを行ったとしても，それだけでは充分な社会開発が達成できたことにはならない。

　社会開発に必要な資金を提供することの必要性にはおそらく異論がないとしても，なぜ公的資金の補助や民間の助成・寄付ではなく，あえて「金融」を取り上げるのはなぜか。

　もとより筆者は，公的資金の補助や民間の助成・寄付を否定するものでは全くない。しかし，補助，助成，寄付といった資金だけではなく，金融が求められる領域が次第に広がってきているというのが筆者の認識である。

　第一の理由は，公的資金の限界である。1980年代以降，新自由主義の世界的な台頭とともに，社会開発への公的資金の投入は抑制される傾向にある。加えて近年の政府の財政難もあって，社会開発に公的資金の大規模な投入を期待するのではなく，代わりに民間資金の投入を促す方向にある。1990年代後半以降，イギリスの労働党ブレア政権が提唱した「第三の道」，アメリカの民主党クリントン政権が進めたコミュニティ開発支援は，市場経済の機能や民間の資源をうまく取り入れながら福祉を進めようとする政策であり，保守主義者にも受け入れやすいものであった。ただし，民間の資金を導入することにより政府の社会保障責任が後退する恐れもあることは否めない。

　第二の理由は，事業性の高い社会サービスは寄付よりも金融がふさわしいということである。伝統的な慈善・救貧事業は市民の寄付・会費や補助・助成を主な財源とするが，社会サービスを提供して事業収入を得ることを中心とする事業型のNPOや社会的企業，ソーシャルビジネスの場合，一定のキャッシュフローと収益が見込まれ，また設備資金・運転資金が必要になることから，事業に必要な資金を出資・融資によって集めることが可能であり，また必要となる。マイクロファイナンスについても同様で，お金を借りて事業を行い，返済できる人に対しては，生活保護や救済扶助よりも融資のほうが適切である。事業型のNPOや社会的企業，マイクロファイナンス機関が近年増加しており，これらの組織はより多くの投資・融資を求めている。

第三の理由は，経済開発との調和である。ミッジリィは従来の社会福祉学が経済開発の側面を考えてこなかったことを批判して，社会福祉学の視点から経済開発と社会開発の調和的発展を志向し，コミュニティの経済成長と住民の生活向上は両立できると説いた。ミッジリィは「社会開発アプローチは，社会福祉に開発の視点を取り入れることを奨励する第三の社会福祉モデルなのである」「社会開発プロセスは経済開発と非常に緊密に結びついている。この視点こそが，国民の福祉向上を目指す他の制度的アプローチと比較して，社会開発をユニークなものにしている」[Midgley, 1995＝2003：40]と主張する。ミッジリィのいう社会開発と経済開発の調和的発展を考える際に，金融は両者の橋渡しの役割を担い得る。社会開発に資金を投入し，その資金が消費されてしまうのではなく，貯蓄や融資，保険などの機能を通して資金が地域社会を循環することで，地域社会経済が内発的に発展することにつながる。

　こうした理由から，補助や助成・寄付だけではなく，金融に求められる領域が次第に広がってきた。

　先に挙げた社会開発の三領域（人間開発，コミュニティ開発，生活基盤整備）にそれぞれ金融の機能を当てはめれば，以下のように整理できる。

①人間開発：貧困層に対するマイクロファイナンス，金融教育，能力開発への資金供給

②コミュニティ開発：住民組織によるコミュニティ再生，社会サービスへの資金供給

③生活基盤整備：住宅やコミュニティ施設の建設などへの資金供給

　他方，社会開発論においては，地域住民の主体的な参画と自助・互助が中心だが，国，自治体，NPO/NGOなどによる効果的な外部介入も必要とされる（10ページの佐藤寛［2007］の要素⑤）。こうした外部介入の必要性は，コミュニティ開発金融についても同様である。地域通貨やクレジットユニオンのようにコミュニティ内部で資金を集めて循環させる試みはあるが，それだけでは充分な資金が集まらない場合，外部から資金を地域社会に導入する必要が生じる。

　外部から導入される資金には，政府などからの公的資金と，銀行や財団など

からの民間資金があり，これらの資金をどのようにコミュニティに誘引するのかが，コミュニティ投資の主な課題である。

(5) 本書全体を貫く理論的枠組み

これまで述べたように，社会開発論は貧困と社会的排除の解消をめざし，人々の生活福祉を高めることに主眼をおいて，人間開発・コミュニティ開発・生活基盤整備の三領域で具体的な方法論を展開してきた。筆者はこうした社会開発論の問題意識と理論を共有し，本書全体を貫く枠組みに据えながら，より具体的なフィールドとして，社会開発における金融の機能を検証する。

途上国を対象とした社会開発についてはこれまで数多くの研究がなされてきた。他方，先進国における社会開発については，あまり研究が進んでいないが，先進国においても貧困や社会的排除は深刻な社会問題であり，社会開発は有効な方法論であると考えられる。そのため本書では先進国を対象とする。

社会開発の具体的な方法論は国や地域の状況に応じてさまざまに異なる。先進国では途上国に比べて経済が発展しているだけに，国全体のインフラは整っているものの，マイノリティや障害者など特定の貧困層・社会的排除層は豊かさの恩恵を享受できない。また，農村的な地域共同体が希薄化している。このため，先進国の社会開発はこうした貧困層・社会的排除層を対象とした独自の方法論を必要としている。

コミュニティ開発金融はコミュニティの経済的民主主義の財政的基礎をなし，金融アクセスの保障や生活基盤整備を資金面から支える役割を果たす。一方では公的資金の補助に限界が生じ，他方では事業性の高いNPOや社会的企業が台頭して事業資金の需要が高まるなかで，社会開発と経済開発が調和的に発展する方途として，金融の果たす機能は注目に値する。

コミュニティ開発金融の具体的な方法論として，①マイクロファイナンス，②NPO融資，③コミュニティ投資，の三つを取り上げる。この三つの方法論はそれぞれ固有の領域をもちながらも，相互に密接に結びついている。

①マイクロファイナンス：金融を通した，貧困層の社会的包摂（第1章第2

節参照)

　マイクロファイナンスは銀行の金融サービスを利用できない貧困層に少額の金融サービスを提供するとともに，金融教育や起業家教育を行い，貧困層の起業や経済的自立，生活の質の向上を促している。貧困層への金融サービス提供による社会的包摂である。⁽⁴⁾

　②NPO融資：社会開発に取り組むNPO/社会的企業への資金提供（第2章第2節参照)

　貧困層への直接の金融サービス提供ではなく，貧困層に社会サービスを提供したり，貧困層の組織化を促したり，生活基盤整備をしたりするNPOや社会的企業に対して，投融資の形で資金提供する。資金を受けるのはNPOや社会的企業だが，最終的な受益者はNPOや社会的企業からサービスを受ける貧困層である。

　③コミュニティ投資：外部から資金を導入する方法論（第2章第1節参照)

　コミュニティ投資は，社会開発に必要な資金を外部から導入・誘引する。コミュニティ内部で自己調達できる資金には限りがあり，また収益性が低く市場原理が働かないため，外部（政府，金融機関，個人投資家など）から幅広く資金を調達するための仕組みが必要となる。

2　マイクロファイナンス論

(1) マイクロファイナンスの意義

　マイクロファイナンスとは「貧困層や低所得層を対象に，非常に少額の融資や預金を取り扱う金融」［岡本，2008b：76］であり，1970年代半ば頃から貧困対策として，途上国を中心に世界各地で導入が進んでいる。

　バングラデシュのグラミン銀行やBRACなどが貧困層への融資を行ったことから当初は「マイクロクレジット」（零細融資）と呼ばれたが，1990年代以降は融資だけでなく貯蓄や保険，送金など多様な金融サービスへのアクセスが重視されるようになり，より広義に「マイクロファイナンス」（零細金融）と呼ば

れるようになった。

　マイクロファイナンスに最初に着目したのは農村金融の研究者だと言われている。開発金融論の研究者は，リスクの高い貧困層への少額無担保融資がなぜ成功し，返済率が9割を超えているのかに着目した。1980年代はグラミン銀行のグループ融資が「グラミン方式」と呼ばれて各国に伝播した。5人を1グループとして銀行が融資し，グループのメンバーが返済に連帯責任を負うというグループ融資の手法は，マイクロファイナンスの代名詞のようにみなされていた時期もあった。グループのメンバーが相互監視するとともに，返済可能性の低いメンバーをグループに入れない（相互選抜）ことにより，銀行と借り手の間の情報の非対称性が減少し，高リスクの借り手にもかかわらず高い返済率に結果する［三重野，2006：132］というのが，グループ融資に対する一般的な理解であろう。

　一見もっともらしい説明ではあるが，全てのマイクロファイナンスがグループ融資を採用しているわけではなく，グループ融資が必ずしもうまく機能しているとは限らない。グラミン銀行もグループ融資の連帯責任を緩めて，より柔軟なシステムを採用したり［モーダック，2004］，パキスタンの都市スラム地区でのマイクロファイナンスのように，グループ融資が成功せず，個人融資に切り替えたり［牧野，2004］，融資以外に後払い方式や貯蓄優先のプログラムを導入するマイクロファイナンスも登場するなど［吉田，2007：112-113］，革新的な手法が次々と登場している。

　また，従来はともすると，マイクロファイナンスが貧困の削減にどれほど役立ったのかということよりも，9割以上という返済率の高さに関心が集まり，最近では有利な投資対象としてみなされる傾向も出てきた［岩谷，2008；フェルダー，2005］。しかし，マイクロファイナンスの本来の目的は言うまでもなく，貧困削減にあったはずである。

　開発金融論の観点ではなく，前節で取り上げた社会開発論の観点から，マイクロファイナンスの意義と課題について検討する必要があろう。すなわち，マイクロファイナンスは貧困削減や社会的包摂にどう貢献したのか，適正な金融

サービスから排除されていた人々がサービスにアクセスできるようになったのか，金融サービスを通じて貧困から脱却して生活を再建でき，社会に参加して一定の社会的地位を得られるようになったのか，という観点である。

マイクロファイナンス機関や研究者はこれまで，さまざまな社会的インパクト評価を行ってきた。融資を受けることによって，どれだけ所得が向上したかという比較検証や，どれほど貧困な人々に，かつ広汎にマイクロファイナンスのサービスが到達しているか（アウトリーチ）の調査が行われている［高野・高橋, 2009］。貧困削減インパクト評価ではマイクロファイナンスの受益者が受けた便益を金額に換算して，コスト当たりの収益率を算出している。しかし，こうしたインパクト評価は所得の向上や労働時間の長さ，生産性の向上，受益者の人数など量的な便益を評価できても，質的な便益は評価しづらい［モンゴメリ・ワイス, 2004］。確かに所得は重要な客観的指標の一つではあるが，所得の増減だけで貧困の解決を測定するのは無理がある。坪井［2006］はグラミン銀行から融資を受けた人々が生活の質を改善した様子を生き生きと描いた。伊東［2005］のレポートも，バングラデシュやマリなど途上国でのマイクロファイナンスの多面的な成果を描き出している。所得の増加だけでなく，女性の地位や経済的自立，生活の質，雇用，識字能力，金銭管理能力など質的な便益に着目し，社会的包摂の過程も含めた包括的なインパクト評価指標が必要である。マイクロファイナンス機関が住民に対して金銭管理や零細事業の経営を教えたり，集団規律をトレーニングしたりすることは，金融論の観点から見れば返済率向上の手段に位置づけられるが，個人や組織の力量形成自体に価値を見出す社会開発にとっては，人間開発ないしコミュニティ開発に関わる行為であると言える。

また，マイクロファイナンスは個々人の生活の向上にとどまらず，グループ融資や積立貯蓄を通じて，地域社会に成果をもたらす可能性も指摘されている。上西はグループ融資の経済的な意義に加えて，グループ融資を通じて地域住民を組織化する可能性に着目している［上西, 2007：74］。また，岡本は都市スラム向けのマイクロファイナンスとして，地域の居住環境を改善するアプローチ

に注目した。スリランカの女性銀行は、住民の預金を積み立てた「コミュニティ基金」を担保として、集合住宅の建設費用を貸し出し、成功を収めた［岡本，2008b：79］。地域共同体の規範が薄い都市住民を対象としたマイクロファイナンスは、農村におけるマイクロファイナンスと異なり、コミュニティ開発として住民の組織化を意図的に進める必要があるのかもしれない。

いずれにしても、マイクロファイナンスのインパクトを所得向上という一面的な量的基準のみで評価するのではなく、質的な基準も含めて、社会開発の観点からより包括的に評価する必要があろう。

（2）マイクロファイナンスと社会開発

1980年代、マイクロファイナンス運動の登場は社会開発論にも大きな影響を与えた。かつての社会開発論では、農民の意識化と組織化を通じて農民の主体的な活動能力を育て、社会変革を通じて貧困解決を図る過程が重視されていたが、グラミン銀行のムハマド・ユヌスは「貧しい人々に必要なのは意識化ではなく、経済生活を自立させるためのクレジットである」としてマイクロファイナンス運動を提唱し、意識化路線に深刻な影響を与えた［穂坂，2006：40］。

マイクロファイナンスは1980～90年代にアジア、ラテンアメリカ、アフリカなどに急速に拡大した。所得の向上に加えて女性のエンパワーメントなどの効果も見られたが、マイクロファイナンスにも光と影の部分があると萱野は指摘する。マイクロファイナンスが1980年代以降主流になると、意識化・組織化を通じた社会開発プログラムが副次的・付随的な活動に位置づけられるようになった。マイクロファイナンスには、融資を受けたメンバーを生活主体としてとらえ、包括的に生活を支援するという視点が弱く、経済主体としての側面に注目するという問題点もあるという［萱野，2004：73-74］。

言うまでもないことだが、マイクロファイナンスはあらゆる問題を解決する万能薬ではない。社会開発のなかでマイクロファイナンスだけが重視されれば、必ず弊害が顕在化する。NGOのシャプラニール＝市民による海外協力の会は、バングラデシュでマイクロファイナンスを実践していたが、「保健・衛生観念

が根付いていない状況でマイクロファイナンスを実施すると，農民たちは収入向上ばかりに意識が集中してしまい，保健・衛生など生命に関わることがおろそかになる」。そのため，マイクロファイナンスを中心に据えるのではなく，総合的なアプローチの中で技術研修や識字，保健教育と併用しているという［伊東，2005：15］。また，ミャンマーで活動する NGO の AMDA は，保健教育とセットで融資を行う戦略を採用している［伊東，2005：16］。

穂坂は，社会的な不平等や排除の結果として貧困層が金融へのアクセスから排除されているとすれば，地域の社会関係を再編し，社会変革をしてこそ，貧困解決に結果すると主張する［穂坂，2006：45］。金融サービスに加えて教育・啓発活動や地域社会の変革を含めた総合的な社会開発のアプローチが求められていると言える。

（3）先進国のマイクロファイナンス

1980年代以降，アジア，ラテンアメリカ，アフリカの途上国を中心に，貧困削減のためにマイクロファイナンスが相次いで導入されていった［向山，2006a；2006b］。融資にとどまらず，貯蓄や保険，送金など幅広い金融サービスが登場し［ラザフォード，2004；岡本，2008a］，マイクロファイナンスの内実は一層多様化してきている。国連資本開発基金（UNCDF）は2005年を国際マイクロクレジット年に指定し，主に途上国や旧社会主義経済諸国を対象に，貧困層の経済的自立を目指して啓発普及や資金調達のキャンペーンを展開した。

先進国に比べて途上国の貧困ははるかに深刻なため，マイクロファイナンスに関する研究のほとんどは途上国をフィールドとしたものだが，それでも1980年代以降，先進国でも貧困対策としてマイクロファイナンスの実践が少しずつ現れてきた。

1986年，当時アーカンソー州知事だったクリントン前大統領はグラミン銀行から手法を学んで，マイクロファイナンスの普及に努めた。大統領就任後も「第三の道」の政策として CDFI ファンドの設立，地域再投資法（CRA）の改正など，マイクロファイナンスを積極的に進める政策をとった。1996年時点で

アメリカのマイクロクレジット事業は，51のマイクロファイナンス機関が5万4000社の20万人に対して4400万ドルの融資を行うまでになった［Buss, 1999：2］。

他方，ヨーロッパにおいては，クレジットユニオン運動を除けば近年に至るまでマイクロファイナンスはほとんど見られなかった。コピサロウは，故郷ポーランドのワルシャワで Fundusz Mikro というマイクロファイナンス機関を1994年に設立し，その後ポーランドでの経験を踏まえてイギリスに移り，先進国の貧困対策としてマイクロファイナンスの導入・普及を図ってきた。コピサロウはイギリスのバーミンガムで Street UK を2000年に設立した。彼女は，政府・銀行・チャリティ組織などが連携して制度を改善することによって，マイクロファイナンスを発展させることが充分に可能であり，その社会的な効果は大きいと指摘した［Copisarow, 2000］。

近年ではヨーロッパ諸国においても EU が2000年，金融の社会的排除や失業問題（ヨーロッパ人口の約1割に影響を与えているといわれる）に取り組む手法としてマイクロファイナンス（特に零細企業の起業支援と融資事業 MC）に改めて着目し始め，中小企業振興5カ年計画（2001-2005年）のなかにマイクロクレジットの項目を設けた。2003年にヨーロッパ委員会（the European Commission）がマイクロクレジットの促進をうたう報告書を発行，翌2004年にマイクロクレジットをテーマとした実務家レベルの国際会議を開催した。2003年には西欧でマイクロファイナンスを推進するネットワーク型 NGO, EMN（The European Microfinance Network：以下 EMN）が設立され，2006年4月現在，会員組織は西欧だけでなくヨーロッパ全域に広がり，会員組織は16カ国の48組織にまで増えている。EMN の調査によれば1982～2003年の約20年間のうち，1990年代後半以降にマイクロファイナンスの組織が多く設立されるようになったが，その多くは従業員数や融資額などが極めて少ない組織である［New Economics Foundation, 2004：8-15］。

2004年には EU が関係機関と共同で，イギリス・フランス・ドイツなどヨーロッパ8カ国におけるマイクロファイナンスの現状を調査した。この調査は各国において零細企業の起業・発展を支援育成する社会環境がどの程度整ってい

るかを，法制度や資金調達，雇用福祉政策など6項目にわたって数値化して比較したものであり，零細企業に資金提供するマイクロファイナンス機関を通して資金の流通を促進するなどの政策を提言している。

このように，社会的排除や失業問題などへの対策として，欧米諸国では1990年代後半から2000年代にかけてマイクロファイナンスに対する期待が急速に高まり，各国間で程度の差はあるが，政策として実行に移されつつあるのが現在の趨勢といえる。その代表的な例がアメリカとイギリスである。

他方，先進国におけるマイクロファイナンスの研究はまだ極めて少ないが，マイクロファイナンスを先進国にも適用することが有効だとする議論も少しずつ登場している。長谷川は，途上国だけでなく先進国においても，地域経済活性化のために零細企業を支援し，そのためにマイクロファイナンスとコンサルティングが必要だと論じた［長谷川，2001b：18］。また，日本にマイクロファイナンスを適用する可能性を考察した例として梅村［2004］や菅［2008；2009］が挙げられる。梅村［2004］は，沖縄県の過疎地域で郵便貯金がマイクロファイナンスの役割を果たし得ると主張した。菅正広は日本の貧困を解決する手法としてマイクロファイナンスに注目し，日本でマイクロファイナンスを普及するための政策支援，法制度の整備が必要と論じた［菅，2008；2009］。

ただし，途上国と先進国とでは社会経済的環境が大きく異なるため，途上国の実践をそのまま先進国に持ち込んで模倣することは必ずしも成功につながらない。

マイクロファイナンス事業の評価基準は一般に，サービスのアウトリーチ（対象者の広がりと深さ）と，マイクロファイナンス機関の持続可能性（返済率と収益性）とされる［三重野，2006：134；吉田，2007：102-105］。しかし，先進国ではマイクロファイナンス機関が補助金や寄付金なしの独立採算で経営することは非常に困難であり，途上国の基準をそのまま先進国に適用することは適切ではないと指摘されている（例えばEvers et al［2007］）。

また，途上国でマイクロファイナンスの発展の背景となっていたインフォーマルセクターの規模も，先進国では小さい［岡本，2008b：77］。そのうえ企業

に対する法規制や行政指導が厳しく，市場競争も激しいため，誰もが簡単に零細企業を立ち上げて成功するというわけではない。

さらに，マイクロファイナンスが暗黙の前提としていた農村コミュニティの共同性も，先進国のアノミー社会では希薄なため，途上国に比べてグループ融資が充分に機能しない。このように，途上国と先進国とでは社会経済的環境の違いが大きいため，単に途上国の経験をそのまま輸入したような比較検証ではなく，先進国固有の事情に立脚した独自のマイクロファイナンス研究が必要とされていると言える。

第2部以降ではアメリカと日本におけるマイクロファイナンスの現状を明らかにし，そこでの成果と課題を抽出する。

小　括

社会開発は人間開発・コミュニティ開発・生活基盤整備の三領域において，貧困や社会的排除の問題に取り組む方法論である。社会開発において金融が果たしうる役割は，社会開発を行う際の財政的基礎を提供することであり，本書ではこれをコミュニティ開発金融と称する。

コミュニティ開発金融の具体的な方法として，マイクロファイナンス，NPO融資，コミュニティ投資に着目する。マイクロファイナンスは，貧困層の所得向上のみならず，地域社会への影響など質的な成果も見られるが，決して万能薬ではない。先進国でも1980年代以降，マイクロファイナンスへの関心が高まっているが，途上国からの直輸入ではなく，先進国独自のマイクロファイナンスの導入が必要である。

注

（1）こうした理解は社会開発論の多くに共通した認識であるといえよう。このほか，西澤[1996]や西川[1997]，恩田[2001]，藤崎[2006]，佐藤寛[2007]などの研究が相次いで登場した。

第1章　社会開発とマイクロファイナンス

（2）　貧困と社会的排除は，互いに親和的ではあるがそれぞれ異なる概念であり，両者の概念の特徴と関係についてはさまざまな研究がされている。福原［2007：15］によれば，「貧困」は所得という一次元的な要因しかもたないのに対して，「社会的排除」は多次元的な特徴をもつ「剝奪」と「社会的紐帯の断絶」とに焦点を当てた概念である。また，「貧困」が静態的な状態分析であるのに対し，「社会的排除」は多次元的な要因によって引き起こされる「状態」であるとともに，そこに至る「過程」に着目した動態的な過程分析でもある。さらに，「社会的排除」は個人への所得分配の側面だけでなく，コミュニティや社会全体にも分析対象が広がる，という特徴があるとされる。他方，社会的排除の概念は貧困とそれほど違うわけでもない，とする批判も根強い。社会的排除はむしろ貧困の一部であって，それに代わるものではないとするルース・リスターは，貧困と社会的排除が相互に重なり合い，「貧困から社会的排除が生まれる」場合と，「社会的排除から貧困が生まれる」というように，いずれかがときに原因となり，ときに結果となると主張した［岩田，2008：46］。貧困と社会的排除は相互に関連した概念であり，截然と区別することは難しいが，社会開発の実践を分析する際に，いずれの概念も必要となると考えられる。社会開発は従来，貧困問題に取り組み，貧困層や貧困地域をターゲットにしてきたが，そこでいう貧困問題は必ずしも個人の所得や資産の低さだけを問題にしていたのではなく，社会（コミュニティ）における疎外や排除，差別によって貧困が生じる過程に着目し，疎外された人々を社会に包摂し，組織化していく活動を行ってきた。本書で扱うマイクロファイナンスも，金融による社会的包摂の活動と言える。

（3）　「コミュニティ」という概念も多義的であり，抽象的・一般的な定義としては「人間が，それに対して何らかの帰属意識をもち，かつその構成メンバーの間に一定の連帯ないし相互扶助（支え合い）の意識が働いているような集団」［広井，2009：11］とされている。コミュニティのなかには，空間を超えたサイバー型のコミュニティや，テーマ型のコミュニティも存在する。ただ，本書で扱うコミュニティ開発の文脈では，地域コミュニティ（地域社会）を主に想定している。

（4）　マイクロファイナンスは，銀行の金融サービスから排除されている人々に対して，在来の高利貸しではないオルタナティブな金融サービスを提供するという意味で，社会的包摂とみなしている。ただし，貧困層に金融サービスを提供すればそれが直ちに社会的包摂を意味するのか，それとも貧困層が銀行から以前として排除されている状況を重く受け止め，貧困層が（将来は）銀行の金融サービスを受けられるようにすることが社会的包摂だと捉えるのかによって，社会的包摂の意味も，またマイクロファイナンスの役割も違ってくる。貧困層は金融のリテラ

シーがなく，預金残高が少なく，信用履歴も良くないために銀行と取引できないが，こうした人々を教育し，きちんとした信用履歴を形成することにより，銀行と取引できる階層に引き上げること（マイクロファイナンスの出口戦略ともいえる）をしているマイクロファイナンス機関もある。また，銀行に対して貧困層に差別せず平等なアクセスの保障を求める法制度（アメリカのCRA（地域再投資法）など）も社会的包摂の一つのアプローチである。

第2章
コミュニティ投資とNPO融資

1 コミュニティ投資論

(1) 社会的責任投資 (SRI) におけるコミュニティ投資

　社会的責任投資 (Socially Responsible Investment；以下略称SRI) とは，投資家が企業の社会的・環境的側面も考慮したうえで投資先を決めたり，企業社会責任 (CSR) を働きかけたりすることを指し[1]，ソーシャル・インベストメントとも言う。

　企業の大規模化・グローバル化に伴い，企業活動が環境・社会に与える影響は極めて大きくなっているが，企業は単に利益を上げるだけの存在ではなく，社会の一員として環境や人権を守り，社会問題の解決を図る責任があると考えられるようになった。企業に対して社会責任を促す方法には法的規制や行政指導，消費者運動による圧力などさまざまあるが，そのなかで投資の力を通してCSRを促す方法論がSRIだと言える。SRIは，CSRを果たしている企業を積極的に評価し，CSRを果たしていない企業は評価しない。SRIの投資家は，自らの行動基準に経済的利益以外の価値観（環境保全や人権擁護など）を加え，投資を通してその価値観の実現を図ろうとする。こうしたSRIが普及すれば，CSRを促す社会的なシステムができるはずである[2]。

　SRIには，起業の社会・環境面も考慮して投資先を選ぶ「スクリーニング」（またはソーシャル・スクリーン），株主が企業経営者に対してCSRやコーポレート・ガバナンスの強化を求めて働きかける「株主行動」，地域の活性化や貧困層の経済的自立，自然エネルギーの普及などを目的として投資する「コミュニ

ティ投資」の三つの類型がある。本節では，社会開発に特に関わりの深い，コミュニティ投資について詳しく検討する。

コミュニティ投資はアメリカ・ヨーロッパ諸国を中心に発達を見せている。アメリカと日本におけるコミュニティ投資の現状は後の章で詳述するが，ヨーロッパ諸国でもコミュニティ投資の動きは盛んであり，イタリアの倫理銀行，オランダのトリオドス銀行など，コミュニティ投資を担うソーシャルバンクの事例は少なくない。倫理銀行は融資先を社会的な協同，文化・市民社会，国際的な協同，環境の4分野で活動する組織に限定し，営利企業には融資しないという明快な基準をもつ。イタリアでは社会的協同組合やその他のNPOが社会サービスの担い手として重要な役割を占めるに伴い，そうした組織に資金供給する倫理銀行の必要性が高まっている［重頭，2004：4］。

オランダで設立されたトリオドス銀行は融資先を，自然と環境，社会に貢献するビジネス，文化と福祉，南北問題，住宅等に限定している。また，地球環境保護や貧困地域での住宅供給など，目的別に口座が設けられている［重頭，2004：8］。この他にも，オランダのオイコクレジットやドイツのGLSコミュニティ銀行，イギリスのチャリティ銀行など，ソーシャルバンクの事例は多い。

国際的には，ソーシャルバンクの国際ネットワーク組織（International Association of Investors in the Social Economy：INAISE，本部ベルギー）が1989年に設立され，ヨーロッパを中心とする19カ国41組織が加盟している。ここに加盟している金融機関は銀行の他，協同組織金融機関，非営利組織，財団，ベンチャーキャピタルファンドなどで，主に非営利・協同セクターによって構成されている。

また，途上国のマイクロファイナンスに投資する「マイクロファイナンス投資」も，広い意味でコミュニティ投資の一つとみなすことができよう。

SRIのなかでもスクリーニングに関しては，これまで数多くの研究がなされてきた。日本においても，水口ほか［1998］を皮切りに，2000年以降谷本編［2003］，足達・金井［2004］，秋山［2003］，秋山・菱山［2004］をはじめ，SRIの入門書や研究書が数多く刊行された。

他方，コミュニティ投資についてはほとんど看過されてきた。SRI の 3 類型を説明する際にコミュニティ投資もごく簡単に紹介される程度で，それ以上の詳細な紹介や分析などはほとんどなされてこなかった。日本でコミュニティ投資を本格的に取り上げた研究は，唐木［2004］や小関［2005］，唐木・藤井［2007］などが挙げられる程度である。唐木［2004］は金融排除・社会的排除と貧困問題に対する解決法として，クレジットユニオンやソーシャルバンクといったコミュニティ投資が挙げられると論じた。小関［2005］は，アメリカ，イギリス，日本におけるコミュニティ投資の現状を概観し，コミュニティ投資におけるNPO の役割を考察した。唐木・藤井［2007］はアメリカ・イギリスのコミュニティ開発金融機関（CDFI）および政策の動向と，日本の NPO バンクについて紹介している。しかし，事例の紹介にとどまり，理論的・体系的な研究には至っていない。

このように，スクリーニングに比してコミュニティ投資に対する関心が薄く，研究もほとんど進んでいない。歴史的な経緯を考えれば，スクリーニングはCSR，特にコーポレート・ガバナンス向上や自然環境対策によるリスク管理の一手法として，あるいは SRI による企業価値上昇（日経平均株価との差異として表わされる）に関心が向けられてきた。同時に，アメリカの ERISA 法に象徴されるように，受託者責任との関連で SRI の正当性も強い関心を呼んできた。これに対し，コミュニティ投資は最近でこそ少しずつ注目されてきているものの，主に小規模な市民運動組織や協同組織金融機関によって続けられてきたために，議論の対象から除かれる傾向にあったのではないか。[5]

（2）コミュニティ投資が議論されなかった背景

コミュニティ投資が SRI をめぐる議論から除かれがちな傾向にあった背景として，以下のことが挙げられるであろう。

①「投資」（investment）の意味がやや異なる

同じ「投資」といっても，スクリーニングや株主行動で意味する投資は金融投資，すなわち企業の株式（equity）や債権（debt）などの有価証券を購入する

ことを意味するが，コミュニティ投資の場合は，公共投資，すなわち地域住民の生活に密着した社会資本を整備したり，地域住民の活動を支援したり，地域の住民や企業に資金を積極的に融通することを意味することが多い。公共投資の場合は，特定の投資家に収益が帰属するのではなく，現在および将来の世代に帰属する点で，有価証券による投資とは異なる。[6] 無論，地域経済が活性化することにより，企業自身も間接的に利益を得ることはあり得る。また，コミュニティ投資の場合は，株式の購入というよりも住民組織や非営利組織への寄付，個人住宅や小規模零細企業への低利融資（マイクロクレジット）など，多様な形態をとり得る。したがって，これらの公共投資（特に寄付活動）を金融投資とは区別して，社会貢献活動（community involvement ともいう）とみなす場合もある。[7]

本書で「コミュニティ投資」という場合，社会貢献的な意味合いの強い，コミュニティへの純粋な寄付活動とは区別し，一定のビジネスとして成り立ちうる活動という意味で，具体的にはコミュニティに立地する小規模零細企業および個人に対する投融資を指す。融資を受けた企業や個人は返済の，出資の場合は配当金支払いの義務を負う点が，寄付と異なる。

また，一般的にコミュニティ投資は，経済的に貧困で問題を抱えた地域の再生への投資だととらえられる傾向にあるが，自然環境に配慮した事業やフェアトレード事業への投資なども含めてとらえる。[8]

②コミュニティ投資はハイリスクである

一般に SRI（スクリーニング）の対象となるのは株式を上場している大企業であり，投資家にとっても，大企業にとっても，SRI はリスク管理に役立つと認識されている。すなわち SRI で高い評価を得る企業は経営がしっかりしているから不祥事を起こす確率が低く，持続性があり，長期的な利益を期待しうるとみなされる。

しかし，コミュニティ投資が主にフィールドとしている地域は経済が停滞し，貧困層が多く住んでいるなど，問題を多く抱えている。また主な融資対象は経営の安定した大企業ではなく，個人や小規模零細企業が主であり，融資のリス

クが相対的に高い。そのうえ，金額的にも大企業への投資に比べればごくわずかなため，スケール・メリットの享受は期待できない。

他方で，たとえば年金基金などの機関投資家は，受託者責任を課せられている。資金運用の担当者がたとえ個人的に，コミュニティ投資のもつ社会的意義に理解を示したとしても，プルーデントマン・ルールに反した投資決定を行うことは容易ではない。スクリーニングが受託者責任との関係で正当性をもち得たのは，「選択可能な他の投資と同等の経済的価値（リスクを勘案した投資の期待リターン）を有する限り」[土浪, 2003] においてであった。また実際に，Domini 400 Social Index (DSI)[9] などがS&P500に比較して高いリターンを実現できていること [Domini, 2001：160；秋山, 2003：117][10]が説得力を与えてきた。しかし，経済的にリスクが高いコミュニティ投資は，現時点の法制度では受託者責任に反することになりかねない。[11]

③日本ではコミュニティ投資としての認識があまりなく，政策・法制度の裏づけもない

欧米諸国でコミュニティ投資と呼ばれている実践が日本に皆無というわけではない。後述のように，欧米諸国のコミュニティ投資と同様の，あるいは似た実践は存在してきたが，その実践の背後にある社会的文脈が欧米諸国と日本とでは若干異なっていることも手伝って，「コミュニティ投資」として認識されることがあまりなかった。

また，コミュニティ投資を促進する政策，コミュニティ投資の優遇税制や支援基金など裏づけとなる法制度が日本にはまだ存在しない。むしろ金融行政は従来，金融検査マニュアルの適用に象徴されるように，コミュニティ投資を抑制する政策をとり続けてきた。

これらの社会的・法制度的環境が原因となって，日本でコミュニティ投資に注目して論じる意味が見出しにくかった，ということが考えられる。

（3）金融仲介組織による資金調達

前述のように，スクリーニングに比べてコミュニティ投資は経済的な収益性

があまり期待できないので，投資家の自発性に待つばかりでは資金集めが難しい。無論，環境・社会問題に意識の高い個人投資家は自発的に投資するかもしれないが，銀行など機関投資家による投資は難しいだろう。そのため，資金を誘引するための仕掛け（装置）が必要となる。

資金を集める仕掛けは主に，①法制度や行政施策による資金の誘引と，②金融仲介組織による働きかけの二つが挙げられる。①については，コミュニティ投資に投資した者に対して減税措置を講じたり，補助金を支給したりという「アメ」の要素と，コミュニティ投資に協力しない金融機関に対してペナルティを課すという「ムチ」の要素がある。また②については，投資家が貧困地域に直接投資するのではなく，金融仲介組織を経由した投資を行うことでリスクを引き下げ，投資家の負担を減らすことにより，コミュニティ投資を促進する。

コミュニティ投資においては，投資家よりもむしろ金融仲介組織が主体的な役割を発揮することが多い。それはなぜか。

スクリーニングや株主行動においては，投資家（株主）による主体的な行動・選択が中心的な要素となる。だが，コミュニティ投資にはこうした行動ないし選択というパターンが当てはまる余地が小さい。コミュニティ投資は株式の購入ではなく，株主として投資家が経営の意思決定に参加することができない。また，コミュニティ投資の対象である零細企業などは株式市場で格づけされたり，投資家から比較・評価にさらされるわけではない。むろん，コミュニティ投資においても投資家が投資先を選択したり，投資にあたって条件をつけることはあるが，スクリーニングや株主行動に比べて投資家の主体性が弱い。

また，資金形態については，スクリーニングや株主行動の場合は基本的に株式や債権に限定されるが，コミュニティ投資は多様な資金形態（出資，融資，補助，助成，寄付など）がある。また，資金提供者も，スクリーニングや株主行動の場合は株主や債権者に限定されるが，コミュニティ投資は国，銀行，財団，個人投資家，地域住民など，多様な提供者がいる。単に資金形態や資金提供者が複数あって多様である，というだけでなく，多様な資金形態や資金提供者が相互作用することで資金のレバレッジが実現している。たとえば，政府の補助

金を核として民間から補助金の数倍の融資を引き出す（＝レバレッジ）ことが可能となる。

さらに，情報の非対称性についてみれば，スクリーニングや株主行動においては，企業の財務実績やCSRに関するディスクロージャー情報，SRI調査機関のレポートなどから，必要な情報を得ることが可能だが，コミュニティ投資の場合は投資のリスクが高いにもかかわらず，そうした情報が整備されにくく，また必要な情報を得るためのコストが極めて高くなり，非効率的である。

そのためコミュニティ投資においては，個々の投資家が主導権を握るのは難しく，金融仲介組織が主体的な役割を発揮する必要が生じる。

金融仲介組織が国や銀行，財団，個人など多様な資金源から多様な形態の資金を組み合わせて調達し，貧困地域への投資を進める。金融仲介組織は当該地域に関する生の情報や住民のニーズを豊富に蓄積しているだけでなく，高リスクな貧困地域で金融サービスを提供する専門性を備えており，また金融サービスに加えて受益者への教育・啓発を行うことで，リスクを軽減することができる。金融仲介組織は主体的に資金を調達し，貧困地域に必要な資金を投入するため，コミュニティ投資のファシリテータ（促進者）としての役割を担っている。したがって，金融仲介組織には独自の存在意義があると考えられる。

（4）社会開発の観点からみたコミュニティ投資の意義

コミュニティ投資の規模は一般的に投資額の多寡で表わされる。確かに，少ないよりは多いほうがよいかもしれないが，投資額の極大化が目的ではなく，また投資の累計額だけで判断できるものではない。前述のようにコミュニティ投資が扱う資金の種類は多様であり，それぞれに性質や用途は異なる。金融仲介組織が多様な資金源をその性質と用途に応じてベストミックスし（たとえば経営支援の部分には助成財団の助成金を充てる，地元銀行からの融資は地元のプロジェクトに投資する，政府資金を核として民間資金をレバレッジするなど），コミュニティ投資本来の使命を達成することに目的があるはずである。したがって，コミュニティ投資に対する評価基準も，投資額（アウトプット指標）だけでなく，投資

が社会にもたらした変化（アウトカム指標）を取り入れ，質と量の両面を見据えた多面的な評価基準を構築する必要がある。

社会開発の観点からコミュニティ投資をとらえるとどうなるか。

コミュニティ投資は，風力発電・太陽光発電など自然エネルギーへの投資や，有機農業への投資，まちづくりへの投資，NPO/社会的企業への投資など，投資分野は幅広い。そのなかで貧困地域・貧困層の自立を支援する社会開発分野にしぼってコミュニティ投資をとらえると，コミュニティ投資は貧困地域・貧困層の自立支援に対する外部からの投資であり，社会開発に必要な資金を外部から調達する手法である。谷本［2003：8］はコミュニティ投資を「地域開発投資」「社会開発投資」「社会的に責任ある公共投資／開発投資」という3類型に分類した。「地域開発投資」（community development investment）とは「荒廃・衰退した地域の経済的開発の支援を目的に行われる投資であり，具体的には大都市のインナーシティにおいて，低所得者やマイノリティなどを対象に，低額の住宅供給や起業などを支援する活動である」という。また「社会開発投資」（social development investment）とは「自然エネルギーの開発やフェア・トレードなどの社会的事業を行う事業体に対する融資や投資」である。さらに「社会的に責任ある公共投資／開発投資」（socially responsible government expenditure）とは「政府が公共投資を行うにあたって，その公共投資が社会や環境に与える影響を配慮することや，公共事業の入札において入札参加企業の社会的責任への取り組みをその基準の一つとして組み込むこと」であるという。こうした類型が一般的に用いられているかは定かではないが，谷本の言う「地域開発投資」と「社会開発投資」という分類にしたがえば，社会開発論で問題としている貧困・社会的排除に直接的にコミットするのが「地域開発投資」であると考えられる。

ただし，前述のようにコミュニティ投資においては投資家よりも金融仲介組織が主体性をもっている。金融仲介組織は外部から必要な資金を調達するとともに，社会サービスのNPOや貧困層に資金を提供するのであり，コミュニティ投資と資金提供は金融仲介組織のなかで密接に結びつき，全体としてコミュ

ニティ開発金融を形成していると考えられる。

本書では社会開発の観点からコミュニティ投資を位置づけ，コミュニティ投資（を含むコミュニティ開発金融）が社会開発において，いかなる役割を発揮するかを検討する。

2　NPO 融資論

(1) NPO 融資の必要性の増大

NPO の資金調達手段の一つに金融機関からの融資が挙げられるが，融資を受けて事業を行うことは，NPO にとって従来なじみの薄い選択肢であった[12]。NPO に対する融資がごくわずかにとどまっていた理由としては NPO の担保力の低さ，信用保証制度の枠外であること，融資への心理的な抵抗感，事業性の低さ，融資経験の少なさなどが考えられるが，近年では NPO に対する融資の必要性が徐々に高まり，状況は変化してきている。

融資の必要性が高まった主な原因としては，一方では対価性収入を中心とする事業型の NPO が台頭してきたこと[13]，他方では一部の金融機関が新たな市場を求めていること[14]，が挙げられよう。

自己資本をほとんどもたない NPO にとって，必要な資金を調達できなければ，事業を行うことは極めて困難である。従来，NPO の多くは篤志家の寄付や補助金，助成金を少しずつためて資産を増やし，徐々に事業を拡大してきたが，それだけでは資金調達に限界があることも否めない。NPO が商品やサービスを提供して対価を得る事業を行い，一定の利益を上げる場合，設備資金や運転資金について NPO が融資を受けることは可能である。

日本では NPO バンクの設立が相次ぎ，労働金庫や信用金庫などは NPO への融資制度を新たに設けつつある。マスコミの関心も高く，テレビ番組でも紹介されるようになった[15]。これらの金融機関は，地域社会貢献という色合いが強いが，コミュニティ金融を通した NPO の市場開拓という期待も感じ取れる。他方では直接投資を志向する動きとして，個人投資家がファンドを通じてまち

づくりの NPO や社会的企業に投資する事例も見られる[16]。

NPO の市場化・商業化とそれに伴う融資需要の高まりは，日本に限られたことではなく，アメリカ・イギリスをはじめ欧米諸国でも1990年代以降共通に現れている現象であり [Williams, 2003]，NPO に融資するコミュニティ開発金融機関（CDFI）も台頭してきた。

（2）NPO 融資に関する先行研究

アメリカやイギリスでは NPO 融資の意義や可能性，現状を論じた研究が Waldhorn et al. [1989] や Yetman [2007]，Williams [2003] をはじめいくつも出されているが，日本では NPO 融資自体の歴史が浅いこともあって，研究があまり進んでいるとは言えない。

日本で NPO や社会的企業への融資について調査報告や研究が出されたのは2001年以降のことである。その嚆矢は東京ボランティア・市民活動センター [2001] および日本政策投資銀行 [2001] と思われる。この当時は融資を行う金融機関の数は極めて限られていたが，日本政策投資銀行 [2001] は早い段階で主要な論点をまとめており，注目に値する。

先行研究で比較的よく見られるのは，NPO に融資する金融機関の類型化と事例紹介である。たとえば，アリスセンター編 [2004] は NPO や社会的企業への融資制度をもつ金融機関（労働金庫，信用金庫など）をリストアップするとともに，NPO バンクの事例，融資を受けた NPO・社会的企業の事例を詳しく紹介した。多賀 [2007] は信用金庫，労働金庫，農協，NPO バンク，コミュニティ・ファンドなど市民事業に融資する組織を類型化して紹介している。

労働金庫の立場からは，多賀 [2004a] が労働金庫による NPO 法人融資制度「NPO 事業サポートローン」の概況を明らかにし，「ソーシャルファンド預金担保融資」を提唱した。信用金庫の立場からは，全信協（全国信用金庫協会）が「市民事業を支える地域金融の可能性を開く」と題した報告書のなかで，市民事業を支援することが信用金庫の社会的使命であると位置づけた [全信協, 2004]。鈴木正明 [2006b] は NPO バンクを正面からテーマに据えた論文で，

NPOバンクの意義と課題，分類・概況・融資実績，法的枠組みの問題を論じた。澤山［2005］や多賀［2007］はNPOバンクと金融機関との協働を進めるべきだと論じた。また唐木・藤井［2007］はNPOバンクや多重債務者救済生協，市民ファンドの事例を網羅して紹介している。他方，自治体による融資制度については，シーズ＝市民活動を支える制度を作る会が千葉県の委託調査報告書のなかでまとめている［シーズ，2003］。

　信用金庫，労働金庫をはじめとする協同組織金融機関と，NPOバンクをはじめとするいわゆる「市民金融」，それに加えて少数の地方自治体がNPOやコミュニティビジネス（ないし社会的企業）に対して融資を行っている現状が，2001年以降の研究から次第に明らかになってきたと言えよう。

(3) NPO融資への視点

　こうしたNPO融資の現状に対して，二つの視点からのアプローチが可能である。

　第一はNPO経営論，特に資金調達戦略論からのアプローチである。NPOの経営論の主要な柱の一つが資金調達戦略論で，多様な財源をいかにバランスよく組み合わせてNPOの経営の安定を図るか，会費や寄付金をいかに多く効率的に集めるかといった議論が多い。しかし，事業型のNPOにとっては，多様な財源をバランスよく組み合わせるといっても事業収入が大部分を占めることは不可避であり，会費や寄付金を集めることよりも事業収入をいかに増やすか，あるいは設備資金や運転資金を確保するためにどのように融資を受けるか，のほうが重要な課題になるはずである。NPOの事業資金を調達する戦略（NPO融資を含む）をいかに組み立てるか，あるいは事業資金の調達がNPOの経営にどのように影響をもたらしたかが，第一の視点である。

　このNPO資金調達戦略論の延長線上に，NPO経営支援論が位置づけられる。NPOへの融資は経営支援・指導を必要とすることが比較的多い。会費や寄付金，補助金といった資金は，資金提供者に返済の必要がなく，計画通りに使えばよいわけだが，事業資金を借りた場合には利息をつけて期限までに返済

しなければならず,収益を生み出す経営の力量が必要となる。委託事業のつなぎ資金を短期間借りる場合は別として,持続的な事業を営む場合には経営上の知識やスキルが求められるが,そうした知識やスキルが不足しているNPOも多い。NPOに融資する金融機関にとっても,リスクを減らして返済率を上げるには,経営支援によって借り手のNPOの力量形成を図ることが効果的である。

第二は社会開発論からのアプローチである。NPOへの融資により,社会開発にどのような効果をもたらしたのか。NPOの提供した社会サービスやコミュニティ施設の利用,住宅や雇用の増加,治安の改善などで,人々の生活環境や人間関係はいかに改善したのか,が関心の焦点となる。

多くのNPOが何らかの形で地域経済の活性化に取り組み,コミュニティの経済と深い関わりをもっていることから,NPOへの融資はコミュニティ開発金融と重なり合う面が決して小さくない。本書では社会開発に関わるNPOへの融資に焦点を当てて,NPOへの融資が具体的にどのような社会的インパクトをもたらしたのかを明らかにする。

(4) NPOへの経営支援に関する先行研究

NPOへの経営支援に関して,少なくとも日本においてはさほど研究の蓄積があるとは思われない。そのため,近接領域として中小企業ないしはベンチャー企業への経営支援に関する研究を概観することで,NPOへの経営支援に対するアナロジーとしたい。

ベンチャーキャピタル(以下,VC)は,IT産業などでよく見られるように,設立間もないベンチャー企業に投資して育成し,やがて投資先の企業が成長して株式市場に上場した際に,VCは株式を売却してキャピタルゲインを得る。このとき,VCは単に資金や場所などのハード面だけを提供するよりも,ハンズオン投資型のVCとして専門知識を提供したり,取締役として経営に参画したり,助言・指導したりと,さまざまな経営支援(ソフト面)を提供して積極的に投資先企業を育成することにより,高い成長率が結果として得られるとい

う（岡室・比佐2005）。シリコンバレーのVCを対象に行った調査研究においても，VCによるハンズオンの経営支援・経営参画が重要な意義をもっており，VCは単なる投資家というよりも，事業育成サービス業の側面をもっているという［長谷川，2006］。

　資金面が中心で経営支援が少ないと，経営上の競争優位を得られないという研究結果もある。江島［2005］によれば，日本において政府から中小企業への支援は補助金や制度融資などの資金援助（ハード支援）が中心だが，戦略的な資金使途など経営面に関する充実したカウンセリング（ソフト支援）が少なく，「知識資源としての外部支援は我が国にはまだ充分に整備されていない」と指摘している。資金だけを提供しても，経営戦略と資金が連携できなければ，企業の競争優位は得られないのである。

　日本においては，ベンチャービジネスや起業が一時期もてはやされ，起業家に対して資金や場所を提供する起業家支援態勢が近年急速に拡大してきた。しかし，竹内［2006］によれば，起業家に対するマネジメントや経営ノウハウを提供する「ソフトな経営支援」は必ずしも成果を挙げておらず，特に創業支援機関や金融機関などは支援の役割をあまり果たしていない。

　このように，中小企業やベンチャー企業に対しては，資金や場所などハード面の支援だけではなく，経営支援・指導，経営参画といったソフト面の支援が，事業の成功にとって重要であるという認識が広まってきており，ハンズオン型のVCが登場しているほか，自治体の中小企業支援センターや起業支援センター，エンジェルなどの多様なインキュベート組織が現れ，起業前後の相談・メンタリングや専門知識の提供，基礎知識の講習などさまざまなサービスを提供している［中村，2008］。

　営利企業の場合は，経営支援の目的は言うまでもなく利益獲得であり，支援を行うことでより多くの利益が期待できる。VCの場合，投資先企業が株式市場に新規上場する（IPO：Initial Public Offering，株式公開）ことでVCが多くのキャピタルゲインを得ることを投資目的としている［中村，2008］。

　これに対し，NPOやコミュニティビジネス，社会的企業などに融資する場

合はどうか。イギリスでは，コミュニティ開発金融機関（CDFI：Community Development Financial Institution）の融資返済率は，借り手のリスクや質によるだけではなく，CDFI自身の事業経験年数や，借り手への経営支援の有無などによっても，大きく左右されるという［Derban et al., 2005］。借り手のNPOなどに対して，経営支援をしっかり行えば，事業が成功し，返済する確率が高まる。

アメリカでは，マイノリティや低所得者など経済的・社会的弱者に対して少額の事業資金を融資する金融NPOが，融資相談者に対する事業計画の策定指導や研修の実施，融資後の実践的な経営支援などに取り組むことにより，不良債権率が低くなっている［鈴木正明，2006a］。

NPOや社会的企業は，規模が小さく，起業してまだ間もなく，事業経験が浅いという面では，零細企業やベンチャー企業と共通する側面もある。しかし，当然のことながら異なる面も少なくない。

まず，経営支援の目的が異なるため，支援の効果を測定する基準も異なる。営利のVCであれば投資先企業の株式上場による収益が基準となるが，NPOや社会的企業は，株式公開を予定しておらず，必ずしも規模拡大を至上命題としていないことから，何をもって基準とするのかが必ずしも明確ではない。また，収益を目的とした「出資」ではなく，低利ないし無利子の「融資」や寄付金・助成金等を主な原資としている点も，ベンチャー企業とは異なる。

また，経営支援の内容も異なる。鈴木直也［2006］は，コミュニティビジネスの経営支援は通常の起業支援に加えて，「ワークショップ技術」や「未来デザイン技術」といったネットワーク型の多様な人材をマネジメントするための技術が必要と指摘しているが，この他にもNPOや社会的企業に独自な要素があり，それに伴って独自の経営支援のあり方が求められると思われる。NPOや社会的企業に独自な要素は，たとえば以下のような点が挙げられる。

・組織のミッションが公益目的であること
・財務的な脆弱性があり，多様な資金源をもっていること
・ソーシャル・キャピタルを活用する必要性

・住民や自治体，支援組織，従業員等を含めた参加型のガバナンス
・NPO独自の会計・税制度（公益社団・財団法人，NPO法人，寄付税制等）
・独自の起業家精神（社会変革への意欲，事業拡大志向の低さ）など

　こうしたNPOや社会的企業に対する経営支援の必要性・独自性を充分に理解しないまま，経営支援を行おうとすると，効果が得られないだけでなく，かえって"有難迷惑"な行為になってしまう恐れがある。しかし，NPOや社会的企業への経営支援の方法論は，必ずしも体系化されて整理されているわけではなく，現場に通じた経験豊かな支援者がスキルとして身につけているにすぎない。研究上も，これまでほとんど光が当てられてこなかった。NPOに対しては，単に資金を融資するだけではなく，経営指導などの非財務的な支援が重要だと指摘されているが，現状として具体的にどのような支援がなされているのか，必ずしも明らかではないと言えよう。

(5) 融資にかかわる経営支援の特徴

　NPOへの経営支援といっても，その内容は実に多岐にわたり，対象となるNPOの規模や形態，活動領域，組織の目指す方向性によっても支援の方法や内容は異なるため，一概に論じることは困難であるし，あまり意味をなさない。筆者はNPOへの経営支援全般を対象とするのではなく，NPOへの融資に関わる経営支援に焦点を当てて検討を行う。

　そもそも融資に関わる経営支援は，経営支援一般のなかでいかなる特徴があり，これに注目することはいかなる意味があるのか。

　NPOに対する経営支援は，組織の設立や法人格の取得から始まって，会計・税務，組織運営，労務管理，マーケティング，資金調達，リスク管理などの問題に対して，相談・講座・代行・派遣などの形で外部から問題解決に貢献する方法論であるが，なかでも資金調達はNPOの経営にとって主要な問題の一つと言える。

　NPOの収入源は寄付金や会費，補助金，助成金などから成り立つが，そのなかでも事業収入が約3分の2と大きな割合を占め［経済産業研究所，2006］，

しかも近年では国・地方自治体からの委託事業や，公的介護保険事業，障害者自立支援事業などを実施して主な収入を得るNPOが増えている。事業収入を中心とするNPOにとって，事業の運転資金や設備資金としてまとまった金額を寄付金・会費等から調達することはあまり現実的ではなく，融資による資金調達に頼らざるを得ない。

しかし，「もらうお金」と「借りるお金」はその本質を根本的に異にしている。寄付金，会費，補助金，助成金などはいずれも「もらうお金」であり，当初の目的と計画に沿って適切に費消すればよい。「もらうお金」の場合，事業の成果は要求されるにしても，返済のプレッシャーはない。それに対して，融資は「借りるお金」であり，当初の目的と計画に沿って適切に使うのは無論のこと，期限までに借りたお金を利子つきで返さなくてはならない。借りたお金を使って事業を進め，一定の利益を上げて返済の原資を生み出す必要があり，お金を借りるにあたっては返済可能か否かの見通しを立てることが求められる。お金を借りた後も，事業が順調に進んで返済できるかどうかを注意深く見守り，事業が不調になれば何らかの打開策を早急に取らねばならない。仮に事業に失敗しても，お金を返す義務はついて回る。「もらうお金」に比べて「借りるお金」の場合は，事業計画をより綿密に練り上げるとともに，会計・税務，財務管理，リスク対策，マーケティング等の正確な知識と運営のスキルを身につけ，また借入返済の精神的プレッシャーにも耐える必要があり，ハードルがぐっと高くなる。

NPOの会計・税務は従来，決算報告を所轄官庁に提出し，税務署に納税申告をするために必要という位置づけで論じられてきたし，またNPO支援センター等で広く行われている会計セミナーも，決算報告等を念頭に置いた構成になっている。しかし，お金を借りるにあたっては，こうした財務会計はもとより，資金繰り計画を立てて原価管理をきちんと行うことが求められるため，決算報告対策の会計講座だけでは不充分で，管理会計の知識やスキルも必要となる。

したがって融資に関わる経営支援は，助成金申請書の書き方や寄付金集めの

方法を伝授するのとは根本的に異なり，事業計画作成，管理会計，マーケティングなど，営利企業に近い側面を有し，しかも当該事業に関わる多面的・包括的な支援・指導が必要となる点が大きな特徴と言える。

さらに，継続性の有無という点でも「もらうお金」と「借りるお金」の違いがある。補助金・助成金は原則として1回限りの事業に対して支給されるし，寄付金も原則として1回限りなので，継続性は希薄である。他方，「借りるお金」は「もらうお金」に比べて継続性が高い。設備資金の場合，たとえば返済期限が5年間であれば，お金を貸す側と借りる側の関係は5年間続くことになる。

返済期限が1年間未満のつなぎ資金であっても，何度も繰り返し借りれば，貸す側と借りる側の関係は長期間継続する。「借りるお金」は，融資と返済を繰り返すことで，貸す側と借りる側の間を幾度も循環し，双方向的なお金の流れが永続的に続くことになる。融資においては，こうした長期的な関係を前提として，継続性をもった経営支援を行うことが可能となる。

さらに，融資に関わる経営支援の対象は，現在お金を借りているNPOに限らず，潜在的な顧客——今後お金を借りる可能性のあるNPO——も含める点が特徴である。前述のように，「もらうお金」に比べて「借りるお金」のほうが，ハードルが高い。まだお金を借りる段階に至っていないNPOに対してマネジメントの力量を高め，借りられる段階に引き上げるという，いわば"準備段階"における経営支援も，NPO融資の土壌づくりという点で必要な役割だと言えよう。

（6）経営支援の過程

融資に関わる経営支援の過程を通時的に整理すれば，「融資以前」「申請段階」「融資以後」の3段階に分けられる。なお，経営支援の過程には，融資審査が離れがたく結びついているため，経営支援の過程に融資審査を含め一体のものととらえるのが現実的と思われる。

融資以前における支援は，NPOや金融機関，自治体などに対する幅広い啓

発や情報提供，個別相談，研修などが挙げられる。NPO への融資について認知度が極端に低い，理解が進んでいないといった状況では，個別の融資申請を受け付ける以前に，まず啓発に力を入れて世論に働きかけ，NPO がお金を借りやすい環境を整える必要がある。また，NPO や社会的企業を起業したばかり，もしくはこれから起業しようと考えている人には，事業計画もまだはっきり定まらず，どう資金調達すればよいのかも分からないので，具体的な融資申請以前の段階として組織固めや事業計画作成に助力するなどの準備作業が必要である。

申請段階における支援は，融資申請にあたって提出が必要となる事業計画書や，資金繰り表などの書き方を指導したり，決算書など財務諸表の読み方を指導したりするものである。多くの金融機関にとって，融資に関わる経営支援は，NPO 関係者が金融機関の窓口を訪れ，「お金を貸してほしい」といった相談をもちかける場面から始まる。その際に，融資を希望する NPO 関係者の能力や準備状況によって，必要とする支援のレベルは規定される。

書類の書き方の指導には，フォーマットの記入の仕方をサンプルで例示しながら教えるといった表面的な指導もあれば，事業計画の組み立て方や原価管理など実質的な内容に深く踏み込んだ助言指導もある。融資希望者が初めて金融機関を訪れると，通常は「融資相談」という形で金融機関担当者が要件を具体的に聞き，場合によってはその段階で「会計の帳簿をきちんとつけなさい」といった助言をすることもあるが，この融資相談が事実上，融資審査の第1段階となっている。

審査を経て融資が実行された後は，借り手と定期的に連絡を取り合い，NPO がどのような経営状況なのか，（月々の返済の場合は）毎月の返済が滞っていないかをきちんと監視する。仮に経営状況が思わしくなく，返済が滞りがちになった場合には，経営改善に向けて指導・助言したり，返済計画を柔軟に変更して無理のない返済に改める，ということが挙げられる。

他方，経営支援の過程を共時的に整理すれば，金融機関が単独で経営支援を行うパターンと，金融機関が支援組織などと連携しながら支援するパターンと

に大別できる。

　金融機関がNPO中間支援組織と連携してNPOへの融資を行う事例も少なくないが，支援組織と連携する主な理由は，金融機関だけでは融資審査が充分に行えないためと考えられる。金融機関がNPOに関する情報をもっていない場合，中間支援組織から必要な情報を収集したり，中間支援組織を審査過程に参加させたりすることで，情報不足を補完することができるからである。また，中間支援組織と連携することで，NPO融資制度の存在を広くNPOに周知することも容易になると考えられる。

　これまで述べたように，NPOへの経営支援は，NPOへの融資，およびコミュニティ開発金融を進めるうえで無視できない重要な要素である。NPOに対してどのような経営支援が行われ，成果を挙げているのか，どのような課題があるのかを明らかにする必要がある。

小　括

　社会的責任投資の一種であるコミュニティ投資は従来看過される傾向にあったが，近年少しずつ注目されるようになってきた。コミュニティ投資は投資家の主体性が弱く，資金を集めるための仕掛け（装置）が重要となる。貧困地域・貧困層の自立を支援する社会開発にとって，コミュニティ投資は，必要な資金を外部から調達するための手法と位置づけられる。

　他方，NPOの事業化・商業化に伴い，NPOへの融資需要が高まりを見せるようになった。NPOへの融資は，NPO経営学の視点からは事業資金を調達する手法であり，また社会開発論の視点からは，金融を通じたコミュニティ開発への側面支援と言える。

　NPOに対しては融資に加えて経営支援をあわせて提供することにより，事業が成功し，より高い効果をもたらすことが期待される。

第Ⅰ部　コミュニティ開発金融の理論

注

（1）　スパークス［Sparkes, 2002］は最も優れたSRIの定義としてクリス・カウトン（Chris Cowton）による定義を引用している。カウトンによればSRIは倫理投資と同義であり，「株式投資の選択・運用において倫理的・社会的基準を用いること」としている。また谷本・徳野［2007：5］はSRIを「企業活動を財務面のみならず，社会・環境面からも評価し，投融資先を決定していく方法」と定義しているが，これらの定義はスクリーニングにのみ当てはまる内容であり，株主行動やコミュニティ投資にはそぐわない。秋山［2003］や足達・金井［2004］らも同様に，SRIの定義をスクリーニングに限定している。Domini［2001］は「投資によって社会に変化をもたらす」と，スクリーニングだけでなく株主行動やコミュニティ投資も包含した定義にしている。唐木［2004：125］は「経済性（経済的リターンをいかに多く得られるか）だけでなく，環境や倫理等の社会性（どのような社会的影響があるか）も行動原理とするような投資行動」と定義しており，谷本・徳野の定義に比べて抽象的で幅広い概念規定となっている。ただ，Dominiや唐木の定義は，包括的ではあるが抽象度が高すぎるきらいがある。

（2）　社会的責任投資でいう「社会的」とは具体的に何を指すのか，というのは，実際には個々の投資家によってまちまちである。客観的・絶対的な正義というものはこの世の中に存在しないし，ましてやそうした正義をSRIが投資を通じて体現するわけではない。社会問題の解決という言葉が多く聞かれるようになったが，見方によっては社会問題というのは客観的に存在しているのではなく，人が「これこそまさに解決すべき問題だ」と認識した時点で初めて社会問題となる。環境問題や人権問題に対する考え方も人によってさまざまであろう。SRIが評価するCSRの社会・環境的要素も初めから一律に固定されたものではなく，その時々の社会状況や個々の投資家の価値観に依存している。そのためここでは投資家の「価値観の実現」という表現を用いた。

（3）　「ソーシャルバンク」（social bank）とは，重頭［2004］によれば「融資先が社会的に意義のある活動に限定され，しかも預金者はどのような分野への融資に使ってほしいかを指定して預金することができる銀行」であり，「社会的に意義のある活動」とは，たとえば環境保護や文化活動，市民社会，国際協力，社会的な協同（社会参画，生活の改善，雇用創出）などを指している。

（4）　INAISEウェブサイト http://www.inaise.org/および，重頭［2004］。

（5）　たとえば農林中金総合研究所（http://www.nochuri.co.jp/）がコミュニティ投資に関する調査研究のレポートを発行している。また，社会的責任投資フォーラム SIF-Japan（http://www.sifjapan.org/）で開かれている「定例勉強会」に

第2章　コミュニティ投資とNPO融資

おいて，「ソーシャル・キャピタルとコミュニティ投資」と題する報告が行われ（2004年9月），初めてコミュニティ投資のテーマが取り上げられた。
(6)　途上国のマイクロファイナンスはある程度の収益性がある。マイクロファイナンス投資が盛んになっており，投資金額は過去数年で急激に伸びている［フェルダー，2005；岩谷，2008］。しかし，先進国では独立採算が困難で，収益性は期待できない。
(7)　イギリスの業界団体 Business in the Community (BiTC) は，加盟企業に対してコミュニティ投資を呼びかけているが，そこで言うコミュニティ投資 (Corporate Community Investment) とは，寄付（現金，現物），従業員のボランティア派遣などの社会貢献活動であり，金融投資は要素に含まれていない。Business in the Community, "How to Develop a Corporate Community Investment Policy and Strategy"．
(8)　USA-SIF によるコミュニティ投資の定義は，「通常の融資サービスによっては充分な融資を受けられないコミュニティに対して投下される資本」[Social Investment Forum, 2003：23]。この定義は主に貧困地域への融資に限定したものであるが，それに対して自然エネルギーやフェアトレード，さらには社会や環境に配慮した政府の社会投資も含めた広い意味でコミュニティ投資をとらえるものもある。すなわち①地域開発投資（主に貧困地域への融資に相当する），②社会開発投資（自然エネルギーの開発やフェアトレード事業などへの融資に相当する），③社会的に責任ある公共投資／開発投資（政府の社会投資に相当する）の3種類に分類している［谷本，2003：8-9］。
(9)　Domini 400 Social Index (DSI) については http://www.domini.com/を参照。日本においても，損保ジャパン・アセットマネジメントのエコファンド「ぶなの森」，朝日ライフアセットマネジメントの SRI 社会貢献ファンド「あすのはね」などが，TOPIX に比較して高いパフォーマンスを示している。（各社資料より）
(10)　河口・谷本［2003：234］は，アメリカ SRI パフォーマンス実証分析の先行研究を紹介し，「過去10年ほどのアメリカにおける SRI のパフォーマンスを検証した実証分析の研究事例比較を見ると，SRI のパフォーマンスが通常の投資に比べて確実に良いとは断定できないものの，多くの調査結果では，SRI パフォーマンスが少なくとも通常の投資並みのパフォーマンスとなるか，それを上回るという結果が出ている。実際に，開発された SRI インデックスをベンチマークとなる通常のインデックスと比較すると，おおむね高いパフォーマンスが報告されている」と結論づけている。
(11)　筆者がイギリスの SRI 評価・格付機関 SERM Rating Company の関係者によ

れば（2004．9．2聞き取り），機関投資家によるコミュニティ投資がなかなか進まない理由の一つとして，投資がハイリスクであり特に年金基金は受託者責任があるため，ハイリスクの企業には投資が難しい，ということであった。

(12)　内閣府国民生活局編［2001：76］によれば調査対象のNPOの財源のうち，融資はわずか0.3％であった。また，日本政策投資銀行［2001］は，「融資は…わが国のNPOにとって，従来必ずしも馴染み深い存在ではなかった」と述べる。

(13)　谷本［2004］はNPOを「慈善型」「監視・批判型」「事業型」に分類し，「事業型」は1980～90年代に登場したこと，主たる資金源が事業収益であることなどを指摘している。

(14)　北海道市民活動団体基盤強化検討委員会［2002］は，NPOの起業や事業拡大・受託事業に伴い，融資の必要性が高まっていると指摘している。

(15)　たとえば「ワールドビジネスサテライト　特集：音楽が金融を変える」（2005．4．6　テレビ東京），「特報首都圏　日本人・変わるお金観」（2005．7．29 NHK総合），「クローズアップ現代　私のお金を生かしてください～市民がつくる新たな金融」（2008．1．17 NHK総合）など。

(16)　中間法人コミュニティーファンド育成ステーション（2004年設立）はコミュニティーファンド（地域課題の解決を目指した民間事業に対して地域住民などが出資する基金）の支援を目的とし，相談やシンポジウムなどを行っている。http://www.socio.gr.jp/cf/index.htm

(17)　オーストラリアのコミュニティ金融を調査研究した佐藤俊幸によれば，オーストラリアのコミュニティ金融は，①地域の資金の地域内への再投下，②地域住民による金融機関の運営への参加，③利益の地域への還元，の3つの特徴に基づいて地域コミュニティを支援する金融のこととしている［佐藤，2005］。佐藤は同著の終章で日本の事例にも触れ，知的障害者授産施設の経済的自立に向けた取り組みを例に挙げながら，信金や信組など地域の金融機関が果たすべき役割を論じている。

第Ⅱ部
アメリカのコミュニティ開発金融

第3章
コミュニティ開発金融の歴史と現状
——金融仲介組織主導の急成長——

1 コミュニティ開発金融の誕生と発展

(1) クレジットユニオンの誕生

アメリカにおけるコミュニティ開発金融の歴史は19世紀末に遡る。1880年代には，アフリカ系アメリカ人が所有する，黒人コミュニティを対象とした銀行が少数存在したとされる [Benjamin et al., 2004：3]。

アメリカにクレジットユニオンが最初に導入されたのは20世紀初頭の1909年，アルフォンス・デジャルダンがニューハンプシャー州マンチェスターに創設したセント・メアリー協同クレジットユニオンで，フランス系カソリック団体が中心であった [森中, 2007：101]。

19世紀末から20世紀初頭にかけて，アメリカでは工業化と経済成長が進み，ヨーロッパから大量の移民が職を求めて渡米していた。しかし1910~20年代に反移民の機運が高まり，移民規制法ができると，雇用主は既存の労働者を自分の工場にとどめておく必要に迫られた。20世紀初頭には労働者が労働組合を相次いで結成し，ストライキも起こすようになった。そこで雇用主は福利厚生対策として，職場でのクレジットユニオンを創設した [森中, 2008a：135-136]。この背景として当時，低所得層の人々はほとんど銀行との取引を行えなかったことが挙げられる。銀行はホワイトカラー労働者を主な顧客としていたが，時給で働く労働者や未熟練労働者は銀行から借りられず，高利の消費者金融から生活費を借りていたと考えられる [森中, 2008a：141]。こうした背景から，低所得者が必要とする小口融資をクレジットユニオンが提供していた。

20世紀初頭はごく小規模であったが，1929年の大恐慌以降もクレジットユニオンは増加し続け，1929年の974組合から1934年には2450組合にまで増加した。組合員数も，1929年の26.5万人から1933年には36万人に増加したが，その多くは大恐慌で最も影響を受けた低所得の労働者や農民であったという［森中，2008b：56］。

クレジットユニオンの社会的役割は，金融機関から排除されている社会的弱者に平等に金融サービスを提供するにとどまらない。クレジットユニオンの組合員になるにはコモン・ボンド（組合員の共通のつながり）を有していることが必要だが，このコモン・ボンドの存在がクレジットユニオンの主要な特徴である。森中は，現在のアメリカでコミュニティの崩壊が見られるなかで，「結合密度が薄れてきているコミュニティの活動の促進を手助けするという社会的役割をも，相互扶助組織であるクレジットユニオンが有している」と指摘し，クレジットユニオンがコミュニティ開発に果たす役割を強調している［森中，2007：107］。

2006年時点でアメリカのクレジットユニオンは8662組合，組合員は8822万人にのぼり，大きな勢力に発展したが，なかにはコミュニティ銀行と肩を並べる大規模なクレジットユニオンも少なくない。1970〜80年代にかけて，一連の金融自由化により商業銀行・貯蓄金融機関並みに種々の金融商品を取り扱えるようになったこと，あるいは規模拡大や合併統合が進行したことなどから，コミュニティ銀行や地方銀行と競合するようになった［由里，2009：73-74］。

（2）コミュニティ開発クレジットユニオン

他方，クレジットユニオンのなかには，低所得者・コミュニティに金融サービスを提供することを目的とした「コミュニティ開発クレジットユニオン」という一分野が存在する。由里［2009：89］によれば，コミュニティ開発クレジットユニオンは，「資力の乏しい人々に生計上必要な信用を供与する」というクレジットユニオン運動のそもそもの精神，および連邦クレジットユニオン法のもともとの立法趣旨に，今日でもよく適ったクレジットユニオンであるとい

う。大手のクレジットユニオンが地方銀行やコミュニティ銀行と競合する一方で，コミュニティ開発クレジットユニオンは低所得者など銀行にアクセスできない社会的排除層・貧困地域を主な対象としており，コミュニティ開発金融の有力な担い手と言える。

　コミュニティ開発クレジットユニオンの源流は1960年代ジョンソン政権の「貧困との闘い」政策に遡る。[1]「貧困との闘い」政策の一環としてクレジットへのアクセスが掲げられ，連邦政府の機関として経済機会局（Office of Economic Opportunity；OEO）が新設された。経済機会局は1960年代半ば以降，数百ものクレジットユニオンの新設を促し，地域の反貧困組織と結びつけて，反貧困政策の一環にクレジットユニオンを位置づけた。これらのクレジットユニオンの多くは資金不足などから1970年代につぶれてしまうが，一部のクレジットユニオンは生き残り，1974年に自らの組織を初めて「コミュニティ開発クレジットユニオン」と呼ぶとともに，コミュニティ開発クレジットユニオン全国連合会（NFCDCU）を結成した。

　1970年代は民主党カーター政権下で連邦政府から補助金をはじめさまざまな支援を受けたが，1980年代に入り共和党レーガン政権下では貧困対策の予算が大幅に削られたため，コミュニティ開発クレジットユニオンは1982年以降，政府補助金に代わる新たな財源として民間からの投資を呼び込む戦略「資本形成プログラム」（Capitalization Program）を始めた。[2]全国連合会の「資本形成プログラム」の資金は，マッカーサー財団をはじめ助成財団からの投資を受けて，当初の10万ドルから1986年には100万ドルに急増した。

　クリントン政権下で設立された連邦政府機関のCDFIファンドは1996年以降，コミュニティ開発クレジットユニオンとその全国連合会に対して補助金や預金を提供するようになった。その勢いを得てフォード財団やシティグループ財団などからも助成金を得て，全国連合会は傘下のクレジットユニオンへの資金提供の体制を強化した。民主党・共和党の政権交代に伴って，連邦政府の支援政策は前進・後退の局面を経てきたものの，総じてコミュニティ開発クレジットユニオンは1970年代以降，政府の庇護を得て発展してきたと言えよう。

現在，全国連合会傘下のクレジットユニオンは225組合（2009年時点）で，全米クレジットユニオン連盟（CUNA）傘下の7773組合（2009年時点）の3％弱と，ごくわずかな割合にとどまる。また組織規模も，コミュニティ開発クレジットユニオンは1組合当たり資産210万ドル（中間値）であるのに対し，クレジットユニオン全体では1組合当たり資産は1610万ドル（中間値）と，極めて小規模である［NFCDCU, 2009］。

(3) コミュニティ開発法人（CDC）とコミュニティ開発金融

アメリカのコミュニティ開発において特徴的な存在がコミュニティ開発法人（Community Development Corporation；以下略称CDC）と呼ばれる組織であり，このCDCはコミュニティ開発金融と密接な関係を有している。

1960年代後半から1970年代前半にかけて，黒人やヒスパニック，アジア系をはじめマイノリティの集住するコミュニティなどのなかから，コミュニティの再生を目的としたCDCが登場した。当時，都市中心部（インナーシティ）はマイノリティや低所得者層が移り住んでスラム化し，富裕層がそれを嫌って中心部から郊外に移っていった。インナーシティでは生活インフラが整備されないため住環境が悪化し，街には失業者があふれ，治安が悪化した。銀行が低所得者層のマイノリティに対して金融サービスを提供しないという「金融の社会的排除」も，貧困の一層の固定化を促した。銀行は都市の黒人居住地域を赤線で囲み，融資対象から除外するなどして差別した（大塚［1994］，柴田［1997］など）。これを「レッドライニング」という。

こうした背景から毎年夏には全米各地で黒人を中心とした暴動が頻発し，根本的な対策が喫緊の課題とされていた。1960年代は全米で公民権運動が盛り上がったが，当然ながら政治的な平等・公正だけでなく，経済的な平等・公正も必要とされたのである。レッドライニングをはじめとする金融差別が法律で禁止されたものの，現在でも銀行との取引ができない低所得者層が1000万世帯以上存在している［Benjamin et al., 2004：9-13］。

荒廃した都市中心部の再生には，トップダウンで政府が計画を押しつけるの

ではなく，住民自身が組織を作り，自助・互助の精神で地域再生に取り組む必要があるとの認識から，ニクソン政権はCDCや零細企業への支援をはじめとした，コミュニティ開発促進政策をとった[3]。政府は都市中心部でのアフォーダブル住宅供給や零細企業に補助金を提供して支援するとともに，CDCに対しても資金提供した。

CDCはコミュニティの住民によって組織され，運営されることが多い。CDCは自らアフォーダブル住宅やコミュニティ施設を建設・運営するだけでなく，低所得者層の雇用を創出し，高齢者介護や保育といった社会サービスを提供している。さらには個人口座開設，小企業への融資，住民への住宅融資といった金融サービスも含め，多様な事業を通してコミュニティ開発に主導的な役割を発揮している（松田［2004：14］，CDFI Coalitionウェブサイト）。したがって，政府によるCDCへの資金提供は効果的な手法だったと考えられる。

また，アメリカのコミュニティ開発金融の歴史のなかで，1974年のサウスショアバンク（2001年，ショアバンクと改称）設立は大きな意味をもっている。ショアバンクはアメリカで初めてのコミュニティ開発銀行としてシカゴ南部のサウスショア地区に設立され，営利企業の形態をとりながらもコミュニティ開発を自らの使命に掲げるという，特異な銀行である。ローンファンドは預金を受け入れられず，またクレジットユニオンは組合員のみの出資に限定されるが，銀行は一般の人々から預金を集められる点で大きな利点を有している。その後，アメリカ各地にコミュニティ開発銀行が相次いで設立され，クリントン大統領はショアバンクをモデルにしてコミュニティ開発金融機関の支援政策を立てたと言われる。

当初，CDCの収入の大半は連邦政府や州政府，市当局からの資金で賄われていたが，1980年代に入り，レーガン政権下でアフォーダブル住宅やコミュニティ開発に関する政府の補助金が大幅に削減され，これらの補助金を主な収入源としてきたCDCは苦境に立たされた。CDCの収入に占める公的資金の割合は10～15％にまで減少し，公的資金に代わって民間企業・財団などからの資金を必要とするようになった。ところが銀行はCDCに対して融資しようとし

なかったため，CDC に資金を融資するローンファンドや，コンサルティングサービスが登場した。

コミュニティ開発ローンファンド（以下，ローンファンドと略称）の多くは1980年代以降に誕生し，これらのローンファンドは1985年，コミュニティ開発ローンファンド全国協会（NACDLF）を結成した。この全国組織は翌1986年に全国コミュニティキャピタル協会（NCCA）と改称し，さらに2006年にはオポチュニティ・ファイナンス・ネットワーク（OFN）と改称して現在に至る。

1990年代後半になると，大銀行が CRA の基準を満たすためにローンファンドを設立し，銀行が自ら融資できない高リスクの貧困地域において，マイノリティや女性の企業，コミュニティ施設，環境ビジネスなどに対し，傘下のローンファンドを通じて融資する例が登場するようになった。

このように1960年代以降，低所得者コミュニティの開発を行う CDC が多数登場し，さらに CDC に対して資金提供する必要から，ローンファンドや財団などの資金仲介組織が1980年代以降台頭してきた。

2　コミュニティ投資の誕生と発展

（1）事業関連投資（PRI）

コミュニティ開発クレジットユニオンや CDC，ローンファンドなどの資金仲介団体に対する財団や銀行からの投資は，コミュニティ投資としてとらえることができる。

財団や基金などが資金仲介組織に低金利で資金を提供する場合，事業関連投資（Program Related Investment：PRI）という手法を用いることが多い。

事業関連投資とは，財団などが一定期間内に資金を回収し得る慈善活動を支援する投資のことであり，市場より低金利で社会的企業や地域団体，NPO などに融資し，これらの資金需要に応えることを目的としている。通常，慈善財団は自らの資産を一般の金融市場で運用し，資産の極大化を図り，運用益を慈善事業に充てるが，運用益の処分だけでなく資産運用の過程においても財団の

ミッションを果たすべきという考え方が，事業関連投資の背景にあるとされる。

こうした事業関連投資のそもそもの源流をたどると，18～19世紀にアメリカやイギリスの篤志家が低所得者のためのアフォーダブル住宅建設や，資産のない人への起業資金提供を行ったことにあるとされるが，より現代的なものとしてはCDCや事業型NPOの台頭に伴い，1960年代後半に登場した。最初の事業関連投資は，Ford財団が1960年代後半，黒人やマイノリティの経営する零細事業への投資だったが，同財団は零細事業の経営に関する専門知識をもたなかったためかなりの損失を出したという。その後，財団が零細企業に直接投資するのではなく，専門の金融仲介組織を介して投資するようになった［Bolton, 2005：11］。この金融仲介組織は，後にCDFIとして広く認知されるようになる。

Ford財団とTaconic財団の働きかけで1969年の税制改正法に事業関連投資の規定が盛り込まれた。連邦内国歳入庁が事業関連投資を民間非営利財団の資金運用先として正式に認めたことから，事業関連投資の件数・金額が年々増加していった［Liou and Stroh, 1998：578-579］。事業関連投資を行う財団は，1976年以前は14しかなかったが，1976～79年の間に12の財団が加わり，1980～88年にはさらに26の財団が加わり，2003年時点では255の財団が事業関連投資を行うようになった［Bolton, 2005：12］。

1980年代以降，ローンファンドと並んで，投資減税制度（NMTC）を通じた銀行からの融資や，LISC（1979年設立）やエンタープライズ財団（1981年設立），近隣再投資法人（1978年設立）[4]，The Institute for Community Economicsなどコミュニティ開発を目的とした財団，基金，ベンチャーキャピタルからの出資・融資が，CDCの資金調達にとって重要な柱になった［松田，2004：14］。

LISCやエンタープライズ財団，近隣再投資法人をはじめとした資金仲介組織は，大規模な財団（Ford財団など）から資金を調達し，地域のNPOやCDCなどに融資・助成を行い，自治体や地元企業などとの協働でコミュニティ再生事業を手がけてきた［Liou and Stroh, 1998］。

ただ，事業関連投資を行っている財団は2003年時点で，全米に61000ある助成財団のなかで255とごく一部分であり，また事業関連投資を行っている財団

のなかでも，毎年投資しているのは3分の1程度にとどまるとみられる。

他方，財団に加えて，銀行も事業関連投資としてNPOなどに融資することがしばしばある。銀行には，事業関連投資によってCRA（地域再投資法）の評価を上げたいという思惑もある。

財団や銀行にとって事業関連投資は，既存の助成事業の補完物として位置づけられ，融資返済の見込みがあるような事業に適用されてきた。大型の開発事業の場合，返済を期待できない先行投資分（創業資金，事前のマーケティング調査など）については財団が助成金を支給し，返済できる部分については融資するというような組み合わせもある。

投資対象事業の多くは，アフォーダブル住宅や保育所，高齢者介護施設の建設，就業訓練など社会サービス分野に幅広く及び，時には歴史的建造物の保全や教会の修繕，野生動物保護地域の保全などにも投資されることがある [Waldhorn et al., 1989：288-289]。

こうした事業関連投資は，寄付や助成と異なり，投融資した資金を回収してまた別の企業や団体に投資できるため，財団や銀行にとっても効率的にコミュニティに貢献することが可能という利点がある。また投融資を受けるNPOやCDCなどにとっても，コミュニティ開発事業にまとまった資金を得られるという利点がある。そのため，事業関連投資はコミュニティ投資の主要な手法として1980年代以降発展を見せた。

(2) コミュニティ投資額の増加

社会的投資フォーラム（Socially Investment Forum：SIF）によれば，コミュニティ投資への投資額は2000年以降継続的に高い割合で増加しており，2007年は258億ドルで，2年前の196億ドルに比べて約32％増加した（**図3-1**）。

社会的投資フォーラム（SIF）とグリーン・アメリカ（旧コープ・アメリカ）はコミュニティ投資を促進するためにコミュニティ投資センター（Community Investing Center）を設立した。このコミュニティ投資センターは「1％以上をコミュニティ投資へ」（The 1% or More in Community Investing Campaign）キャ

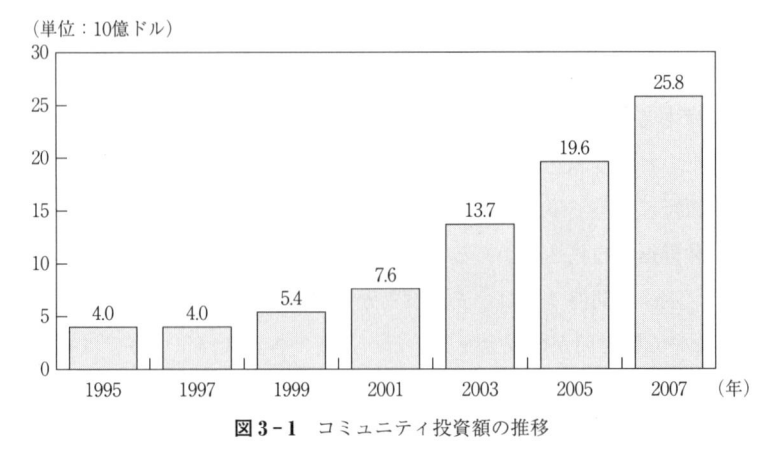

(単位：10億ドル)

図3-1 コミュニティ投資額の推移

年	1995	1997	1999	2001	2003	2005	2007
金額	4.0	4.0	5.4	7.6	13.7	19.6	25.8

出典：Social Investment Forum Foundation
(http://www.communityinvest.org/overview/industry.cfm)

ンペーンを通して機関投資家への働きかけを強めてきた。2000年以降コミュニティ投資が急増したのは，市場レートでの投資機会が拡大して幅広い機関投資家がコミュニティ投資に参加するようになったためだという。2007年のコミュニティ投資額（258億ドル）は，SRI の投資額（2兆7110億ドル）全体の1％弱にすぎないが，10年前（1997年）の0.3％に比べると大きくその割合を伸ばし，また成長率も SRI 投資額全体では10年間で約4倍だったが，コミュニティ投資額は10年間で約6.5倍と急成長した [Social Investment Forum, 2008]。

2007年のコミュニティ投資額の約半分（53％）はコミュニティ開発銀行によるもので，クレジットユニオンが約4分の1（24％），残り4分の1はローンファンド（18％）とベンチャーキャピタル（5％）が分けている。

3　コミュニティ開発金融機関（CDFI）の歴史と現状

（1）コミュニティ開発金融機関（CDFI）の誕生

コミュニティ開発金融機関（CDFI）とは，コミュニティ開発を主な使命とする民間の金融仲介組織の総称をいう。アメリカのコミュニティ開発金融におい

て，CDFIは極めて重要な役割を担っている。

　CDFIの資金仲介機能は，二つに大別される。一つは，政府や銀行，財団，個人など多様な資金提供者から資金を集めるという機能であり，もう一つは，集めた資金を低所得層・地域に投融資するという機能である。一般の金融市場に任せておけば，利益率が低くリスクの高い低所得層・地域には資金が流れず，その結果貧困の固定化が起こり，また低所得地域を活性化することも困難である，という「市場の失敗」が背景にある。また，政府機関が公的資金を低所得層・地域に投下しようとしても，政府機関に専門性が欠けていれば，多額の不良債権を生み出してしまう，という「政府の失敗」に加えて，公的資金だけではコミュニティ開発に必要な資金をまかないきれず，民間資金も必要とするという事情もある。このため，CDFIのような専門性を有する資金仲介組織が資金提供者と資金需要者との間に介在することにより「失敗」を回避し，低所得層・地域に資金を流して，コミュニティ開発を推進することが可能となる。

　しかし，CDFIという概念が登場したのはそれほど古いわけではない。クリントン政権下の1994年9月23日，「コミュニティ開発銀行および金融機関法」[5]で，法律上初めて位置づけられた。

　同法はCDFIの要件として以下の5点を挙げた。

・コミュニティ開発を主目的とする
・投資対象地域または標的とする人々に奉仕する（事業の60％以上が条件）
・開発事業に加えて株式投資または融資を行う
・投資対象地域の住民または標的とする人々への説明責任を果たし続ける
・民間組織である

　同法は，CDFIへの投資・援助を通して経済活性化とコミュニティ開発を促進するために，CDFIファンドという連邦政府機関の設立をうたい，当初5年間で3.82億ドルの予算をつけた。CDFIファンドの役割は，CDFIへの資金提供，CDFIへの訓練・経営支援，CDFIの活動を支える民間資金の流通市場形成の三つであった［Mendez, 1997］。このようにCDFIの概念はコミュニティ開発金融政策の一環として登場した経緯もあって，CDFIの活動は政府との深い

結びつきをもっていると言える。

（2）CDFIの諸類型と共通性・多様性

アメリカのCDFIは，以下の4種類に大別される[6]。

①コミュニティ開発銀行

　いずれも営利企業だが，コミュニティ開発を使命に掲げており，また地域住民やステークホルダーなどから理事を集め，地域代表性を有している。預金を扱うことから政府の監督下にあり，政府監督機関から健全な銀行経営を求められるため，他のCDFIの業態に比べて融資の基準やリスク管理が厳格である。低リスクで規模の大きな顧客（社会的企業など）を対象に投融資する傾向がある。

②コミュニティ開発クレジットユニオン

　金融機関にアクセスしにくい低所得者層（特にマイノリティ）を対象としたクレジットユニオンで，全て非営利組織である。「低所得者」をコモン・ボンドに掲げて全国クレジットユニオン管理庁（NCUA）の認可を得れば，外部から資金提供を受け入れられる。主に生活費，大学入学金や自動車修理，住宅修繕などといった非日常的な出費，就職活動・職業訓練・起業のための費用など，個人に対する小口融資が多い。

③コミュニティ開発ローンファンド

　政府，財団，銀行，社会問題に関心を寄せる宗教団体や個人などから出資，寄付金，低利融資の形で資金を集め，コミュニティ開発事業に融資する。預金を扱わないノンバンクであるため，政府機関の監督対象外である。ローンファンドの98％が非営利組織で，理事会は地域代表性を有することが多い。ローンファンドの融資対象分野は，主に零細企業，小企業，アフォーダブル住宅，コミュニティ事業の四つに大別され[7]，それぞれのローンファンドは自らの得意とする分野を特定しているが，近年では一つのローンファンドが複数の分野にまたがって融資する傾向にある。

④コミュニティ開発ベンチャーキャピタルファンド

ローンファンドが融資の形をとるのに対して，ベンチャーキャピタルは資本投資という形で，主に創業まもない企業に資金を提供する。営利企業，非営利組織いずれの形態もあり，地域代表性を有する場合もある。経済発展の遅れた地域の活性化や，低所得層の雇用拡大を目的とし，通常のベンチャーキャピタルが投資しないような小規模の企業やビジネスモデル，立地条件の企業に対して主に投資する。

これら CDFI は，いくつかの共通した特徴を有している［Mclenighan and Tholin, 1997］。

・経済発展の機会提供：経済発展の遅れた地域や低所得階層の住民に対して長期的な発展の機会を提供するという使命を有する
・訓練等のサービス提供：資金・資本を有効に活用できるよう，訓練等の支援を行う
・対象地域にもたらす成果：資金提供を通じて環境の改善，雇用・住宅の創出など，コミュニティの発展に資する
・低所得地域への民間資本の導入：民間の投資・預金の受け皿を整備する
・高い専門性と堅実な融資実績：一般の金融機関には参入困難なニッチ・マーケットで，専門性に支えられた融資事業を行う

このように CDFI の使命や目的，主な事業はいずれも共通しているが，他方で CDFI は極めて多様性に富んでおり，上記①～④に示した CDFI の各々のサブセクターによる違いも大きい。各サブセクターは，それぞれ異なった文脈や時代的背景のもとで生成・発展してきたものであり，主な顧客層も少しずつ異なり，さらには法規制や政府の監督官庁もそれぞれ異なっている。全国組織も CDFI の各サブカテゴリー単位で結成されている[8]。ただし，近年では銀行がローンファンドをグループ企業として設立したり，異なる類型の CDFI 間での合併統合が行われたりと，サブカテゴリー間の融合が少しずつ進んでいる。

CDFI データプロジェクトが調査対象とした505の CDFI の設立時期をグラフで示すと，**図3-2**のようになる。

第Ⅱ部　アメリカのコミュニティ開発金融

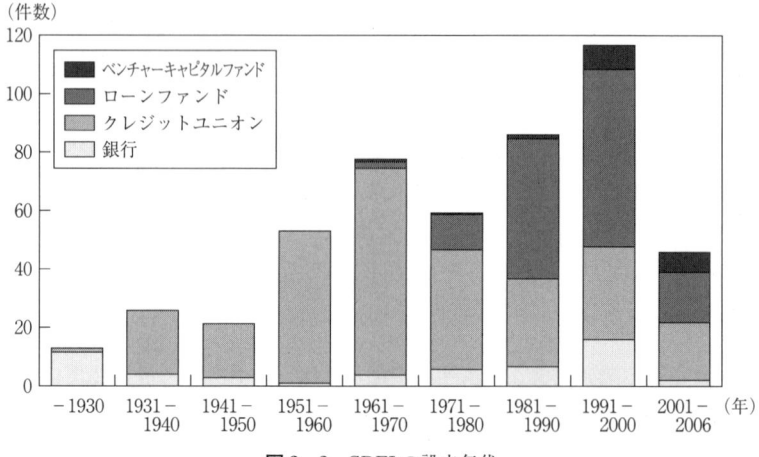

図3-2　CDFIの設立年代

注：N=505
出典：CDFI Data Project［2006］

(3) CDFIの現状

　CDFIデータプロジェクトの調査によれば，アメリカ全体で1,235のCDFIがあると推計されている［CDFI Data Project, 2007：7］。このうち最大の割合を占めるのはローンファンドで40％，次いで銀行が30％，クレジットユニオンが24％，ベンチャーキャピタルは最も少なく6％となっている[9]。

　このうち，一定の要件を満たし[10]，政府機関（CDFIファンド）から認定を受けているCDFI（「認定CDFI」）は，2009年12月末時点で834あり，CDFI全体の約3分の2が認定を受けていることになる。このうち，最大の割合を占めているのがローンファンド（66％）で最も多く，次いでクレジットユニオン（20％），銀行（9％），ベンチャーキャピタル（3％）の順となっている。

　もっとも，認定CDFIが全てCDFIファンドからの補助金を受けられる，というわけではなく，投資減税制度の恩恵にあずかれるわけでもない[11]。2007年度に補助金を受給したCDFIは49団体（申請したのは135団体）にとどまる。

　政府から認定されたCDFIは，必ずしも補助金を得られるわけではないが，"自称CDFI"に比べて社会的な信頼性が高い。認定に際してCDFIファンド

第3章 コミュニティ開発金融の歴史と現状

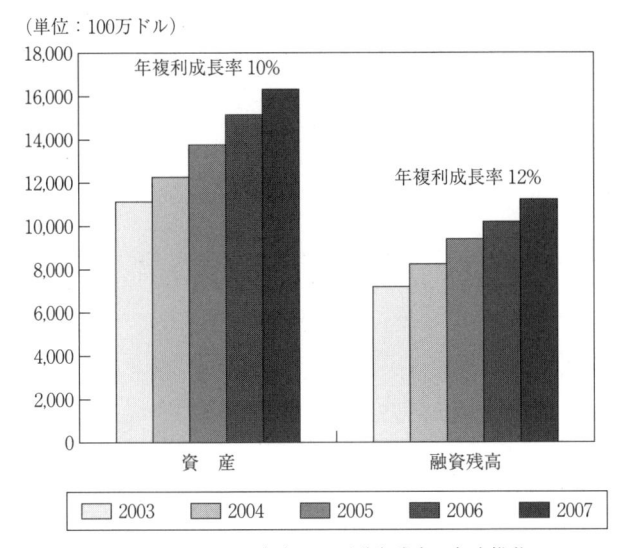

図3-3 CDFIの資産および融資残高の年次推移
出典：CDFI Data Project [2007：15]

が各CDFIの活動内容を精査するため「正真正銘のCDFIである」ことの証明にもなり，投資家からの資金を集めやすくなるという利点がある[12]。また，認定の過程を通してCDFIが自ら組織評価できること，銀行から融資を受けやすくなること（銀行は認定CDFIに投融資すると，その額に応じて補助金を受け取れるため）もあるという（CDFI Fundウェブサイト）。

CDFIデータプロジェクトのサンプル調査結果（2007年度）によれば，CDFIの資産額は2003年度の約110億ドルから2007年度の約160億ドルに，年間平均10％の伸びを示した。また，同様にCDFIの融資残高も70億ドルから110億ドルに，年間平均12％で増加した（**図3-3**）。

CDFIの資産額（中間値）は1組織あたり700万ドル（2007年度）であるが，サブセクターによってその規模は全く異なり，銀行は1億4200万ドル，ローンファンドは800万ドル，クレジットユニオンはわずか300万ドルと，その格差は極めて大きい（**図3-4**）。

CDFIのサブセクターによって大きく異なるのは，金額の程度だけにとどま

63

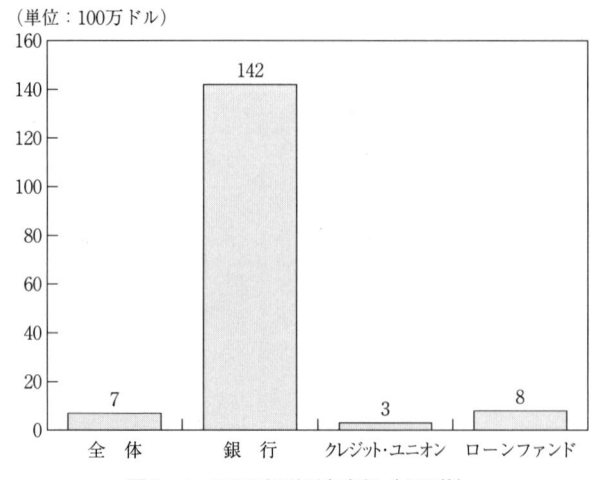

第Ⅱ部　アメリカのコミュニティ開発金融

(単位：100万ドル)

図3-4　CDFI類型別資産額（中間値）
出典：CDFI Data Project [2007：7]

全体 7／銀行 142／クレジット・ユニオン 3／ローンファンド 8

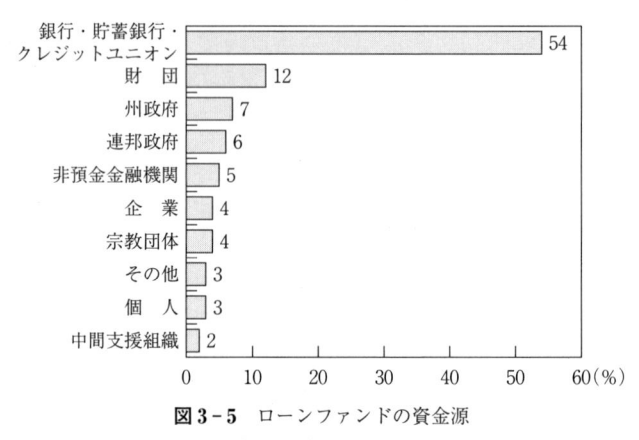

図3-5　ローンファンドの資金源
出典：CDFI Data Project [2007：7]

- 銀行・貯蓄銀行・クレジットユニオン　54
- 財団　12
- 州政府　7
- 連邦政府　6
- 非預金金融機関　5
- 企業　4
- 宗教団体　4
- その他　3
- 個人　3
- 中間支援組織　2

らない。より本質的な違いは，その資金源にある。クレジットユニオンは原則として組合員からの出資金（シェア）を資金源としているため，シェアの割合は83.9％と圧倒的に大きい。ただし，前述のようにコミュニティ開発クレジットユニオンは非組合員からの預金やNCUAからの融資を受けられるため，残

り12.1%はそうした外部資金から成り立っている。

これに対し銀行は一般の企業や個人などからの預金が78.7%で最大の割合を占めている。また，ローンファンドは預金を扱えないことから，銀行や財団などからの融資が64.4%で最も多く，次いで投資が30.3%となっている。特にローンファンドは，CRAとの関連で，銀行など金融機関からの資金調達が過半を占めている点が特徴と言える（**図3-5**）。

4　CDFIの資金調達

(1) 銀行の資金調達

前節ではCDFIの資産額と資金源に言及したが，CDFIにとって融資に必要な資金を集めるのは，それほど容易なことではない。一般の投資先と異なり，高い利益を生み出せないので，投資家にとっては必ずしも魅力的な投資先ではなく，資金が自然に集まるわけではない。したがって，CDFIが投資家に働きかけて積極的に資金を調達する努力が不可欠であり，またCDFIが資金を集めやすくするための政策的な仕組みも必要となる。

CDFI支援政策，特にCRAと投資減税制度NMTCについては次章で詳論することにして，本節では特に銀行とローンファンドに焦点をあてて，個々のCDFIによる資金調達の努力と，ローンファンドの全国組織による取り組みについて述べる。また，2008年に起きた金融危機の影響についても触れたい。

まず銀行の場合，より多くの人に預金をしてもらうための仕組みを用意する必要がある。たとえばショアバンクは1982年，一般の預金口座とは別に，「開発預金口座」(Development Deposits) を開設した。[13]

開発預金口座とは，社会問題に関心のある投資家が，コミュニティ活性化のための融資原資として，預金をするというものである。ショアバンクはこの預金を零細企業や空家の購入・改築，コミュニティセンターや高齢者住宅の建設，あるいは事業の省エネルギー化など，さまざまなところに投資している。

こうした投資によって，ショアバンクは貧困地域における持ち家の推進，雇

用機会の拡大，マイノリティや女性による起業を促進している。出資者は市場での金利とあまり変わらない配当を受け取りながら，ショアバンクの事業目的の達成に貢献できるという利点がある。開発預金口座の預金者はアメリカ国内にとどまらず，国外にも多数の預金者がいる。開発預金口座は2009年時点で約３億ドルの残高がある。このようにショアバンクは，社会的責任投資家の資金を別勘定にすることで資金調達している。

他方，ショアバンクは開発預金口座の開設だけでなく，さまざまなアウトリーチ活動を行っている[14]。たとえば，

①セミナーやワークショップを通して，NPOに融資や資産運用を説明
②社会的企業や環境事業に関心をもつ人を支援する組織と協働
③NPOの会合やSRIの会合，財団の会合で講演

こうした努力により，ショアバンクは多くのSRIファンドによるコミュニティ投資の受け皿となってきた。たとえばカルバート・ファンド，ドミニ社会資本ファンド，パックス・ワールド投資信託などがショアバンクに投資している。

（２）ローンファンドの資金調達

CDFIのなかでも銀行は，主に預金を通じて融資原資を集めることができ，社会的な信頼も厚い。他方，ローンファンドは預金を扱えないため，銀行や財団などからの投融資で資金を集めなければならない。

筆者が2009年３月と９月に訪問調査したローンファンドの多くは，銀行から資金を調達していた。銀行はなぜCDFIに投融資するのか。その理由は，

①CDFIへの投資がCRAの格付けに有利である
②投資減税制度（NMTC）の恩恵を受けられる
③銀行としての社会的責任を果たす

　──ためだと言われている。

実際，CRAや投資減税制度を主な動機として銀行がローンファンドとパートナーシップを組み，ローンファンドに投融資を行うことが多いという（通貨

監督庁（OCC）関係者からの聞き取り（2009.8.31））。銀行は，零細企業や個人に直接融資するよりも，ローンファンドに融資することによりリスクを回避し，効率化を図り，そのうえCRAの評価も得られるからである。

　たとえば，筆者が聞き取り調査で訪問したフィラデルフィアのNonprofit Finance Fund（NFF）[15]の場合，銀行からの融資が資金源の大部分を占めており，資金源全体に占める銀行融資の割合も年々増えてきているという（NFFの関係者からの聞き取り（2009.9.3））。NFFの資産は6000万ドルで，そのうち自己資本は1200万ドル程度，残り4800万ドルを銀行から借りている。

　しかし，CRAをはじめとした法制度によってのみ，全てのCDFIが充分に資金を集められるとは限らない。数多くのCDFIが競合しており，銀行は，どのCDFIがよりリスクが少ない確実な投資先であるのかを選択することになる。その際に各々のCDFIは，リスク管理能力が問われることになる。銀行は極めて慎重に投資先を選んで貸し倒れのリスクを避けるためである。また，リスク面だけでなく，投資によってどれだけ社会的なインパクトを与えられたかという点でも，個々のCDFIは力量を求められる。

　各々のCDFIは，競合のなかで自らの優位性を投資家に対して積極的にアピールし，投資の魅力を訴えている。

　Illinois Facilities Fund（IFF）[16]の場合は，銀行との間で1991年に初めて銀行から融資を受け，その後，協力関係にある銀行の数が次第に増え，2000年には30にのぼった。これらの銀行はコミュニティ投資に前向きで，積極的にIFFに投資し，CRAの評価も高めることになった。1991年に銀行と取引を始めた時，IFFは400万ドルの自己資金を担保に銀行から融資を受けたため，銀行は全くリスクを負うことなく，しかも政府の委託事業の案件への融資なので収支が透明で，信頼に値するものだった。銀行にとってIFFは優良な顧客であったことから，銀行は進んでIFFとの取引を望んだという（関係者からの聞き取り（2009.3.11, 9.10））。

　IFFの大きな特徴は，「投資家コンソーシアム」を通した資金調達である。投資家コンソーシアムとは，イリノイ州内の20以上の銀行が集まって形成され

た融資団であり，IFFの債券（15年間）を購入することで資金を提供する。融資のほか，バンク・オブ・アメリカなどの銀行から助成金をもらい，新たなプログラムの開発を行ったりもしている。IFFは20年にわたって銀行とのパートナーシップを強固に築くことで，安定した資金調達を可能にしていった。

　他方，カルバート財団[17]は，銀行からではなく主に個人投資家から出資を集めている。財団は投資家（主に個人投資家）に対して，カルバート・コミュニティ投資債（Calvert Community Investment Notes；略称Notes）を1000ドル以上，1～10年間の投資期間で発行している。投資家は配当割合を0～3％の範囲内で自由に設定できるが，多くの投資家が上限3％の配当を選択するため，平均では2.8％になるという。こうした投資債の他に，「コミュニティ・ギフトシェア」と呼ばれる寄付金（NPOへの融資原資に充当される），「カルバート寄付基金」（コミュニティ活動のNPOに寄付されたり，住宅建設や雇用創出，住宅建設や雇用創出に充てられたりしている）も提供している。

　投資債の発行により主に個人投資家から出資を募るため，同財団は投資家に対する情報公開を積極的に行い，いくらの出資でどの程度の成果をもたらせるのかについても具体的に説明している。また，同財団は主に他のCDFIやマイクロファイナンス機関に融資することもあり，こうした事業の詳細もウェブサイトに掲載している。同財団のウェブサイトは，社会問題に関心を寄せる個人投資家に対して心情的に訴えかけるメッセージが中心となって構成されており，いかに投資家の心をつかむかがカギとなっている。

（3）全国組織による資金調達

　CDFIの資金調達においては当該CDFI自身の積極的なマーケティング戦略（広報宣伝や銀行とのパートナーシップ，優れた融資先の発掘など）がまずもって必要とされる。各々のCDFIは，いかに社会にインパクトを与えられたか，変化をもたらしているかを，事例をふんだんに出しながら強調している。

　他方，個別の組織の努力だけでは限界がある。CDFIの各サブセクターの全国組織は，その主要な機能の一つとして，資金仲介機能をもっている。コミュ

ニティ開発ベンチャーキャピタル連盟（CDVCA）は近年，約600万ドルの「中央基金」（Central Fund）を積み立て，会員組織などに投資する事業を始めた。

コミュニティ開発銀行の全国組織，全国コミュニティ投資ファンド（NCIF）は，銀行の普通株を購入して資金提供する他，銀行への融資，低所得者クレジットユニオンへの資本提供，さらには「社会業績指標」（後述）を設けて，投資を積極的に呼び込む試みを行っている。

ローンファンドの全国組織 OFN は，政府や銀行などから融資，出資，補助金などを集め，それらの資金を傘下の CDFI に融資するほか，独自に「評価・格付けシステム」を開発した。[18]

CDFI のサブセクターによるこうした資金調達の方法論は，投資家に対する CDFI 全体の認知度・信頼度を高め，個々の CDFI による取り組みの限界を克服してコミュニティ投資を促進することにより，CDFI セクター全体の底上げを図る集団的なアプローチであると言える。

こうした全国組織による資金調達方法のなかでも特に興味深いのは，傘下の CDFI に対する評価や格付けである。個々の CDFI の広報宣伝だけでは信憑性が弱く，また他の組織との客観的な比較も困難である。そのため第三者による客観的な組織評価と裏付けを行い，各組織の運営に関する透明性を高めて取引コストを下げることにより，投資家の信頼を高めることができる。そこで，第三者による CDFI の検証・格付けを行って投資家の信頼を高め，ひいては CDFI セクターへのコミュニティ投資を増やそうという試みが始まった。

全国組織が銀行などから資金を調達して，会員組織の CDFI に配分するという資金仲介機能は重要だが，それだけでは個々の会員組織が金融市場で認知されたことにはならないし，いつまでも全国組織の庇護下にいては，資金調達の力量も形成されない。会員組織の評価・格付けは，一面では各会員組織に厳しい緊張感を与えるが，他面では銀行など投資家からの認知や信頼感をもたらすとともに，組織の自己革新にもつながることが期待される。評価・格付けの具体例として「社会業績指標」（Social Performance Metrics）と，「評価・格付けシステム」（CARS）の2つを以下に紹介する。

①社会業績指標（Social Performance Metrics）

コミュニティ開発銀行の全国組織，全国コミュニティ投資ファンド（NCIF）は，コミュニティ開発銀行を独自の基準「社会業績指標」で評価することにより，投資家から多くの投資を呼び込もうとしている。

社会業績指標の基準は，低所得地域への融資割合（Development Lending Intensity；DLI）と，低所得地域での金融サービス提供の割合（Development Deposit Intensity；DDI）の2種類であり，DLIとDDIの二つの軸によって銀行は四つの象限に分類される。DLIは40％以上で「高い」とみなし，DDIは50％以上で「高い」とみなす。

NCIFは「コミュニティ開発銀行機関」（Community Development Banking Institutions：CDBI）という枠組みを考案し，DLIとDDIという二つの量的基準と，質的な基準を用いて，他の一般の銀行からの差別化を図っている。このCDBIセクターを抽出して可視化することにより，投資家からの投資を増やせるという[19]。

NCIFによれば，全銀行の平均値はDLI：21.35％，DDI：27.33％だが，「コミュニティ開発銀行機関」の平均値はDLI：57.56％，DDI：72.24％で，コミュニティ開発銀行のほうが一般の銀行に比べてはるかに低所得地域に支店を立地し，低所得地域で住宅融資に努めていることがわかる。そして，NCIFは全ての会員銀行のDLIとDDIを算出し，ウェブサイトに公開している。

他方，質的な基準としては，モデルの枠組みとしてパートナーシップ，マネジメントなど10項目を挙げている。

NCIFの担当者によれば，CDBIに主に投資しているのは，財団や宗教団体，ドミニ・ソーシャル・ファンド，カルバート財団，全米退職教員年金基金（TIAA-CREF）といった社会的責任投資の主な担い手であるが，この「社会業績指標」が実際に外部からの投資を呼び込むのにどれほど貢献しているのかという点に関しては，今後の検証を待たなければならない。

②評価・格付けシステム（CARS）

OFNは2004年，CDFI評価・格付けシステム（The CDFI Assessment and

Ratings System；略称CARS™）を開発し，ファニー・メイ財団やフォード財団，JPモルガンチェース財団，マッカーサー財団などの支援を受けてCDFIの評価・格付けを導入した。[20]

　CARSの主な目的は，第三者が包括的・客観的にCDFI（ローンファンド）の社会的な業績と財政的な健全性・業績を評価し格付けすることによって，投資家に対してCDFI（ローンファンド）の社会的目的とリスク状況を透明化して取引コストを下げ，投資を促進することにある。CARSはローンファンドを対象にしたシステムである。

　OFNの関係者によれば，CARSの意義は，ローンファンドが独自の評価・格付けシステムをもつことにある。銀行やクレジットユニオンは政府機関の監督下にあり，金融機関としての財務健全性を測る格付けシステム（CAMEL）[21]があるが，監督下にないローンファンドには，そうした評価・格付けが存在していなかった。投資家に対してローンファンドの経営の健全性を示し，透明性を高めるうえで独自に格付けを開発する必要があったのである。

　銀行や財団などの投資家がどのローンファンドに投資するか検討する際に，それぞれの投資家が個別に投資先候補の資料を取り寄せて詳しく調べているが，CARSの利用によってそうした手間が省け，取引コストが下がり，結果的に投資の増加が見込める。

　CARSの評価基準は，①社会的業績（4段階）と②アドボカシー，③財務状況（5段階）の三つの柱からなっている。①社会的業績は，当該組織のミッション・戦略・サービス・成果が一貫性をもっているか，資源を有効に活用して所期の目的を達成しているか，成果をきちんと把握・評価しているか，といった点を評価する。②アドボカシーは，CDFIセクターや低所得階層・地域に関する政府の政策に影響を与え，政策に変化をもたらすうえでリーダーシップを発揮し得たかどうかを評価する。③財務状況は，財政上の実績，現在の財政力，明確なリスク要因を評価する。なお，評価結果は投資家や寄付者が投資先・寄付先を選ぶ際の参考資料として，有料で提供される。

　CARSの格付けを申請する資格があるのは，アフォーダブル住宅，小規模の

環境ビジネス，零細企業，コミュニティ施設，協同組合のいずれかに融資・支援しており，かつ5年以上の融資実績を有するローンファンドである。

　格付けを申請したローンファンドに対し，OFNのCARS専従コンサルタント2名が1チームを組み，資料の閲覧と事務所への訪問，関係者への聞き取り調査を通して情報を収集し，最終報告書を格付け評議会に提出して検討を加え，格付けに至る。申請から格付けまでに最低3カ月を要するという。

　CARSは導入されてまだ日が浅いこともあって，2009年末時点ではまだ49のローンファンドがCARSによる格付けを得ただけであり，数のうえではわずかな割合（全米のローンファンド全体の1割）にとどまる。また，銀行などの投資家が自ら投資先候補を調査する代わりに，CARSの情報に依拠して投資先のローンファンドを選別しているかというと，カルバート財団のようにCARSの結果を参考にしている例も一部には見られるものの，全体としてはまだそのような状況になっていない。それでも，OFN関係者は今後の展開に強い期待を寄せる。

　ローンファンドの側は格付けについてどのように受け止めているのか。格付けを受けたThe Reinvestment Fund（TRF）の関係者は，「格付けはCDFIの透明性を高め，投資家に対して説明しやすいので資金集めに役にたっており，基本的な方向性として間違っていない」と肯定的な見解をもっている[22]。シカゴ・コミュニティローンファンド（CCLF）[23]の関係者も，「期待したほどではない」としながらも，「審査を通して組織の強み・弱みを明らかにし，組織の健全性を確保できるので，優れたビジネス管理ツールとして機能している」と評価する。CCLF関係者によれば，CARSの格付けの有無に関わらず銀行は自ら直接審査を行うため，CARSが銀行自身の審査にとって代わるまでには至らないが，格付け結果がある場合は銀行が好印象をもって投資に前向きな姿勢になり，交渉が早く進むため，間接的な効果が期待できるという。これに対し，同じく格付けを受けたIFFは，「格付けについては確かに良い考えだと思うし，プロセスも良い」としながらも，「これによって投資がより多く集まったという証拠を得られていない」「格付けの過程で組織運営の強み・弱みを客観的に

知ることができたとしても，それが格付け本来の目的ではないはずだ」と，資金調達上の効果についてはやや否定的な見解を示している。

他方，格付けをまだ受けていないローンファンドのなかにも，格付けの重要性を認識し，将来的には格付けを受けたいと考える組織があるようだ[24]。

格付けの効果（特に資金調達上の効果）はまだはっきりと現れてはいないため，ローンファンドの間でもいくぶん見解が分かれるのはやむを得ないだろう。他方で格付けは，優れた強大なローンファンドとそうでない組織とに二極化を招く恐れもある。今後の行方を見守りたい。

（4）金融危機の影響

2008年に起きたリーマン・ショックと，その後の世界的な金融危機は，CDFIにも大きな影響を与えた。銀行や投資家は融資に対して極度に慎重な姿勢に変わり，NPOやCDFIへの投融資が大幅に落ち込んでいる。筆者が2009年3月と9月に訪問したCDFIやNPOの関係者は「金融危機以後は銀行がCDFIに融資しなくなった。銀行が"リスク負担ゼロ"を打ち出したためだ」と指摘する。

2007年までのバブル経済のもとでは，NPOも比較的容易に銀行から融資を受けることができた。しかし，金融危機以降は銀行の姿勢が一変する。不況下で，NPOが提供する社会サービス（食料，シェルター，住宅融資，無料診療所など）の需要は増大したが，NPOが依拠する政府の委託料は支払いが不確実になってきた。州政府や市政府は多額の負債を抱え，税収も落ち込んで予算がなくなり，NPOへの委託料を予定通り払えないかもしれない，との懸念が広がっている。そのため，NPOは政府と委託契約を結んでいても，銀行はリスクを感じて融資を渋るようになったのである。そのうえ，NPOへの寄付金も減ってしまった。

銀行から借りられなくなったNPOはあわててCDFIに駆け込み，融資を求める。CDFIへの融資申請は金融危機下で急増しているが，当のCDFIは銀行からの資金調達が思うようにいかず，行き詰まりをみせている。前述のように，

第Ⅱ部　アメリカのコミュニティ開発金融

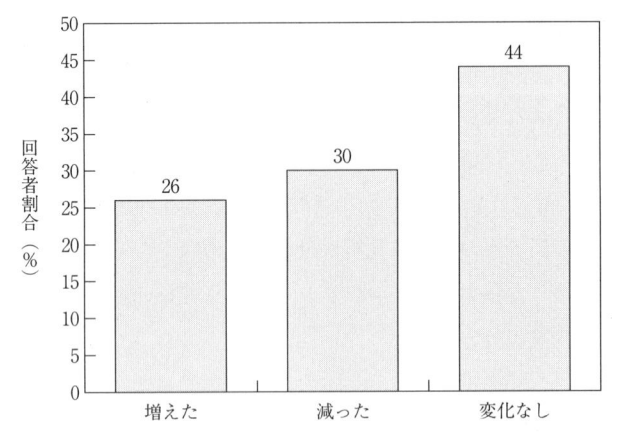

図3-6　資本へのアクセス可能性（2008年第3四半期〜2009年第3四半期）
出典：Opportunity Finance Network［2009：12］

　各々のCDFIは銀行とのパートナーシップを築くなどして資金調達に全力を挙げているが，全体としては厳しい状況が続いている。OFNが四半期ごとに行っている経営状況のアンケート調査によれば，2008年第3四半期〜09年第3四半期の1年間で，資本へのアクセスが「増えた」と答えたCDFIは26％と少なく，「減った」と答えたCDFIが30％と，リーマン・ショックから1年経った時点でも事態が必ずしも好転していないことを示している（図3-6）。
　他方，延滞率・貸倒率も，金融危機以後着実に上昇している。OFNのアンケート調査によれば，前期（2009年度第2四半期）に比べて延滞率が上昇したCDFIは42％にのぼる。貸倒率は，2007年度は0.55％だったが，2008年度は0.8％に上昇した。ただし，金融危機後に資金調達の困難や延滞率・貸倒率の上昇といった問題は確かに起きているが，それでもCDFIの経営の失敗や倒産といったことは，これまでにほとんど例がない（OFN関係者からの聞き取り2009.9.2）。一般的に高リスク低収益と見られている分野に融資しながら，金融危機のもとにあってもなお失敗せずに経営を存続させ，セクター全体として成長を続けているというのは，驚くべきことである。無論，CRAをはじめとする政策的な支援や，助成財団・社会的責任投資機関などの財政支援も成功要因

の一つに数えられようが,それらにも増して,当事者たちの並々ならぬ使命感と努力が今日のCDFIセクターを築き上げたことは想像に難くない。

小 括

　第一に,コミュニティ開発金融にかかる歴史的な流れを見ると,1960～70年代の反貧困政策,1990年代のCDFI法制化といった政策の流れが,コミュニティ開発金融を後押ししてきた。
　第二に,コミュニティ投資を生み出した歴史的背景については,1980年代にコミュニティ開発にかける政府予算が大幅に削減され,政府に代わる財源として注目を集めたのが,銀行や財団などの民間組織がもつ資金であった。コミュニティ開発法人(CDC)への資金を提供するために,ローンファンドが多数設立され,さらに財団などがローンファンドに低利で事業関連投資(PRI)を行って資金を供給した。
　第三に,CDFIの果たしている役割に着目すると,CDFIは投資家から資金を引き出して,その資金をコミュニティ開発の担い手たるNPOや社会的企業,零細企業などに投融資し,コミュニティ再生を成功に導いており,投資家とコミュニティとの懸け橋として,重要な役割を果たしている。
　第四に,個別のCDFIによる資金調達努力だけでなく,CDFIの全国組織が資金を調達したり,個別組織の評価・格付けを行って投資家の信頼を得ることにより投資を促進したりといった,新たな手法が導入されてきている。

注
(1)　コミュニティ開発クレジットユニオンおよびその全国連合会NFCDCUの歴史については,NFCDCUのウェブサイトを参照。
(2)　通常,クレジットユニオンの資金は組合員からの出資・預金に限定されているが,NCUAがクレジットユニオンのコモン・ボンド(組合員資格要件)として「低所得者」を認めた場合,そのクレジットユニオンは資金調達などで特典を受けられる。CRAに基づいて銀行など他機関からの預金受け入れが可能となり,

これをもとに低所得者に融資できる。また，全国クレジットユニオン管理庁（NCUA）から低利融資（Revolving Loan Program）と補助金，技術的支援を受けることが可能となる［永井，2004a：23-24；古江，2009a：27］。
（3） ニクソン政権は1969年，マイノリティによるインナーシティでの起業に対して投資する「マイノリティ小企業投資会社」（The Minority Enterprise Small Business Investment Company；MESBIC）を100社設立することを目標に掲げた。MESBIC は小規模の民間投資会社で，連邦中小企業庁から低利で資金を調達し，移民やマイノリティ所有の企業に長期劣後低利融資を行うものである。1960年代末以降数百の MESBIC が誕生したが，リスクの高い零細企業への融資は焦げつくリスクが高く，多くがつぶれてしまい，1994年時点で存続しているのはわずかに61社であった［Bates, 2000：227-242］。
（4） 近隣再投資法人（Neighborhood Reinvestment Corporation；NRC）は，CRAから派生した近隣再投資法人法を根拠として，CDC を財政的に支える体制整備の一環として設立された。連邦政府の予算で運営され，全米9か所に支部をもつ。CDC は同法人に加入して融資を受け，アフォーダブル住宅をはじめとするコミュニティ開発事業を行う。2009年時点で230の CDC が加入している。2004年以降は通称 Neighbor Works® America［宗野，2007：97］。
（5） 「コミュニティ開発銀行および金融機関法」は，「リーグル地域社会開発・規制改善法」（通称「リーグル法」）の一部を構成している。
（6） CDFI の類型について，論者によっては零細企業ローンファンドや CDC をそれぞれ1つの類型に数えて，5類型，6類型とする場合もある。また，1組織が複数の類型を兼業したり，銀行が子会社としてローンファンドを抱えるといったグループ化の動きもある。以下の内容は CDFI Data Project［2006］，McLenighan and Tholin［1997］などを参考に記述。
（7） ここでいう零細企業の起業とは，主に福祉給付を受ける低所得層や失業者，ワーキング・プアの女性やマイノリティが，自営業・零細企業（小売業，デイサービス，ケータリング，飲食業，理美容，自動車修理等）の起業や事業拡大を行うことを指している。ローンファンドはこうした零細企業に少額（250～1000ドル程度）の融資を行うことにより，低所得者層や失業者が経済的に自立することをねらいとしている。
（8） CDFI にはサブセクターごとに現在四つの全国組織があり，クレジットユニオンはコミュニティ開発クレジットユニオン全国連合会（NFCDCU），銀行は全国コミュニティ投資ファンド（NCIF），ローンファンドはオポチュニティ・ファイナンス・ネットワーク（OFN），ベンチャーキャピタルはコミュニティ開発ベン

チャーキャピタル連盟（CDVCA）である。CDFIデータプロジェクトは，これらの全国組織とアスペン研究所などが共同で，CDFIの現状を明らかにする目的で，会員組織を対象に毎年，抽出調査を行っている。

（9）　ただし，CDFIデータプロジェクトのサンプル調査（N=508）の対象は，この全国の分布とは少し異なっている。2007年度の場合，クレジットユニオンが過半数の58％を占め，次いでローンファンドの31％，銀行は11％，ベンチャーキャピタルは0.2％となっており，全国分布と対比すると，クレジットユニオン（比較的小規模）が多数を占める代わりに，銀行（比較的大規模）が少数にとどまっている。そのためサンプル調査結果の内容は全体として，アメリカのCDFI全体の実像よりも小規模に描き出されていると思われる。

(10)　認定CDFIの要件は，①法人組織であること，②コミュニティ開発を主な使命とすること，③金融機関であること，④1種類以上の市場を対象としていること，⑤金融事業に関連して開発事業を行うこと，⑥対象市場において説明責任を果たし続けること，⑦非政府組織であり，政府機関の支配下にないこと，である（CDFI Fund ウェブサイト）。

(11)　CDFIファンドによる補助金と投資減税制度については次章で詳しく述べるので，ここでは割愛する。

(12)　CCLF関係者からの聞き取り（2007．5．7）による。

(13)　ショアバンク（Shore Bank）は，1973年シカゴ市南部サウスショア地区にて，旧サウスショアナショナルバンクを買収して創業した（創業当時はサウスショアバンクで，2001年にショアバンクと改称）。アメリカ発のコミュニティ開発銀行として，マイノリティの経営する企業や宗教団体，NPO，環境事業などに多額の投資を行い，シカゴ南部の衰退地域の活性化に寄与してきた。現在は持株会社ショアバンク・コーポレーションの下，銀行，経営支援NPO，コンサルティング会社，投資会社の各子会社を有するグループ企業となっている。このうち中核企業である銀行（ショアバンク）はシカゴ，クリーブランド，デトロイトの3都市に支店をもち，また別会社のショアバンク・パシフィック（1997年開業）はポートランドにある。ショアバンクは認定CDFIで，2007年度の融資残高は14.4億ドル。なお，ショアバンクはリーマン・ショック後の金融不況・住宅不況の影響で経営が急速に悪化し，2010年8月20日，アーバン・パートナーシップ銀行に買収された。ただしショアバンクの事業は全て従前通り承継されている。ウェブサイトも閉鎖されていない。

(14)　ショアバンク関係者からの聞き取り（2009.9.8）および同銀行ウェブサイト。

(15)　Nonprofit Finance Fund（NFF）は1980年，省エネルギーによるNPO事業所

の効率化を推奨するコンサルティング NPO, Energy Conservation Fund として ニューヨーク市に設立された。その4年後, NPO 経営全般を手がけるコンサルティング NPO となり, 経営改善の一手段として融資業務を始めた。1989年には NPO の設備融資に本格的に取り組み始め, 名称を Nonprofit Facilities Fund (NFF) と改称。1990年代に入り, 文化芸術関係への融資を手がけるようになってから組織が急拡大し, ニューヨークから全米各地に支部が広がっていった。融資対象も設備融資だけでなく運転資金などに広がり, 名称を Nonprofit Finance Fund (NFF) と再び改称。現在はニューヨーク本部のほか, ボストン, ニューアーク, フィラデルフィア, ワシントン DC, デトロイト, サンフランシスコの6支部がある。認定 CDFI で, NPO (501(c)(3)法人)。2007年度の融資残高は4500万ドル (NFF のウェブサイトより)。

(16) Illinois Facilities Fund (IFF) は1990年, シカゴに設立された。シカゴを中心に, 周辺のイリノイ州, ミズーリ州, アイオワ州, インディアナ州, ウィスコンシン州で NPO への融資を専門に行う。住宅や保育所, チャータースクールなどへの融資実績が多い。認定 CDFI で, NPO (501(c)(3)法人)。2009年度の融資残高は1億2900万ドル (IFF ウェブサイトより)。

(17) カルバート財団 (Calvert Foundation) は1990年, コミュニティ開発を支援する目的で, 社会的責任投資で知られるカルバート投資会社の資金提供により設立され, 1995年にはフォード財団などの支援を受けて NPO となった。認定 CDFI (ローンファンド) で NPO (501(c)(3)団体)。2007年度の融資残高は1.2億ドル。主に CDFI やマイクロファイナンス機関に融資するホールセール組織だが, 社会的企業やアフォーダブル住宅にも融資する。社会的責任投資で知られるカルバート投資会社は財団に事務所や IT 技術などを無償で提供するなど便宜を図っているが, 融資原資を直接に提供することはないという (カルバート財団の関係者からの聞き取り (2009.3.4) およびカルバート財団ウェブサイトより)。

(18) OFN は Bank of America, Citibank, Wells Fargo をはじめとした銀行や, フォード財団, マッカーサー財団など助成財団からの融資・助成, カソリックなど宗教系投資機関からの投資, 政府からの補助金などを得て, 会員 CDFI に融資している。融資原資のうち銀行からの融資が半分以上, 助成財団からの資金が約3割を占める。一例として, ワコービア銀行とマッカーサー財団が2006年, "Wachovia Next Awards Program" と名付けた助成金3000万ドルを OFN に提供した。この助成金は5年間にわたり, OFN を通じて2つの優れた CDFI に融資原資を提供するという助成事業である。選ばれた2つの優れた CDFI のうち, 1つの組織は500万ドルを, もう1つの組織は250万ドルを10年間にわたって借り

第3章　コミュニティ開発金融の歴史と現状

られるという（OFN の関係者からの聞き取り（2009.9.2））。
(19) NCIF の関係者からの聞き取り（2009.3.11）。
(20) CARS については，OFN の関係者からの聞き取り（2009.3.5, 9.2）およびウェブサイトより。ウェブサイトには「2004年に CARS を導入した」とあるが，関係者によれば2006年に実際に格付けを始めたという。
(21) CAMEL とは，Capital Adequacy（自己資本），Asset Quality（資産価値），Management（経営），Earnings（収益），Liquidity/Asset-Liability Management（流動性／資産負債管理）の頭文字をとったものである。各々の指標で5段階に格付けされ，それらを総合的に判断して5段階に格付けされる。
(22) The Reinvestment Fund（TRF）関係者からの聞き取り（2009.3.11）。TRF は1985年に設立されたローンファンドで，フィラデルフィア市に本部をもつ認定 CDFI。NPO（501(c)(3)団体）。
(23) Chicago Community Loan Fund（CCLF）関係者からの聞き取り（2009.3.9）。CCLF は1991年に設立されたローンファンドで，シカゴ市に本部をもつ認定 CDFI。NPO（501(c)(3)団体）。
(24) Philadelphia Development Partnership（PDP）関係者からの聞き取り（2009.9.1）。PDP は1989年，フィラデルフィアに設立されたローンファンドで，認定 CDFI を傘下に持つ。NPO（501(c)(3)団体）。

第4章
コミュニティ開発金融政策
―――コミュニティ投資を促進する法制度―――

1 地域再投資法 (CRA)

(1) 地域再投資法 (CRA)

　地域再投資法（Community Reinvestment Act of 1977：以後CRAと略称）は，アメリカのコミュニティ開発金融政策を象徴する法制度である。銀行がコミュニ[1]ティの信用需要に積極的に応えることを促すのが，CRAの目的と言える。銀行がコミュニティ（特に中低所得層）の信用需要に積極的に応えているかどうかを，政府監督当局が定期的に審査し，格付けを行う。

　大銀行（総資産10億ドル以上）に対する審査は「融資テスト」「投資テスト」「業務展開テスト」の3種類に分けられ，コミュニティの信用需要への対応について多面的に評価する。格付けは「優秀」「(高) 合格」「(低) 合格」「改善が必要」「著しく不履行」の5段階に分けられているが，この格付けで「合格」以上に達しない場合，銀行の買収・統合・支店開設などの認可が下りないことがある。こうしたペナルティをもって，銀行に対してコミュニティ投資を促すのがCRAである。[2]

　CRAは日本でもこれまで幾度となく紹介されてきた（たとえば柴田［1994］，服部［1999a~d］，木村［2004］，由里［2009］）が，CRAに対する主な関心は①リレーションシップ・バンキング，②銀行論・金融論，③市民金融の三つに大別され得る。

　①リレーションシップ・バンキング
　貸し渋り・貸し剝がし批判を受けて，金融庁は2003年以降リレーションシッ

80

プ・バンキング政策（以下リレバン政策と略称）を始めたが，一連のリレバン政策との関連でアメリカのコミュニティ金融に着目したのが日本政策投資銀行の調査研究であった。同研究の結論では「地域再投資法（CRA）により地域資金の還流が促進されている」「地域から資金を吸い上げて都市部や金融市場に投資をするという金融行動に対する歯止めの役割を果たしている」［日本政策投資銀行，2005：77-78］と，CRAを肯定的に評価している。

木村［2004］は，リレバン政策との関連で金融システムの地方分権を訴え，その観点からCRAを「分権的金融システム」と評価した。由里［2009］もリレバン政策を念頭に置きながら，その法的裏付けとしてのCRAに着目し，詳細にその内容・歴史を紹介した。

②銀行論・金融論

リレバン政策の議論とも一部分重なるが，1990年代以降，銀行論・金融論の研究者がCRAに関する論文や入門書を相次いで公刊した。主な研究として，福光［1993］，柴田［1994；1997］，服部［1999a～1999d］，遠州［2002］が挙げられる。また，最近の研究では，木村［2004］，青木［2004a；2004b］，由里［2004；2009］，小倉［2008］などがある。

これら諸研究の視点はいずれも銀行や金融のあり方をめぐるものであるが，アメリカの制度の紹介に主眼を置いた研究と，何らかの形で日本への示唆を求めた研究とがある。

③市民金融・コミュニティ投資

既存の銀行に対するオルタナティブとしてNPOバンクが登場し，地域内での資金循環や，市民による環境・福祉などへの資金供給の一方法として，非営利の市民金融が近年注目を集めている。

しかし，日本においてはNPOバンクが消費者金融と同様に一貸金業者として扱われ，改正貸金業法および金融商品取引法によって厳しい規制を受けることから，今後の発展が危ぶまれている。市民金融の関係者・研究者は，市民金融を支援育成するためのコミュニティ投資政策を構想し，その一つとしてCRAにも着目している。

第Ⅱ部　アメリカのコミュニティ開発金融

筆者は，NPO・社会的企業の資金調達という観点からいかなる政策が必要なのかという③のアプローチをとりたい。

（2）銀行による CRA の遵守

　CRA は1977年の制定当初から実効性の強い法律であったわけではなく，1989年および1995年の法改正によって実効性が強化されていった。金融の自由化・グローバル化とともに金融機関の統合・合併が進み，支店の統廃合が行われたり，貯蓄貸付組合（S&L）が経営破綻したりして地域社会でのトラブルが増加すると，これに対応する形で政府は CRA の規制を強化していった。連邦政府は銀行業界に対し，金融自由化・グローバル化を認める代わりに，地域社会に対する責任（すなわちコミュニティ開発への積極的な関与）を果たすよう求めたのである。1990年代以降，金融自由化のなかで銀行の合併による大型化が進んでいたが，CRA によって銀行の合併・買収を却下されたり，住民グループから異議申し立てを受けたりすることが，銀行経営にとって現実の脅威となりつつあった［福光, 1993：9, 木村, 2004：95, 柴田, 1994：155］。

　CRA の格付け結果から見ると，現在はほとんどの銀行が CRA の要求水準を満たしている。格付けを行う監督官庁は通貨監督庁（OCC），連邦準備制度理事会（FRB），連邦預金保険公社（FDIC），貯蓄金融機関監査局（OTS）の四つに分かれ，銀行の種類別に棲み分けをしている。かつてはこの四監督官庁間で審査の厳しさに差があったが[3]，近年では差が縮小しており，2009年3月末時点では4監督官庁平均で「優秀」が16.0%，「合格」が79.9%，「改善が必要」と「著しく不履行」を合わせて4.1%となっている（表4-1）。すなわち「合格」以上の銀行が全体の約96%を占めているわけで，よほど例外的な事例を除いてほとんどの銀行が CRA の要求水準を満たしていると言える。

　ここで論点になり得るのは，なぜ，ほとんどの銀行が CRA を遵守し，「合格」以上の格付けを得ているのかという理由である。

　前述のように，CRA の格付けで「合格」に達しなければ，銀行の買収・統合・支店開設などの認可が下りないことがある。金融自由化の流れのなかで買

第4章　コミュニティ開発金融政策

表4-1　監督官庁別の格付け状況

格付け＼監督官庁	全　体	通貨監督庁(OCC)	連邦準備制度理事会(FRB)	連邦預金保険公社(FDIC)	貯蓄金融機関監査局(OTS)
優　秀	10,116 16.0%	1,710 16.5%	1,372 18.2%	5,584 15.1%	1,450 17.0%
合　格	50,611 79.9%	8,427 81.5%	5,906 78.4%	29,909 81.0%	6,369 74.8%
改善が必要	2,347 3.7%	201 1.9%	212 2.8%	1,297 3.5%	637 7.5%
著しく不履行	232 0.4%	6 0.1%	42 0.6%	126 0.3%	58 0.7%
合　計	63,315 100.0%	10,344 100.0%	7,532 100.0%	36,925 100.0%	8,514 100.0%

注：上段の数字は銀行数，下段の数字は全体に占める割合（％）。2009年3月31日現在。
出典：FFIEC　http://www.ffiec.gov/craratings/default.aspx より筆者作成。

収・統合をいかに迅速に行えるかが重要な経営判断となってきており，CRAの重みも相対的に増しているとは言える。しかし，買収・統合・支店開設はそう頻繁に起きるわけではなく，日常業務とはあまり関わってこないし，あらゆる銀行が買収・統合を計画しているとも思えないので，政府の認可権限に関するペナルティだけでは，日常業務への影響は限定的であろう。通貨監督庁（OCC）のある監督官は「全ての銀行が一様にCRAを重視しているわけではなく，一つの小部署にCRA業務を任せてしまっている銀行もある。それはCRA格付け自身が多くの銀行の収益性に直結していないからだ」と述べており，またウッドストック研究所の関係者は「CRAは銀行にとって重要な事項だと思わない。銀行は常に『安全性・健全性』に95％を注力している」と述べているように，多くの銀行にとってCRAは必ずしもトップ・プライオリティーではない。

　ここで思い起こされるのは，CRAが一般市民の参加を保障する規定を設けていることである。銀行が支店設置や移転・合併等の申請をした際，銀行がコミュニティの信用需要に応えていない場合は，一般市民がアクションを起こす

83

ことを奨励している。監督官庁は銀行からの申請内容を速やかに公示し、一般市民も審査手続きに参加することができる。もし市民からの抗議があった場合は、公聴会を開催することになっている。住民運動団体など第三者が監督機関に異議を表明し、申請の却下を請願することもできる［福光, 1993：6］。CRAが本質的に情報公開法であるとも言われる所以である。

通貨監督庁（OCC）のある監督官は、「銀行は政府当局による管理にはあまり脅威を感じていないが、民間のCRA監視団体が銀行のコミュニティ投資の運用状況を監視し、運用が消極的だった場合には連邦議会に訴え、政治的な解決を求める。民間の監視団体の動きが、政府と並んでもう一つの規制機関のようになっていて、銀行はこれを本当に恐れている。議会への告発を契機に銀行が行動を改めた例は数多くある」と、市民による監視が大きな役割を果たしていると述べる。

ウッドストック研究所も、銀行の監視・告発を行っている。研究所は銀行の融資実態を調査し、低所得地域への融資が不充分な銀行があれば議員への働きかけや、マスコミを利用した宣伝などで戦略的にキャンペーンを張り、議会（上院・下院）や、銀行監督当局にも頻繁に訪問している。研究所の関係者によれば、「公式な告発」と「非公式な申し立て」の2種類あり、「公式な告発」は主に監督当局がCRA規制のもとで銀行に対して行うものだが、銀行の合併や新支店開設などの場合は銀行の姿勢に不満をもつ関係者が監督当局と協議する場があり、そこに市民団体の出番もある。「非公式な申し立て」は市民団体等が当該の銀行に対して直接行い、改善を申し入れる。これにより銀行は低所得地域への融資態度を改めるようになったという。[(4)]

他方で、こうした市民団体や住民運動団体の影響力はごく限られたものであり、社会の評判のほうが影響力は大きいという説もある。通貨監督庁の別の監督官によれば、銀行が市民団体から圧力を受けるのは合併や支店開設の場合に限られるので例外的な状況であり、それ以外の時はむしろ評判リスクを恐れているという。この監督官は「個人的な見解」と断ったうえで、銀行は市民団体の圧力を恐れて行動を変えているわけではなく、むしろ新聞に悪いことを書か

れて社会的な評判を落とすことを恐れ，CRA で「合格」以上の格付けを得ようと努力するのだと主張する。社会的な評判の良し悪しは，預金者の銀行選択に結びつくというよりも，銀行のビジネス・パートナーとの取引に影響を与え，取引企業は「評判の悪い銀行とは取引をやめよう」という意識につながるからであるという。

いずれにせよ，CRA の実効性を保っているのは，単に政府の認可権限に基づくペナルティのみにとどまらず，市民団体や取引企業などからのサンクションが一定の役割を果たしているからだと言える。

CRA が実効性を保つもう一つの要因として挙げられるのは，銀行がコミュニティ開発金融を容易に，かつ低リスクで行えるための基盤整備を政府が用意したことである。

1994年，クリントン大統領は「1994年コミュニティ開発銀行および金融機関法」（リーグル地域社会開発・規制改善法の一部）で CDFI ファンドを設立し，CRA 運用の充実を図った。インナーシティの中低所得層住民や，小企業・NPO への資金供給を促進するため銀行を誘導する施策として CRA に並々ならぬ関心を示したクリントン大統領は，シカゴのショアバンクと，アーカンソー州南部開発銀行を CDFI のモデルとして注目した［三瓶, 2006］。銀行が CRA の要求水準を満たすための投融資を行う際に，投融資の受け皿として位置づけられたのがこの CDFI である。銀行が CDFI に投融資すれば，それが CRA のクレジット[5]として評価されることとなり（1996年公布・97年施行，[Woodstock Institure, 2003：3]），CDFI への補助金制度や銀行への補助金制度，投資家への投資減税制度も用意された。

他方，四つの銀行監督官庁は監督・審査業務にとどまらず，銀行に対してコミュニティ開発金融の機会に関する情報提供を積極的に行っている。たとえば通貨監督庁のコミュニティ開発部門は，監督対象の全国銀行に対して，コミュニティ開発金融に関するニュースレターを出版している。また，銀行関係者を集めた会議を開いて住宅ローン危機の問題や，銀行がコミュニティ開発に対して果たしうる役割について議論している。銀行のコミュニティ開発担当者はニ

ユースレターや会議から得た情報をもとに，どの CDFI に融資するかを選ぶことができる。

補助金や投資減税などの支援策については後述するが，こうした"アメとムチ"の政策によって CRA の実効性を高めていったと言えよう。

（3）金融危機と CRA

サブプライムローン問題を契機として2008年9月に起きた「リーマン・ショック」と，その後の世界的な金融危機は，金融の自由化・グローバル化を背景として，世界的なマネーゲームが引き起こした結果であった。CRA は，銀行に対して地域社会への責任を果たすことを促し，金融自由化の悪影響を緩和しようというねらいで強化されていったわけだが，金融危機のもとで，CRA をどう評価すべきなのだろうか。

アメリカの世論のなかには，CRA をはじめとするコミュニティ投資政策の圧力が，銀行の経営の安全性を犠牲にして高リスクな融資を促したのではないか，という見方もある。[6] 端的に言えば「低所得階層に対する高リスクな住宅ローンを推進したのが CRA と CDFI だ」という主張である。

しかし，結論から言えば CRA や CDFI がサブプライム問題を引き起こしたわけではない。そもそも CRA は，預金金融機関のみを対象としており，サブプライムへの主要な貸し手であるノンバンクとは異なっている。

サブプライム層に高金利の略奪的な住宅ローンを販売していたのは住宅ローン専業のノンバンクであり，こうしたノンバンクにハイリスクの投資をして巨額の富を得ていたのは大手証券会社や投資銀行，ヘッジファンドであり，さらにはヘッジファンドに資金の運用を託していたのは年金基金をはじめとする機関投資家であった。倉橋・小林［2008：54-62］によれば，サブプライム問題の主な原因は，アメリカの巨大なカネ余り現象の中で巨大な投資資金がサブプライム市場に流入し，将来返済額が急増する高リスクの住宅ローンを消費者に提供したことにある。また金融機関は消費者に住宅ローン商品の特性を充分に説明していなかったことも指摘されている。しかし，ノンバンクも，投資銀行や

第4章 コミュニティ開発金融政策

ヘッジファンドなども，CRAの規制対象にはいっさい含まれていない。

アメリカ連邦準備制度理事会（FRB）クロズナー理事は「低所得層向け融資拡大を目的とした地域再投資法は，サブプライム住宅ローン危機を助長していない」との見方を示した（2008.12.3）。同バーナンキ議長もCRAに関する講演のなかで「低所得層向け融資拡大という観点で全般的に好影響をもたらしている」（2009.3.30）と述べた（ロイター記事2008.12.4, 2009.3.31）。

連邦準備銀行はCRAとサブプライム問題の関連性について調査分析した。2005～06年に実行された融資案件について①CRA関連のサブプライム融資がどの程度あったのか，②CRA関連のサブプライム融資が他の融資にどの程度関連したのかを調査・分析したところ，①については，CRAに関連した融資はサブプライム融資のなかで6％とごくわずかにすぎないこと，②については，CRA関連のサブプライム融資と，それ以外の融資とでは延滞率に差がなく，CRA関連のサブプライム融資が金融危機の原因となってはいないことが分かったという［Kroszner, 2009：9］。

CRAのもたらした便益として，主に引き合いに出されるのは中低所得者・地域向け融資の拡大である。中低所得者向け住宅融資の件数，割合ともに1990年代に増加傾向にあった。小企業への貸し出しも1990年代後半を通じて，件数・金額ともに拡大傾向にあった［小倉, 2008：45-46］。

他方，CDFIについて見れば，確かにCDFIも中低所得者向けアフォーダブル住宅への融資を多数扱っているから，一見したところサブプライム層への住宅融資と同様に見えるかもしれない。しかし，CDFIは返済の見通しが立たないような高金利・高リスクの住宅ローンを提供していない。また，消費者（債務者）に対するきめ細かな支援・指導を特徴としていることから，サブプライムの住宅ローン専業ノンバンクとは似て非なる存在である。サブプライム問題によってCDFIの倒産が起きているということもない。CDFIは，サブプライムなどの略奪的な貸付を行う金融機関に対比して，自らを「もう一つの貸し手」（alternative lender）ないし「責任ある貸し手」（responsible lender）と称し，良心的な貸付をしていると主張する。
(7)

ショアバンクは，低所得階層の住民が悪徳金融業者に走らないようにすることを目的とした融資保証プログラム（Finally Home Program）を州政府とのパートナーシップで提供している[8]。

上記のように，CRAやCDFIはサブプライム問題を引き起こした原因とは言えない。

それにもかかわらず，いったん金融危機が起きれば，その影響は計り知れない。CRA監督下にある一般の銀行も，CDFIも資金難に陥るなど多大な影響を受けた。通貨監督庁の監督官は「CDFIは慎重な融資を行っていたため，サブプライムローン問題の直接的な影響は最小限にとどまったが，金融危機の影響で銀行は資金不足となり，銀行からCDFIへの投資が減った。また多くの慈善財団その他のフィランソロピー組織も株式市場でかなりの基金を失ったため，CDFIに融資する資金的余裕がなくなった」と述べている。銀行・財団からの融資を主な財源としていたCDFIの多くは金融危機後の資金難に直面した。

また，アメリカ国内各地で，低所得者層だけでなく中間層の人々も不況のあおりを受けて職を失い，住居も失い，差し押さえ物件となった中間層の住宅が巷で急増している。もちろん，こうした問題を全てCRAだけで解決できるなどと言うつもりはないが，銀行だけを対象にCRAの規制をかけることの限界を示しているともいえる。そのため，後述のようにCRAの規制対象を銀行以外にも拡大することが現在検討されている。

もう一つの問題点としては，不況のもとではCRAの規制が有効に機能しなくなる恐れがあるという点である。CRAの制定時（1977年）における政治的妥協の結果，同法はコミュニティ開発への投融資を銀行に対して強制するのではなく，あくまで銀行の自主的な判断のもとに与信するとの建前を残し，特定の融資を強制することを回避した［福光，1993：4-5］。そのためCRAの条文には「本章（CRAのこと：筆者注）は，各々の関係連邦政府金融機関監督官庁が監査の際に権限を行使し，金融機関が安全かつ健全な営業を行いながら（consistent with the safe and sound operation），営業を許可されたコミュニティの信用需要に応えるのを奨励することを目的とする」（第2901条(b)）[9]と述べられ，コミュ

ニティ開発への投融資は「安全かつ健全な営業」と両立する範囲で行えばよいということになった。つまり，金融危機で銀行の経営が傾いた場合や，市場の変化で融資リスクが高まった場合は，コミュニティ開発に対して「高リスクだ」と見做し，投融資を控えることが可能なのである[10]。確かに，銀行の経営を犠牲にしてまでコミュニティ開発に投融資するのは企業の社会責任の範囲を逸脱しているという考え方もある。しかし，金融危機で失業者が街にあふれ，NPOやCDFIの役割がかつてなく大きくなり，資金需要が急増するまさにその時期に，CRAは銀行に対して「積極的に資金提供しなさい」という強制力を働かせることができない。不況の下でも，CRAの実効性をより高める方法を考える必要がある。

(4) CRA改正論議

　CRAをめぐっては，長年にわたってCRAの支持派と批判派に分かれて論争が繰り返されてきた。この論争の詳細については小倉［2008：40-42］に譲るが，ここで注目したいのは，近年CRAの改正をめぐる議論が盛んになり，しかもCRAの改正法案が連邦議会で審議されているという点である。なぜなら，こうしたCRA改正論議はCRAの問題点を明確に示し，昨今の金融危機とも密接な関係をもっているからである。

　ボストンとサンフランシスコの連邦準備制度理事会（FRB）は2009年，CRAの見直しに関する論考を集めた本"Revisiting CRA：Perspectives on the Future of the Community Reinvestment Act"を刊行した。これによればCRAの見直しに関する議論は，三つの視点（規制・審査過程，金融機関の対象範囲，新たな対象論）に大別される［Olson et al., 2009：3-4］。なかでも金融機関の対象範囲をめぐっては，現行法では投資銀行や保険会社（預金取扱保険会社を除く），貸金業者，クレジットユニオンなどの金融機関はCRAの対象外とされているが，CRA的な法律をこれらの金融機関にも適用拡大されるべきだとの議論や[11]，中低所得者層に金融サービスを提供する金融機関は連邦政府の保護と引き換えに，（中低所得者層への）公正なアクセスを保障すべきだという議論，

89

新たに規制下に入る金融機関は，既に CRA 基準を達成している銀行や CDFI と連携すべきだという議論も出されている。

また同書では，CRA の評価基準や効果についてもさまざまな論点や意見が紹介されているが，オルソンら［Olson et al., 2009：4-7］はこれらの論点を以下の 6 点にまとめている。

①評価要素は個人か，地域か？

特定の低所得地域に対して銀行が金融サービスを拒否するレッドライニング[12]があるため，CRA は銀行が支店を開設している地域（特に貧困地域を念頭）で金融サービスをどれだけ提供しているかという観点で審査する。しかし，金融自由化とインターネットバンキングの普及により，銀行業務は地理的な地域に縛られなくなったため，特定の地域に限定して審査する必然性が希薄になった。地理的な地域を基準として金融サービスの提供実態を審査するのか，それとも地理的な区分に代わって個人の所得階層を基準とするのかが論点になっている。

②評価基準はアクセスか，それとも公正さか？

低所得階層が金融サービスにアクセスできるかどうか，という観点だけでは不十分であり，サービスの質（金利，融資期間など）も評価対象に含めるべきだとの意見がある[13]。サブプライムローン問題で明らかになったように，銀行は信用履歴の悪い顧客に対しては高リスクとみなして高金利のローンを提供しているからである。

③評価基準は手続きか，数量的な成果か，長期的な成果か？

1995 年に改正された現行 CRA は，銀行の経営方針や手続きではなく融資件数などの成果志向で評価するようになった。これは CRA の実効性を高めるうえで一定の成果があったが，他方で「件数をただ増やすゲーム」となり，複雑で時間のかかるコミュニティ開発事業を敬遠する傾向も出てきたと指摘する。

④情報公開だけでよいのか？

CRA の審査結果は一般公開され，一般市民が意見を述べ，銀行や監督官庁と対話することが認められている。すなわち一般市民の行動に期待する部分が大きい。しかし，情報公開が実際にどのような役割を果たし，成果を上げてい

第4章　コミュニティ開発金融政策

表4-2　CRA近代化法案の主なポイント

- 銀行が営業している地域の大半を，CRAの評価対象地域とする（現行の制度では，支店を設置している地域のみを評価対象としており，関連会社を通じて間接的に営業している地域は対象外）
- 単に低所得地域への融資差別というだけにとどまらず，マイノリティへの融資差別を取り締まる
- CRAの運用を透明化し，一般の人が審査結果を見て銀行の実績の違いを明確に見分けられるようにする
- 情報公開の精緻化：融資先の小企業経営者の人種・ジェンダー，コミュニティ別の預金口座数，HMDA（住宅ローン情報公開法）データも公開する。保険会社もHMDAと同様のデータを提出する。
- 銀行合併の際には，金融機関監督官庁が公聴会をより多く開くこと（ここ数年は公聴会を開催していなかった）。
- コミュニティ組織が低所得地域への融資増加について，政府当局や金融機関幹部と意見交換する機会を保障する
- 規制対象を銀行以外の金融機関（クレジットユニオン，独立系住宅ローン会社，銀行系列の住宅ローン会社，保険会社，保証会社など）にも拡張する
- 略奪的な貸付行為をした銀行を処罰する　など

出典：The Community Investment Network http://communityinvestmentnetwork.org "CRA Modernization Act Introduced by Cong. Johnson with NCRC Support", 2009.3.13.

るのか。情報公開だけでなく，銀行に対してコミュニティ投資を強制すべきではないか，といった議論もある。

⑤審査の負担が重過ぎないか？

銀行業界からは，CRAの審査対応の負担が重過ぎるので，もっと簡素化できないかとの意見が出されている。

⑥CRAの格付けが動機づけになるのか？

格付けや情報公開をしても一部の銀行は依然としてCRAの遵守に消極的なため，市民団体からは「『合格』に満たない金融機関に対しては何らかのペナルティや罰金が必要だ，あるいは改善計画を義務づけるべきだ」，あるいは「『優秀』の金融機関に対する優遇措置を考えるべきではないか」といった，CRAの強制力を強めるべきとの意見がある。

CRAをめぐるこうしたさまざまな議論は，金融自由化とそのゆがみが顕在化するなかで，従来のCRAの枠組みの限界が露呈するとともに，コミュニティ開発金融政策の果たす役割に対する社会の期待の高まりを示したものと考えられる。

CRA の改正論議を背景に，低所得地域への融資額を増やすため，CRA 近代化法案（the Community Reinvestment Modernization Act of 2009；HR1479）が2009年3月12日，ジョンソン民主党下院議員によって連邦議会に提出された。ウッドストック研究所，全国コミュニティ再投資連合，全国低所得者住宅連合など CRA 支持の市民団体から歓迎され，期待が集まっている。[14]

同法案の主なポイントは表4-2のとおりである。

2　CDFI 支援政策

前述のように，アメリカのコミュニティ開発金融政策は CRA の格付けにとどまらず，銀行がコミュニティ開発金融を容易に，かつ低リスクで行えるための基盤整備を用意した点が特徴と言える。

この基盤整備は連邦政府の CDFI ファンド[15]が提供する補助金や投資減税と，州などの地方政府が提供する CDFI 支援プログラムに大別される。ここではまず CDFI ファンドの事業の現状を概観する。

(1) CDFI プログラム

CDFI プログラム（CDFI Program）は「1994年コミュニティ開発銀行および金融機関法」を根拠として創設され，CDFI に対する直接投資および CDFI の力量形成を目的とした補助金制度である。一般の CDFI に対する財政支援（Financial Assistance；以下 FA と略称）・経営支援（Technical Assistance；以下 TA と略称），先住民族の CDFI に対する支援（Native American CDFI Assistance；以下 NACA と略称）からなるが，このうち金額的に最も大きいのが FA である。

財政支援（FA）は，CDFI ファンドが認定した CDFI を対象に提供される資金で，CDFI はこの資金を用いて経済発展（雇用創出，事業拡大，事業用不動産取得），アフォーダブル住宅（住宅開発，持ち家対策），コミュニティ開発金融サービス（基本銀行業務，金融教育，サラ金代替融資）への投融資を行う。申請額は最大200万ドル。2009年度は，59団体に対して計9000万ドルを提供（1団体平均約

152万ドル）した。

　FAの特徴の一つは，マッチングファンドによるレバレッジである。あるCDFIが100万ドルの資金を銀行から得たとすれば，そのCDFIは同じ金額（100万ドル）をFAから得られる。政府からの資金を一つの核として，その資金をレバレッジする，つまり梃子の原理で他の民間企業・銀行・財団等から追加的に資金を獲得し，最初の核となった資金の数倍・数十倍に資金を膨らませるのが，FAの仕組みである。政府資金の額は小さくても，その波及効果が大きい。

　なぜこうした資金レバレッジができるのかというと，CDFIがFAの補助対象となることで銀行や財団などからの信頼を得られるからである。認定CDFIは788存在しているが（2009年9月1日時点），2009年にFAの資金を受け取ったのはそのうちわずか59に過ぎず，ごく一部の優れたCDFIしかFAを受け取れない，倍率の高い競争的資金なのである。CDFIファンドの審査担当者は，CDFIからの申請書の内容をもとに，当該CDFIのプログラム・マネージャーに対して具体的な質問を数多く発し，質問への回答を点数化する。またCDFIの財務監査結果や，当該のCDFIが活動している貧困地域の統計データ（貧困率や住宅需要など），プログラム・マネージャーの経歴など，多種多様な資料の提出を求める。[16] CDFIの事業内容を詳細に調べたうえでFAの支給対象を慎重に選んでいるため，そのCDFIがFAの補助対象に選ばれたということ自体，いわば政府の"お墨付き"を得たということになる。

　他方，経営支援（TA）は，認定CDFIおよび認定CDFIを目指している団体を対象に提供される資金で，CDFIはこの資金を用いてコンサルティングを受けたり，コンピューターサーバやソフトウェアを購入したり，スタッフや理事に対するトレーニングを行うなど，CDFIの力量形成を行う。申請額は最大10万ドル。2009年度は，28団体に対して約246万ドルを提供（1団体平均約8.8万ドル）した。

　TAの特徴の一つは，全て補助金なので返還の必要がないという点である。たとえばフィラデルフィアに拠点を置いて活動する，Philadelphia

第Ⅱ部　アメリカのコミュニティ開発金融

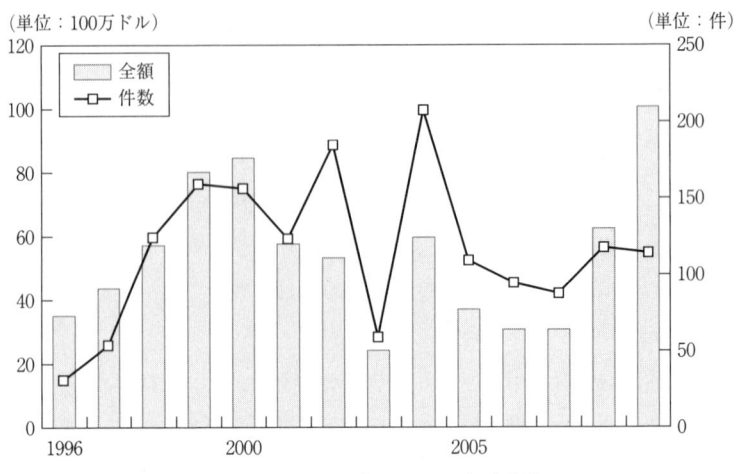

図4-1 CDFIプログラムの年次推移
出典：CDFI Fund（http://www.cdfifund.gov）をもとに筆者作成

Development Partnership（PDP）というCDFIは過去に3回補助金を受け取り（FAと合算で計413,500ドル），新しいコンピューターサーバやソフトウェアの購入，新しいソフトウェアにデータを移す際のコンサルタント委託料，職員の人材育成（融資について学ぶ講義に参加），市場調査，戦略計画の立案などに使い，この補助金は金額こそ小さいものの，有効だったという。[17]

図4-1は，CDFIプログラムの件数と金額の年次推移をグラフ化したものである。特に金額を見ると，1996年から2000年にかけて上昇し，2001年から2007年にかけて低迷し，2008年以降再び急上昇していることが分かる。

CDFIプログラムの金額が毎年大きく変動しているのは，主に政治的な理由によるものと言われている。CDFIファンドを創設した民主党クリントン政権のもとではこの予算が毎年増えていったが，共和党ブッシュ政権に代わった2001年以降，この予算が大きく削られていった。そして民主党オバマ政権に代わった2009年には予算が急増した。

第4章 コミュニティ開発金融政策

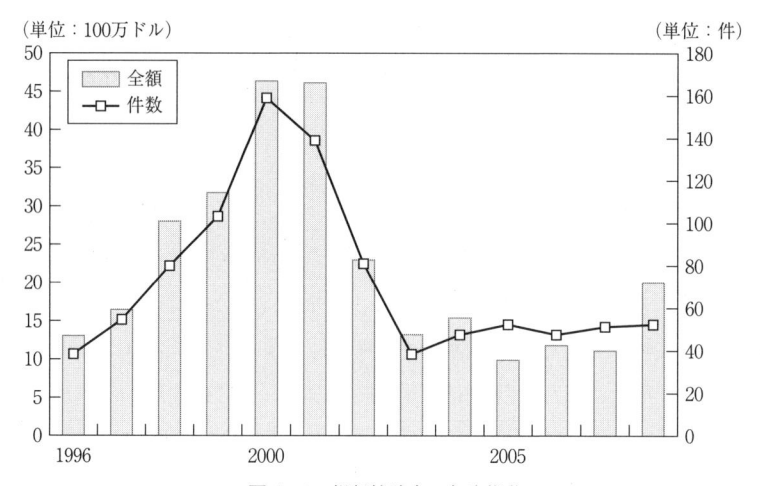

図4-2 銀行補助金の年次推移

出典:CDFI Fund (http://www.cdfifund.gov) をもとに筆者作成

(2) 銀行補助金

　銀行補助金 (Bank Enterprise Award:BEA) は「1994年コミュニティ開発銀行および金融機関法」を根拠として創設され,コミュニティ開発・経済発展に融資する金融機関 (銀行・貯蓄金融機関) を支援することを目的とした補助金制度である。

　BEAは,銀行などがCDFIへの投融資を増やした際に補助金を支給するもので,これにより,CDFIが経済的に衰退した地域への投融資や事業展開を行うことを間接的に促す。もっとも,BEAはCDFIへの投融資に限らず,衰退地域でのアフォーダブル住宅融資や小企業融資,預金サービスの展開なども幅広く対象としている。2008年度は,60の銀行が計3億5000万ドルの投資を行い,計4900万ドルの補助金を申請したが,そのうち52の銀行が計約2010万ドルの補助金 (1行平均約38.7万ドル) を受け取った。一定の要件を満たす銀行はいずれも申請でき,その大多数は補助金を受け取れるが,投資額に対する補助金はごく微々たる割合である。

　図4-2は,BEAの件数と金額の年次推移をグラフ化したものである。特に

金額を見ると，1996年から2000年にかけて上昇し，2002年から2007年にかけて低迷していることが分かる。前述のCDFIプログラムと似たような推移をたどっている。

（3）投資減税制度

投資減税制度（New Market Tax Credit；以下 NMTC と略称）は「2000年新市場イニシアチブ法」を根拠として創設された。コミュニティ開発団体（CDE）[18]に投資した納税者に対して，連邦所得税を軽減する制度であり，経済衰退地域に対して近年行われた連邦政府の経済振興策としては最大規模の政策と言える。

CDFIファンドはコミュニティ開発団体（CDE）からの申請に基づいて，各団体に投資減税額を割り当てる。割り当てを受けたCDEは，その後5年間のうちに，銀行や財団などから割当額の範囲内で投資を集める。CDEに投資された資金は全て低所得地域に再投資される必要があるが，製造業，サービス業，小売業，不動産取得，オフィスビルや倉庫の取得，事業所・住宅開発，保育施設，チャータースクールなどのコミュニティ施設などに幅広く活用できる。

CDEに投資した投資家は7年間累計で投資額の39％（最初の3年間は毎年5％，続く4年間は毎年6％）相当分を減税される。ただし，投資減税の適用を受けるためには，7年未満で資金を引き揚げてはならない。投資家に対して減税の利益を与えることにより，CDEは資金調達のコストを低く抑えることが可能となり，市場金利よりも2.5～5.0％低い金利で企業等に融資することができる。2008年度は70のCDEに対して計約34.6億ドルを割り当てた。2001年の開始から2008年までの累計割当額は210億ドルに達している。CDFIプログラムやBEAといった補助金に比べて圧倒的に大きい規模である。

CDEは割当額の上限をめざして銀行や財団などから資金を集めるが，5年間のうちに上限いっぱいまで集められるかどうかは，CDEの力量にかかっている。第1回割り当て（Round 1；2001～2002年）ではCDEが割当額の99.8％の投資を集めることができた。その後も，第4回割り当て（Round 4；2006年）までは90％前後の高い割合で投資を集めることに成功している（CDFI Fund,

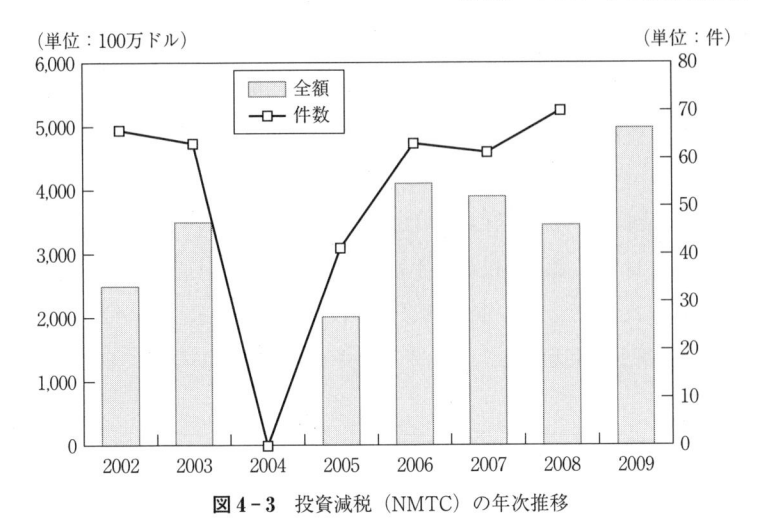

図4-3 投資減税（NMTC）の年次推移
出典：CDFI Fund（http://www.cdfifund.gov）をもとに筆者作成

NMTC（投資減税）投資レポート2009年度のウェブサイトより）。

図4-3は，NMTCの件数・金額の年次推移を示したものである。

CDFIは，NMTCを利用して投資を集めることにより，事業を拡大する機会を得られる。たとえばNFF（Nonprofit Finance Fund）はニューヨークに本部をもち，NPO融資を専門に行うCDFIである。NFFは過去2回，計7000万ドルの割り当てを受けた。NFFの関係者によれば，NMTCはNFFに良い効果をもたらしているとのことである。すなわち，通常は資金プールが限られているため，NFFがNPOに融資する際に1件あたりの融資額上限は200万ドルに設定しているが，NMTCの割り当てがあると，既存の資金を投入する必要はなく，他の資金を引きつけられるので，通常よりずっと多額の資金を融資できるという（2009.9.3聞き取り）。

NMTCの特徴の一つは，投資が不動産に集中していることである。CDEに投資された額の約6割は不動産投資（住宅，店舗，事務所，医療福祉施設，学校など）で，約3割は低所得地域で操業する企業（ショッピングセンター，チャータースクール，レストラン，洋服修理センターなど）への投融資と，半分以上が不動産

投資に使われている[19]。

NMTCのもう一つの特徴は，投資が都市圏に集中していることである。都市圏への割当額は90.8%，農村部への割当額は8.5%と，大きな開きがある[CDFI Fund, 2008：19]。一般にアメリカの人口の18%が農村部に住んでいることを考えると，農村部の人口の割に割当額がかなり少ないと言える[20]。

NMTCに対してはこのほか，手続きが複雑で使いにくい，認知度が低い，個人投資家には向かない，長期間に及ぶ投資には使いにくいなど，CDFI関係者からは運用上の問題点もいくつか指摘されている[21]。

(4) 金融危機対策としてのCDFIファンド強化

サブプライムローン問題で，住宅融資の保証が半ば機能停止状態に陥ったことから，2008年7月，ブッシュ政権はこれを解決するために2008年住宅経済復興法 (Housing Economic Recovering Act of 2008；HERA) を成立させた。同法は，連邦住宅局 (Federal Housing Administration；FHA) がサブプライム層の住宅ローン (30年長期固定ローン) を担保価値の90%まで保証し，そのための予算として3000億ドルをつける，というものである。

同法は，「キャピタル・マグネット・ファンド」(以下，CMFと略称) という特別勘定をCDFIファンド内部に設け，認定CDFI等に補助金を支給し，CDFIはこの補助金を核として民間資金をレバレッジし，低所得階層を対象としたアフォーダブル住宅を提供する，という新たな制度を導入した。

同法が成立した当時，サブプライムローン問題の影響で，多くの住宅ローン専門ノンバンクが経営破綻し，住宅ローンの半分近くを保有または保証している連邦住宅抵当公庫 (Fannie Mae) と連邦住宅貸付抵当公社 (Freddie Mac) は多額の損失を抱えて株価が急落した。そのため，連邦政府はFannie MaeとFreddie Macの資金の一部をCMFとしてCDFIファンドに託し，アフォーダブル住宅を促進することにしたのである[22]。

同法成立直後の2008年9月，リーマン・ショックに端を発する世界的な金融危機が発生し，多くのアメリカ国民が職を失うとともに，住宅を差し押さえら

れて路頭に迷った。2009年1月に発足したオバマ新政権は大型の公共事業を興して雇用を生み出し，経済の再活性化を図る「現代版ニューディール政策」（環境重視という点から「グリーン・ニューディール政策」とも呼ばれる）を打ち出した。それが「2009年アメリカ復興再投資法」（American Recovery Reinvestment Act of 2009 ; ARRA）である。

同法は雇用創出・維持，インフラ整備，失業者への支援，省エネルギー，自治体財政の健全化などの政策を幅広く取りそろえた2009年9月末までの時限立法で，総額約8000億ドルもの大型予算を組んだが，このなかにCDFIファンドへの資金拠出（2009年度，約1億ドル）も盛り込まれた。その主な内容はCMF（8000万ドル）であった。

かつて6000万ドル程度だったCDFIファンドの予算は，2008年度には1億700万ドル，2009年度は1億900万ドルに増え，さらに2010年度は2億4300万ドルへと倍増する見込みである。

金融危機発生後，CDFIやNPOは民間からの資金調達が困難になり，マッチングファンド方式が充分に機能しなくなった。そのためCMFはマッチングファンド要件のない補助金としてCDFIやNPOに提供されることになった（CDFIファンド幹部からの聞き取り2009.8.31）。

また，同法によって，NMTCについても2009年度は30億ドル分の追加割り当てを決めたため，2009年度は追加分を含めて計50億ドル分の割り当てが可能となった。これはかつてない大きな金額である。

このように，オバマ政権はCDFIプログラムと投資減税への大幅な増額，あるいは住宅購入者に対する減税措置を通して，低所得地域の経済復興，特に金融危機以降冷え込んだ住宅事業への投融資を刺激している。全米不動産協会の発表（2009年9月）によれば，アメリカの新築・中古住宅販売件数は2009年1月を底として上昇に転じ，また米国サプライマネジメント協会の発表（2009年8月）によれば，自動車買い替え支援政策などの後押しにより，製造業景況感指数も2009年1月頃を底として緩やかに上昇を続け，50を超えた（50を超えると景気拡大の方向）とされている。

しかし，失業率は依然として悪化の一途をたどり，9.8％に達した（2009年9月）。2009年9月の時点では，CDFI関係者の実感としては，景気回復にはまだ程遠い。OFNの関係者によれば，CDFIの経営状況は景気動向と完全に一致しているわけではなく，それより少なくとも1～2四半期は遅れる（2009.9.2聞き取り）。そのため，2008年末よりもむしろ2009年に入ってからCDFIのポートフォリオが悪化した。[23] 不況の下で銀行や財団はCDFIへの投融資に極めて慎重なため，CDFIは民間からの資金調達に代わって政府からの補助金に期待せざるを得ない。

アメリカ復興再投資法による大幅な予算増額は，CDFI関係者から「のどが渇いた人に水を差しだしてくれているのでありがたい」と歓迎されているが，わずか半年間の時限立法で短期的に資金投入するだけで，金融危機とそれに伴う不況を切り抜けられるとは考えにくい。より長期的なコミュニティ開発金融政策の強化による景気回復が必要であろう。

3　地方政府による支援政策

連邦政府に限らず，州政府や市政府も自らのコミュニティ開発政策にCDFIを組み込み，CDFIへの支援を通して低所得地域の経済活性化を図っている。

CDFI全国組織のOFNは毎年，各州議会でのコミュニティ開発金融に関連する法案の成立状況を調査し，公刊している［OFN, 2008］。この調査レポートに掲載された法案は，CDFIを直接対象としたものに限らず，略奪的な高利貸しに対する規制や，マイノリティの事業に対する制度融資などを幅広く含むが，政策実行過程で政府がCDFIと協働しているようである。OFN関係者によれば，各州政府が何らかのCDFI支援政策をもっていることが多い（2009.9.2聞き取り）。

たとえばペンシルバニア州政府は「コミュニティ開発銀行融資プログラム」（Pennsylvania Community Development Bank Loan Program；以下PCD Bankと略称）を実施している［PCD Bank, 2009］。PCD Bankの事業は，一言で言えば

CDFIへの公的資金の提供であり，その目的はCDFIの成長発展を支援することである。資金提供の方法には補助金（Capacity Building Grants Program）と融資（Loan Program）の2種類がある。補助金はCDFIの組織の力量形成やマーケティング調査，新たな金融商品の開発，あるいはCDFIによる経営支援の経費負担などに使うことができる。ただし，マッチングファンドのため，補助金と少なくとも同額の資金を自ら調達しなければならないという制約が課せられている。他方，融資には「ビジネス機会基金」（マイノリティの企業，女性の企業，小企業を対象とした融資と経営支援），「直接融資プログラム」，「参加型融資プログラム」（州政府認定のCDFIを通して融資）がある。「参加型融資プログラム」の場合，CDFIは州政府からの融資額の3倍の相当額を民間から別途調達する必要がある。

　OFN関係者によれば，このプログラムはかなり以前から行われているものであり，OFNがその補助金を活用してCDFIスタッフの訓練を行うこともあるという。

　上記のPCD Bank以外にも，ペンシルバニア州政府の補助金がCDFIを経由している事業が少なくない。たとえば"Pennsylvania Weed and Seed Program"は，若者の非行・暴力を減らして治安を良くする地域活動に補助金を出したり，そうした地域活動に資金を提供するCDFIやNPOに補助金を出したりしている。あるいは，低所得地域にスーパーマーケットを建てて住民に新鮮な食料を届けるという"Fresh Food Financing Initiative"事業の場合，スーパーの建設・運営に融資するCDFIに対して，州政府が補助金を出している。

　市政府によるCDFI支援政策もある。たとえばシカゴ市は銀行とCDFIとのパートナーシップでアフォーダブル住宅への支援を行っており（クリーブランド，フィラデルフィア，ワシントンDCなどにも同様のパートナーシップが存在している），またフィラデルフィア市がコミュニティ開発銀行に預金して無コスト資金を提供するなど，さまざまな形でCDFIへの支援がみられる。

　さらに，CDFIへの直接的な支援にとどまらず，政府による融資保証制度も

CDFIの融資業務を側面から支援している。州政府による融資保証制度（Capital Access Program；CAP）や，連邦政府による融資保証制度もある。たとえば住宅・都市整備事業に関しては住宅・都市開発省（HUD）が「セクション108ローン保証」という融資保証を設けており，また連邦政府抵当金庫（Ginnie Mae）なども融資保証機関の一つである。これらは主に住宅購入者がローンを組む際の融資保証だが，住宅供給業者に対しても保証している。中小企業庁や農業省による，中小企業やCDC（コミュニティ開発法人）への融資保証もある。CDFIは補助金や減税制度，融資保証など，これら多くの資金源を活用しながら資金集めを行っているため，かなり複雑な仕組みになっているようである。

4　アドボカシー活動

　上記のコミュニティ開発金融政策は，政府官僚や政治家だけで作り上げたものではなく，政策の充実を求める強力なアドボカシー活動によって実現をみたものである。

OFNは各CDFIによるアドボカシー活動の基礎資料として調査レポートを公刊していることは前節で触れたが，CDFIの業界団体であるOFNはCRA規制改善を求めて政府に働きかけ，数多くの方針説明書を出している。[24]

　OFN以外にも全国規模で，また州や地域でもそれぞれ，多様なアドボカシー活動が展開されている。全国規模ではCDFI連合（Coalition of Community Development Financial Institutions）というロビー団体がある。CDFI連合は1992年，クリントン政権時代に，政府とCDFIセクターの橋渡し役としてアーリントン市（ワシントンDC郊外）に設立された。全国の主要なCDFI，CDFIの全国組織（OFN），アドボカシー団体（ウッドストック研究所）などが理事会を構成し，現在は主に連邦政府や議会に対して，CDFIファンドの資金規模拡大と，CDFIファンドの資金配分方法の改善をめざしたアドボカシー活動を行っている。[25]また，全国地域再投資連合（National Community Reinvestment Coalition；NCRC）は1990年，コミュニティ投資の促進を目的として，CDCや地方政府，

宗教団体，市民団体，マイノリティや女性の起業家団体などが幅広く結集して，ワシントンDCに設立された。調査・情報発信，アドボカシー活動の他，子会社としてCommunity Development FundというCDFIを自ら設立して小企業に融資したり，外国の組織と交流したりと多様な活動を展開している[26]。

　他方，州でのアドボカシー活動の例としては，イリノイ・コミュニティ投資連合（Illinois Community Investment Coalition）の活動がある。シカゴでは昔から数多くのNPOが低所得地域の改善を目的に活動してきたが，近年設立された単一目的のコミュニティ開発NPOは資金的・人的余裕がなく，コミュニティ開発に関する政策課題について集まって議論する機会をもちにくいという状況にあった。そのため，シカゴのコミュニティ開発に携わるCDFIやNPOが「シカゴCRA連合」を結成し，NPO間の連携とアドボカシー活動を始めた。その後，同連合は活動範囲をシカゴ市からイリノイ州全域に広げたことから，名称を「イリノイ・コミュニティ投資連合」に改称し現在に至っている[27]。なお，ウッドストック研究所が同連合のコーディネーター役として，主にメールでのNPO間の情報共有を橋渡ししており，研究所の代表が同連合の理事長を務める。

　またウッドストック研究所はCRA審査に関して監督当局への意見書（コメントレター）を出している。シカゴ市内またはイリノイ州内にある銀行のコミュニティ金融サービスの状況を調べたうえで，銀行への改善要求や，買収合併への反対といった意思表示を行う[28]。監督当局に意見書を出すだけでなく，当該銀行と直接に意見交換したり，監督当局の幹部と意見交換したり，議員に働きかけたり，他の同様のアドボカシー団体と協働するなど，多角的な行動をとっている。

　アメリカのコミュニティ開発金融政策においては，政策が実効性をもつうえで市民団体の果たす役割が大きい。特にアドボカシー団体による積極的な働きかけは，政府に対しても銀行に対しても，一定の力を発揮してきたと考えられる。

　こうしたアドボカシー活動を財政的に支えてきたのが，公益財団による助成

金である。事業収入を期待できない純粋な公益活動であるアドボカシーは，助成金や寄付金などの支援的財源がなければ実現が難しいものだが，短期間で目に見える具体的な成果を実感しにくいため，資金の獲得は比較的困難である。したがってアドボカシーに理解のある公益財団が存在することは大きな意味をもっていると言えよう。

5 コミュニティ開発金融政策の成果

　CRA が「市場の失敗」を克服して，マイノリティや低所得者層への融資差別に対して有効に対処してきたことを，連邦財務省の調査結果 [Litan et al., 2000] や Barr [2005] をはじめ，これまで多くの調査研究が実証してきた。Litan et al. [2000] は，1993年と1998年のデータをもとに，CRA 対象の銀行と，CRA 対象外の金融機関を比較して実証研究を行い，「CRA 対象の銀行による低所得者や低所得地域への融資が急増し，低所得者へのプライムローン市場シェアも増加しているが，これは CRA が低所得者への住宅融資を増やすのに貢献してきたためである」と結論づけた。

　財務省が公開している CRA 統計データ(29)によれば，CRA の対象となる小企業・小規模農業に対しては2007年度，3421億ドルが融資された [OTS, 2008]。この金額は，CRA がなければ銀行から融資されなかったはずの資金である。

　Benjamin et al. [2004:4] は，CDFI の成長を支えた主因の一つが CRA であり，CRA 規制が低所得階層への投資を増加させたと述べているが，CRA が CDFI の成長に貢献したとの見解は政府機関，CDFI 関係者，研究者に共通したものである。

　OFN の関係者は「CRA をはじめとするコミュニティ投資政策の効果は絶大なもので，これらの政策がなければ CDFI は資金を集められなかっただろう」，TRF の関係者は「減税制度，CDFI ファンド，CRA は CDFI にとって極めて大きな意味があり，いずれも資金集めに役に立っている。これらの制度がなければ，CDFI の多くは存在していないだろう」と，いずれも CRA の効果を高

第4章 コミュニティ開発金融政策

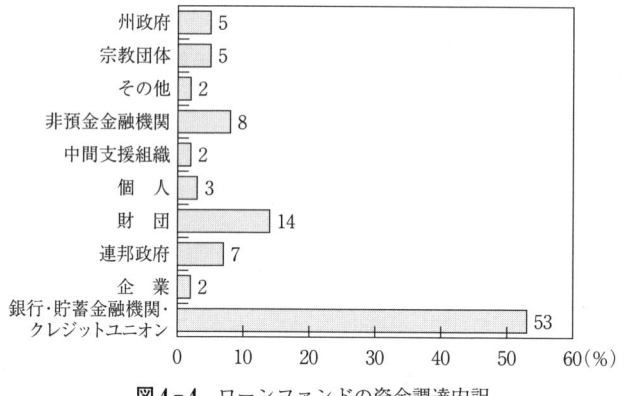

資金調達元	割合(%)
州政府	5
宗教団体	5
その他	2
非預金金融機関	8
中間支援組織	2
個人	3
財団	14
連邦政府	7
企業	2
銀行・貯蓄金融機関・クレジットユニオン	53

図4-4 ローンファンドの資金調達内訳
出典：CDFI Data Project [2006] から引用

く評価している。CCV の関係者は CRA 規制に基づく銀行からの融資を端的に"CRA money"と称している。ウッドストック研究所の関係者は「CRA 規制は CDFI を最も重要な信頼できる投資先として位置づけ，成長を促進してきた」と述べ，CRA に基づくコミュニティ投資の受け皿として1990年代後半以降にローンファンドの新規設立が急増したと分析している。

ウッドストック研究所は CDFI データプロジェクトの調査結果をもとに，CRA 関連の投資が CDFI にとっていかに重要であるかを実証した［Woodstock Institute, 2003：6］。この調査によれば，CDFI のなかでもローンファンドは資金調達において主に銀行からの融資に依存しており，銀行からの融資とは銀行が CRA の要求基準を満たすために行っているものである。2006年の調査結果によれば，ローンファンドは銀行・貯蓄金融機関・クレジットユニオンからの借り入れが資金調達全体の53％と過半を占めており（**図4-4**参照），CRA に助けられて資金調達ができている面が大きい［CDFI Data Project, 2006］。

銀行は直接，社会的企業や NPO，個人に対して投融資を行うこともできるが，銀行と CDFI がパートナーシップ（提携関係）を組み，銀行は CDFI を通して間接的に投融資を行うことでコミュニティ投資の効率・効果を引き上げるということが広く行われている。

OFN関係者によれば，銀行と提携するCDFIが増加しており，銀行業界の姿勢の変化と，コミュニティ開発の需要増大を背景として，両者間のパートナーシップは近年ますます重要になってきたという。

パートナーシップ増加の背景としては前述のように，CRAの規則改正により，CDFIへの投融資がCRAクレジットとして明示された。また，銀行補助金（BEA）や投資減税制度（NMTC）も，一定の経済的インセンティブとして働いた。さらに，CDFI自身が，効果的に資金を活用して実績を上げたことが挙げられる。

銀行とCDFIがパートナーシップを組み，CDFIが銀行から融資を受けて事業を行うことにより，双方が利点を享受できる。銀行にとっての利点は，CDFIは地域の市場に通じており，リスク管理の能力をもち，借り手に対する手厚い支援を行うため，銀行はCDFIを通してリスクを下げ，不案内な市場に参入できるとともに，将来の顧客を開拓することにもつながることである。他方，CDFIにとっての利点は，銀行から資金を得ることにより流動性資金を確保するとともに，他の資金源獲得の機会拡大，銀行から専門家の技術的な支援が得られることである。また，CDFIからの借り手を将来的に銀行の借り手へと育てることもできる。

CDFIのもたらした社会的成果は，雇用創出・維持数，住宅建設戸数などを主要な指標として表されることが多い[30]。

2006年のCDFIデータプロジェクト調査結果によれば，2006年度は47.5億ドルを投資し，

- 8185社の企業に融資・支援を行い，3万5609人分の雇用を創出または維持
- 6万9893戸のアフォーダブル住宅を建設・修繕
- 750棟のコミュニティ施設（低所得地域に立地）を建設・修繕
- サラ金に代わる低利融資を3万2738件実行
- 9万1180人の低所得者が銀行口座を開設
- 顧客の51％が女性，58％がマイノリティ，70％が低所得者（彼らは担保財産が無く，銀行から融資を受けにくい立場にある）

といった成果を上げた。銀行の資金が，CDFIを通して，主にマイノリティや低所得者などの社会的弱者にもたらされていることが分かる。

また，CDFIファンドがCDFI86団体の3年間（2003～05年）にわたる追跡調査をもとに分析した結果によれば，調査対象86団体のCDFIは3年間で，中低所得地域において18万5000人分の雇用を創出または維持（1団体平均は約6万2000人分）した。他方，3年間で約9万戸の住宅（うちアフォーダブル住宅が8万戸以上）に融資を行った［CDFI FOUND, 2007］。こうした実績が認められて，オバマ政権のもとでCDFIファンドの予算増につながったという（CDFIファンド幹部からの聞き取り2009.8.31）。

CDFIによるいくつかの融資事例で，コミュニティ開発金融の具体的な成果を示してみよう（以下，カッコ内は融資したCDFI名を指す）。

①チャータースクールへの融資（TRF）

2001年にチャーターを得て翌2002年9月に開校したWissahickon Charter Schoolは250名の生徒を受け入れ，環境教育や保護者参加を重視した教育を進め，放課後の補習授業などにも力を入れていた。この学校が施設の拡張を計画（5教室増設，体育館，更衣室，階段など）し，必要な資金を調達しようとしたが，どの銀行も融資してくれなかった。そこでTRFに融資を申し込み，必要額の90％を借りることができた。

②風力発電への融資（TRF）

ペンシルバニア州Bear Creekにある風力発電所（71,173MWh，年間8900世帯の電力量に相当）に対して，その初期開発段階からTRFが事業計画を支援し，575万ドルの協調融資と200万ドルの補助金を提供した。風力発電事業はTRFからの融資を梃子として3300万ドルの資金をレバレッジで調達することができた。さらにTRFは風力発電事業を始めるにあたって融資保証，デュー・ディリジェンス（投資の的確性に関する事前調査），法的実務を引き受けた。

③貧困地域の再生（CCLF）

シカゴ市南部の貧困地域Oakwood Shoresを再生させるため，デベロッパー企業のGranite Development Corporationと，デベロッパーNPOのThe

Community Builders が提携し，シカゴ市住宅局の再開発計画の実行を主導した。この再開発計画は，Oakwood Shores 地区に所得階層混在型の住宅（賃貸・分譲）や学校，文化・レク施設，医療機関，保育所，介護施設，教会，小売店などを開発するものであった。CCLF は賃貸住宅の第 2 期事業の開発前段階に35万ドルを融資し，また分譲住宅の第 2 期事業の開発前段階には50万ドルを融資した。この一連の事業には計 7 回・275万ドル融資している。

④有機農場への融資（CCLF）

the Resource Center はシカゴ市内で30年以上続く非営利の有機農場である。レストランや調理学校などから廃棄食材を集め，それらを有機肥料化してトマトや豆，人参などの野菜を栽培し，同じレストランに野菜を販売することで，資源のリサイクルを進めている。この有機農場は同時に地域の雇用を生み出しており，38名の従業員を雇用している。

CCLF は2007年，the Resource Center に 3 万ドルの資源リサイクル設備資金・運転資金を融資した（それ以前にも 2 回融資をしている）。

⑤高齢者介護施設への融資（カルバート財団・NCB Capital Impact）

カルバート財団の融資先である CDFI の NCB Capital Impact と政府は，マサチューセッツ州のチェルシー・ジューイッシュ（the Chelsea Jewish）という介護施設の開発に融資した。100床（うち40床は認知症，30床はメディケア患者のリハビリ用）を備え，高齢者の入居施設と医療サービスを提供している。

⑥保育所建設への融資（IFF）

シカゴ市西部の衰退地域においては保育所が不足していたため需要が高く，IFF は NPO の The Resurrection Project と，保育所を経営する Chicago Commons，教区（Holy Cross IHM Parish）とともに，新たなファミリーセンターの建設に着手し融資した（386万ドル）。

⑦診療所への融資（IFF）

低所得者対象の無料診療を行う NPO の Community Health は，診療所の拡張のために IFF から融資（133万ドル）を受け，増設工事を行った。

CDFI によるこれらの事業への融資は，政府からの補助金や融資保証，CRA

による銀行からの投融資，財団からの融資などを多様に組み合わせて資金調達されている。

これらの成果は，独りCRAのみによるものではなく，CDFIファンドによる補助金や投資減税制度，あるいは州政府・市政府などによる補助金や融資保証制度など，多様なコミュニティ開発金融政策が重層的に結びついた結果として得られているものであることは，CDFI関係者からの証言からも明らかである。

小 括

コミュニティ開発の資金調達を行う際に，政府の資金だけでは不充分なため，民間（特に銀行や財団）の資金をどのように調達するかが重要な課題となる。一般的にコミュニティ開発はコストとリスクの高い投資だとみられているため，民間に対して何らかのインセンティブを与え，リスクを下げる政策が求められる。

連邦政府はCRA規制による銀行の審査・格付けにとどまらず，コミュニティ投資の受け皿となるインターミディアリとしてCDFIを位置付け，CDFIへのさまざまな支援策を充実させることによって，コミュニティ開発金融が有効かつ低リスクで実施できる環境を整えた。また，連邦政府だけでなく州政府・市政府独自のCDFI支援策や，民間のアドボカシー団体の力も相俟って，コミュニティ開発に必要な資金が流れる仕組みが機能している。

こうしたコミュニティ開発金融政策の成果として，中低所得者層を対象としたアフォーダブル住宅の建設・修繕や，雇用の創出・維持，コミュニティ施設（保育園・診療所・学校など）の建設・修繕など，主にマイノリティや低所得者の経済的自立につながる成果が上がっていると言える。

注
（1） CRAの対象となる金融機関は，預金を扱う金融機関であり，具体的には銀行，

第Ⅱ部　アメリカのコミュニティ開発金融

貯蓄金融機関（thrift），預金保険会社を指す。クレジットユニオンは預金を扱うが，対象に含まれない。なお本論文では煩雑な表現を避けるため，これらの金融機関をまとめて銀行と表現することがある。

（２）　中銀行（総資産10億ドル未満），小銀行（総資産2.5億ドル未満）に対するCRAの審査は簡略化され，格付けは4段階で，審査にかかる事務負担が軽減されている。

（３）　近年では，OTSが独自に貯蓄金融機関を対象に規制緩和の導入計画を発表（2004年11月）し，総資産10億ドル以下の貯蓄金融機関に対するCRA審査の大幅縮小と，投資テスト・業務展開テストの不実施を宣言した［小倉，2008：39］。他の監督官庁よりも格段に規制緩和し，他の監督官庁も追随して規制を緩和するという混乱が起きた（2007年に規制緩和を撤回して再び強化し，他の官庁との差はなくなっている）。この背景には，四監督官庁間での競争がある。それぞれの監督官庁は，監督対象の金融機関から監督手数料を徴収して収入源とし，独立採算制としている。他方，金融機関側も監督官庁を選択できるため，より規制が緩く都合の良い監督官庁に"顧客"が集まる傾向にあるという。そのため監督官庁はより多くの"顧客"を取り込んで収入増を図ろうとし，独自に規制緩和を目論むケースも出てくる（ウッドストック研究所関係者からの聞き取り（2009.3.10）による）。他方，通貨監督庁（OCC）関係者からの聞き取り（2009.8.31）によれば，監督官庁間の競合は確かに存在するが，CRAの審査がその主な原因ではなく，銀行経営の安全性・健全性に関する審査の厳しさの違いが主な原因であるという。

（４）　たとえばシカゴCRA連合（現・イリノイ・コミュニティ投資連合）という市民団体は1998年，バンクワン銀行による他行の買収合併に際して，CRAに関してバンクワン銀行と交渉し，その結果，銀行が6年間で40億ドルのコミュニティ投資を行うことと，低所得地域での銀行サービス拡大，支店の開設を約束させた。銀行は当初，「中低所得地域に支店を開設することは利益をもたらさず，時間の浪費だ」と考えていたが，コミュニティ投資を7年間継続した結果，「中低所得地域に奉仕することは良いビジネスなのだ」と考えを改めたという。

（５）　CRAクレジット（CRA credit）とは，コミュニティ開発に貢献していると認められる投融資を行うと得られるポイントである。CRAの審査では，このクレジットをもとに格付けが行われる。銀行がCDFIやCDC（コミュニティ開発法人）に融資すると，コミュニティ開発融資としてCRAクレジットに加算される（Genesis Loan Fundのウェブサイト）。通貨監督庁（OCC）によれば，たとえば全国銀行Aが，コミュニティ開発銀行B（資本1000万ドル）に10万ドル出資

した場合，出資額はB銀行の資本の1％に相当する（ちなみに，コミュニティ開発銀行はCDFIの一種である）。A銀行は，B銀行の行った融資の1％分をCRAクレジットに加算することができる。B銀行が1500万ドル融資すれば，A銀行は15万ドル分のCRAクレジットを得る（当初出資した10万ドルより大きくなる）[OCC, 2002]。コミュニティへの直接投融資に代えて，CDFIやCDCといったインターミディアリを通した間接的な投融資もCRAクレジットとして認められる。地域に密着し専門のノウハウをもつインターミディアリを通すことで，銀行は情報の非対称を減らして直接投融資のリスクを避けるとともに，手間を避け，ロットを拡大することでまとまった利益も得られる。インターミディアリの側も事業拡大につながるため，銀行からの資金流入を歓迎する。金融機関監督官庁も，インターミディアリへの投融資を銀行に奨励している。たとえば通貨監督庁は「CRAの実績を伸ばすには，CDFIやコミュニティ開発銀行への投資が良い取っ掛かりだ」として，その具体的な方法論を紹介している。なお，青木によれば，どういった投融資がCRAクレジットにカウントされるかは自明な場合もあるが，ケースバイケースで判断される。CRA審査の際に銀行側が主張し検査官がそれを判断する，というパターンが基本だという[青木，2004a：43]。また，地域貢献のボランティア活動も内容によってはCRAクレジットとなる（たとえば地域住民への金融教育，地域の低所得者向け住宅建築委員など）[青木，2004b：35]。

(6) Mark Whittington, "The Community Reinvestment Act and the Credit Crunch"のウェブサイト，他多数。共和党支持者による，民主党オバマ政権反対キャンペーンとして感情的に世論を煽る手段に使われているようである。オバマ大統領は演説のなかで，CRAは搾取的な住宅ローンから低所得者を保護するものであるとともに，銀行に対して危険な融資を強制しているわけではないと，CRAを擁護する発言をしている（2008.9.30）。

(7) NCIF関係者からの聞き取り（2009.3.11）による。

(8) Shore Bank関係者からの聞き取り（2009.3.10）による。

(9) CRAの条文は原文（ウェブサイト）と[国立国会図書館調査及び立法考査局，2000：1-10]を参照して筆者が翻訳した。

(10) この点について通貨監督庁監督官は「金融危機後，銀行は融資に慎重になっているが，それはCRAの規制が強まったためではなく，市場の変化により融資が高リスクになったためである。たとえば住宅融資も2006年に比べて焦げつく危険性が高まっている」「金融危機後も銀行関係者はCRAの遵守が重要だと考えている（基本姿勢が変化しているわけではない）が，市場の変化により，CRAの

要請に適った適切な投資先がなかなか見当たらず，高リスクになったために行動が変化した」と述べている。
(11) ウッドストック研究所の関係者，OFN（Opportunity Finance Network）の関係者も同様に，銀行だけでなく証券会社やヘッジファンド，貸金業者など金融機関すべてをCRA規制下に置くべきだと主張している（2009.3.5, 3.10聞き取り）。
(12) 黒人居住地域を赤線で囲み，融資対象から除外するなどして差別した。1960年代の公民権運動の高まりのなかでレッドライニングをはじめとする金融差別が法律で禁止されたが，現実にはまだ厳然と残っている［大塚，1994，柴田，1997］。
(13) ウッドストック研究所関係者によれば，CRAの審査では個別の融資業務に関して，どのくらいのマイノリティや女性に融資したのか，差別的な待遇がなかったのか，融資商品が良心的な内容（金利，返済期限，付帯条件など）だったのかなどの詳細なデータを問わない。しかし大銀行はマーケティング用に顧客の詳細なデータを既に作成・保有していて，そのデータを参照すれば差別的な待遇の有無は具体的に分かるはずだと主張する（2009.3.10聞き取り）。またNCIF関係者も同様に，CRAの審査をより厳格に行う必要があると主張する。彼によれば，銀行が低所得地域に支店を開いていても，低所得階層の住民に実際に融資しているとは限らないからだという（2009.3.11聞き取り）。
(14) ウッドストック研究所関係者によれば，2009年9月時点では，連邦議会で法案を審議中である（2009.9.9聞き取り）。
(15) CDFIファンド（Community Development Financial Institutions Fund）は「1994年コミュニティ開発銀行および金融機関法」により設置された連邦政府機関で，CDFIに対する補助金や投資減税制度などを扱う。
(16) CDFIファンド幹部からの聞き取りによる（2009.8.31）。
(17) PDP関係者からの聞き取りによる（2009.9.1）。同様に，シカゴに拠点を置いて活動するChicago Community Ventures（CCV）というCDFIは，過去2回TAを受け取り（計約13万ドル），CDFIの運営に関わるコンサルティングサービスで専門家を派遣してもらい，またソフトウェアを購入して，たいへん役に立ったという。CCV関係者からの聞き取り（2009.3.9）。
(18) CDE（Community Development Entities）とは，「法人組織である」「低所得地域への奉仕を主な使命とする」「対象とする低所得地域住民に対して説明責任を果たし続ける」の3要件を満たした団体として政府が認定したものを指す。この中にはCDFIも，それ以外の組織も含まれる。
(19) CDFIファンドの幹部によれば，連邦内国歳入庁（IRS）の規則では他の事業

第 4 章　コミュニティ開発金融政策

より不動産購入のほうが簡単であることや,「7年以上の投資期間」,担保要件など,不動産購入に偏るさまざまな原因があるという。現在,CDFIファンドはこうした偏りを少なくするため規則の改善に取り組んでいる(2009.8.31聞き取り)。
(20)　CDFIファンドの幹部によれば,都市・農村の人口比に配慮して,2008年度以降は農村にも18〜20%配分して,格差を縮める努力をしているという(2009.8.31聞き取り)。
(21)　Calvert Foundation関係者への聞き取り2009.3.4,TRF(The Reinvestment Fund)関係者への聞き取り2009.3.5,CCLF関係者への聞き取り2009.3.9,IFF(Illinois Facilities Fund)関係者への聞き取り2009.3.11による。
(22)　FannieMaeとFreddieMacは経営破綻し,2008年9月には連邦政府管理下となったことから,CMFの予算はその後,政府から直接支出されることになった。
(23)　OFNの調査によれば,2009年の第2四半期,CDFIの高リスク融資割合が前期よりも1.3ポイント増の10.5%となった。延滞率や貸倒率,返済期限延長なども上昇した[Opportunity Finance Network, 2009]。
(24)　CDFIのなかでも,サブセクターごとにそれぞれ全国組織があり,OFNはローンファンドの全国組織である。コミュニティ開発銀行の全国組織は全国コミュニティ投資ファンド(NCIF),コミュニティ開発クレジットユニオンの全国組織はコミュニティ開発クレジットユニオン全国連盟(NFCDCU),コミュニティ開発ベンチャーキャピタルの全国組織はコミュニティ開発ベンチャーキャピタル協会(CDVCA)である。
(25)　ウッドストック研究所の関係者によれば,CDFI連合は毎年,ワシントンDCで年次大会を開き,最近の情勢について情報を共有し,またスタッフを中心に連邦議会の関係者にロビー活動をしているという(2009.9.9聞き取り)。
(26)　調査事業の一例として,ルイジアナ州ニューオーリンズを襲ったハリケーン・カトリーナの後,復興事業に対して地元の銀行がCRAの基準に照らしてどれだけ公正な融資を行ったのか,マイノリティや低所得者に対する差別的な待遇がなかったのかを検証する調査を行った[National Community Reinvestment Coalition, 2008]。
(27)　同連合は銀行に対してCRAの遵守を求めて交渉している(注5参照)。この他の活動としては,オバマ政権が提案している消費者金融庁(Consumer Financial Protection Agency)の導入案を支持し,下院金融サービス委員会の議員に対して消費者金融庁設置法案を支持するようロビー活動を展開した。(ウッドストック研究所関係者からの聞き取り2009.9.9)。
(28)　近年の例では,ハリス銀行が黒人・低所得者への住宅融資を少ししか行ってい

ないという問題提起をしたり，CRA の合格基準を満たしていないディアボーン連邦クレジットユニオンの組織変更申請（クレジットユニオンから貯蓄銀行への転換）を却下するよう監督当局に要請したりしている（ウッドストック研究所のウェブサイトより）。

(29) これは，CRA 監督下にある銀行から監督官庁に対して定期的に報告されている実績データの集計である。

(30) ただし，何をもって「社会的成果」(social impact) と称するのか，どのように「成果」を測定するのかについては，必ずしも明確な基準があるわけではない。ここでは数値化され得る「成果」のみを提示しているが，数値化され得ない質の部分や，あるいは従来の事業とは異なる革新的な事業に関してどのようにその「成果」を測定するのかについては今後の課題として残されている。たとえば，チャータースクールは従来の公立学校への批判に応え，優れた教育内容が評判を呼んで急増した。多くの CDFI がチャータースクールの設立・運営に融資しているが，チャータースクールによって教育内容は千差万別であり，全てのチャータースクールが優れているとは言い切れない。あるいは，CDFI が提供する融資の条件（金利，返済期限，融資額，手数料，経営支援など）も，個々の CDFI によって大きく異なるため，同じ金額を融資したといっても，その質はさまざまである。現在，CDFI の関係者の主要な関心は金額的な規模の拡大にあるが，今後，質的な面の成果についても詳細な評価を行うことが望ましいと思われる。

第5章
NPOへの融資と経営支援
――旺盛な需要と層の厚い経営支援資源――

1　NPOによる融資需要

(1) NPOの基本姿勢

①融資に対するNPOの姿勢

本章は,アメリカにおいてNPOの融資需要がそもそもどの程度あるのか,CDFIがNPOへの融資および経営支援を行うことでいかなる成果を上げているか,また直面している課題は何かを,事例に即して明らかにする。

アメリカではNPOや社会的企業に融資するコミュニティ開発金融機関(CDFI)が多数存在し,各地で事業を展開しているが,その前提として,NPOの融資需要がどの程度あるのか。

CDFIの関係者によれば,多くのNPOは融資に対して前向きに考えており,借りることについて特に抵抗を感じていないのだという。「基本的にNPOは安定した事業収入さえあれば借りることが可能であり,NPO全体の90％はおそらく融資を受けることができるだろう」「統計で何％とは分からないが,融資を希望しているNPOは多く,供給が需要に追いつかないでいる」(カルバート財団関係者からの聞き取り2009.3.4)。

しかし,アメリカのNPOの大多数が本当に積極的に融資を受けているのだろうか。NPOの経営コンサルタントをしているパリッシュによれば「NPOは助成金に依存しているので,アフォーダブル住宅などの不動産投資を除けば,融資を受けることはあまり多くない。一般的には必ずしも融資に積極的ではない」(Heather D. Parishからの聞き取り, 2009.9.11)。NPOへの融資を業としてい

第Ⅱ部　アメリカのコミュニティ開発金融

表5-1　融資を受けているNPOの割合

	融資形式（NPOの割合）	長期融資額の割合
関係者からの融資	1%	1%未満
その他の融資	52%	43%
地方債（municipal bond）	18%	57%
全融資　計	60%	100%

出典：Yetman［2007：245］

るCDFI関係者の言は，ある程度割り引いて受け止める必要がありそうである。

②NPOの融資需要

連邦政府・内国歳入庁（IRS）の調査結果（**表5-1**）によれば，アメリカのNPOの60%が何らかの借金をもっており，その借金額の平均はNPOの資産総額の33%に達する（医療機関を除くと38%）という［Yetman, 2007：244］。

表5-1から分かることは第一に，関係者（当該NPOの役職員など）からの融資は1%とごくわずかである。関係者から，いくらまで借りて良いという規制はほとんどないが，私的取引をしているように見られるのを避けるため，市場金利での融資を行う傾向にある。

第二に，金融機関の利用が多い。表中「その他の融資」とは主に銀行などからの融資を指すが，過半数のNPOが金融機関を利用していることが分かる。これに対し日本では，調査対象となったNPO法人のうち借入残高がある団体は23%と4分の1弱にとどまり，しかも借り入れ先の68.5%が「個人」，金融機関からの借り入れが31.5%であるのに比べて，大きな違いと言える［経済産業研究所，2007］。

（2）NPOの融資需要の推移とその背景

①NPOの事業収入依存

アメリカのNPOの60%が何らかの融資を受けており，その大半は個人からではなく金融機関からであるということだが，Yetman［2007］やWaldhorn et al.［1989］によれば，NPOの融資需要は1980年代以降次第に増加している

という（ただし，筆者はその需要の推移をデータ上で確認できていない）。

　Waldhorn et al. [1989:286-288] によれば，営利企業によってはこれまで充分提供されてこなかったサービス（失業者への職業訓練など）を NPO が提供したり，企業には扱えない倫理的領域の事業（臓器移植など）を NPO が手がけたり，需要が伸びている分野（保育や介護など）で NPO が事業を育てたりと，社会サービスの NPO がサービスを提供して収入を獲得する流れが強まってきたという。Williams [2003:118-119] によれば，1970～90年代にかけて（特に90年代後半以降）NPO の事業収入の割合が増加し，ビジネス志向が強まってきたことから，NPO や社会的企業は民間資本（銀行からの融資，ベンチャーキャピタルからの出資，財団などからの事業関連投資など）への期待を高めているという。Williams [2003] は，NPO が収益事業で収入を得る傾向を「新たな資金調達のトレンド」ととらえている。また，社会的企業などに融資するカルバート財団の関係者も「慈善寄付や助成金依存から，事業収入依存へシフトする傾向がみられる」と指摘する（2009.3.4聞き取り）。これに伴い，こうした社会サービスの NPO は慈善事業志向からビジネス志向にベクトルを切り替え，融資を受けることに積極的になった。いかに市場の競合のなかで顧客のニーズを満たし，マネジメントを改善して事業収入を増やし，融資を返済するかを考えるようになった。社会サービスの NPO が融資を受けられるようになったことは，NPO のサービス提供を通じて地域社会に多大な恩恵をもたらした [Waldhorn et al, 1989:291-292]。

　さらに，金融危機の発生以降，失業率が上昇し，サブプライムローン問題で住宅を失う人がまちにあふれ，生活困窮者が増加するに伴い，NPO の提供する社会サービス（食料，シェルター，住宅，無料診療所など）の需要が急増した。しかし他方で NPO の寄付金や助成金など収入が減少しており，収入は減るがやるべき仕事が増えるという深刻なギャップも生じた（IFF 関係者からの聞き取り，2009.3.11）。

　社会サービス NPO の増加に伴い，融資が NPO の資金調達にとって重要な役割を果たし，NPO のキャッシュフローを維持するための不可欠の手段にな

ってきたと Yetman［2007：268］は評価している。
　②社会的企業の成長
　近年の社会的企業の起業ブームも，融資需要の増加の一つの背景になっていると言われる。社会的企業は融資・出資などの資金を必要としているが，利潤最大化ではなくトリプル・ボトムライン（社会・環境・経済の三つの観点から，起業が社会に対して価値を与えているかを測るという考え方）を目指しているため，銀行など既存の営利金融機関から融資を受けにくい。そのため CDFI など新たな金融機関に資金を求める傾向にある。
　社会的企業の事業分野は多岐にわたっているが，特に融資に関連した分野としてはアフォーダブル住宅事業とチャータースクール事業の普及が大きいと考えられる。アフォーダブル住宅（affordable housing）とは，収入に応じた適正な家賃や購入価格の住宅という意味で，特に中低所得者にとって買いやすい（または借りやすい）住宅を指す。岩川［2007：32］によれば，1980年代のレーガン政権下で CDC（Community Development Corporation；コミュニティ開発法人）を中心とする NPO がアフォーダブル住宅の供給を増やし，1980年代後半から90年代にかけては政府が CDC への支援を通じて住宅政策を行うようになったことから，CDC がアフォーダブル住宅供給の主力に位置づけられるようになった。2006年度の調査によれば，CDFI の融資により69,893戸のアフォーダブル住宅が建設された［CDFI Data Project, 2006］。住宅建設のためには土地の取得や建物の建設のための費用，運転資金などに，まとまった資金が必要になる。特に大規模な住宅開発の場合は開発前段階の諸費用がかかる。
　もう一方のチャータースクールについてだが，チャータースクール（charter school）とは，州や学区の許可（チャーター）を受けて設ける初等中等学校である。公立学校ではあるが，州や学区の法令・規則の適用が免除されるため，独自の理念や方針に基づく教育を提供できる。ただし，教育的成果をチャーター交付者により定期的に評価され，一定の成果を上げなければチャーターを取り消され，閉校となる。保護者，地域住民，教師，市民活動家などが学校の特徴や設立数年後の到達目標を定めて必要な教職員を募集し，設立の申請を行う。

経常費は州政府や学区が負担するが，施設・設備費は設立者が負担するため，市民がチャータースクールを設立する際には莫大な初期投資が必要となり，施設・設備費の融資需要が生じる。

　1991年にミネソタ州でチャータースクールの設置を認める法案が成立し，翌92年に最初のチャータースクールが設立されて以降，各州で同様の法律が制定された。2000年5月時点では1689校，児童生徒数約43万人だったが，2004年には2996校（公立学校の約3.2％），児童生徒数約69万人（公立学校の1.4％）に急増している。

　アフォーダブル住宅とチャータースクール以外では，環境ビジネスの台頭も注目される。環境への意識の高まりや，温室効果ガス排出権取引の本格化，オバマ政権の打ち出したグリーン・ニューディール政策などに後押しされて，環境関連の事業は近年成長が著しい。環境配慮型のビルや住宅を建設する事業者に対してCDFIなどが融資する事例が増えている。

③政府の委託事業

　社会サービスNPOの一部は，政府からの委託事業ないし補助金事業としてサービスを提供している。上述のチャータースクールもその一つだが，保育，教育，文化芸術，医療など幅広い分野にわたる。たとえば子どもの放課後教育プログラムを運営するエデュケーションワークス（フィラデルフィア市）は1000万ドルの年間収入だが，そのうち政府の委託料が収入の30～40％を占めており，寄付収入はほとんどない。委託料収入の約50％にあたるペンシルバニア州政府からの委託料支払いがいつも遅れるため，金融機関から100万ドル分の信用枠を設定してもらい，職員の給与支払いや子どもの保険料の支払い，取引業者への支払いといった運転資金に充てている（関係者からの聞き取り2009.9.3）。州政府からの委託料・補助金の支払いの遅れは，州政府の財政難に起因する。そのため委託事業を行っている社会サービスNPOは，エデュケーションワークスと同様に資金難の問題に直面し，運転資金・つなぎ資金を借りる必要に迫られているのである。

2　NPO に対する融資

（1）　銀行から NPO への融資

　事業型の社会サービス NPO や社会的企業が台頭し，事業資金調達の方法として融資需要が高まっている。しかし多くの NPO や社会的企業は担保資産をもたず，裕福な理事が担保を提供しない限り，銀行からの借り入れが難しいと言われる。

　その原因としては，銀行がリスクを回避して担保に依存しすぎるという側面もあるが，他方では銀行が NPO や社会的企業の経営実態を充分理解していないために，政府からの支払い保証がある社会サービス事業者に対してもつなぎ融資を断るという面も指摘されている。銀行が NPO への融資をあまり理解していないということは，CDFI の関係者だけでなく経営コンサルタントや NPO の関係者も同様に指摘している。NPO は政府からの補助金や委託料を主な収入としてシェルターやクリニック，学校などを経営するため，銀行は政府資金を好まず，NPO への融資を断っていたとも言われる。

　さらに 2008 年の金融危機発生後，それまで資金を貸していた銀行も，NPO に貸さなくなってしまった。銀行はリスクの許容度（投資の際に許容される危険度）をゼロにまで下げるとともに，NPO を極めて高リスクの融資先だと判断し，NPO に融資しなくなったのである。融資する場合でも，個人保証を求めたり，担保価値に対する融資額の割合を引き下げるようになった。

（2）　資金仲介組織の必要性

　上記のように銀行が NPO や社会的企業に直接融資することは，さまざまな困難や障害を伴う。銀行のリスク回避や理解不足は，情報の非対称性に基づく取引コストの高さに起因しているとみなすこともできる。すなわち，NPO や社会的企業の信用を測るための情報が不足しており，銀行が自ら調査する費用がかかりすぎるということである。この他，取引額が小さいこと，物的担保が

充分ではないこと，NPO に対する理解が足りないこと，NPO の経営能力が低いことなど，さまざまな原因が考えられる。

そのため，銀行からの直接融資に代わり，資金仲介組織（インターミディアリ）を活用することで，以下の二つの利点が期待できる［Waldhorn et al, 1989：295］。

①資金仲介組織が経営支援を提供することで，効率化が図れる。

②銀行は管理費用や職員を節約し，直接投資のリスクを緩和できる。

資金仲介組織は銀行や財団，政府などから融資原資となる資金を出資・融資などの形で調達し，これを NPO や社会的企業などに融資するとともに，経営支援（コンサルティングなど）を提供する。資金仲介組織は NPO や社会的企業の経営実態をよく知っており，情報の非対称性は少ない。さらに融資先に対してモニタリングを頻繁に行い，経営支援も提供するため，融資に伴うリスクは相対的に小さくなる。資金仲介組織の多くは非営利組織であり，高い利益を求めていないため，取引額が小さいことは致命的な問題にならない。

また，金融危機後は銀行が NPO に融資しなくなったり，寄付金・助成金が減少したりしたため，資金繰りに困窮した NPO が CDFI に融資を求めるケースが急増した（OFN 関係者からの聞き取り2009.3.5）。

NPO が銀行から融資を急に断られて，CDFI に助けを求めた事例を紹介しよう。アラブ系アメリカ人に対するセツルメント事業（コミュニティ施設の一種）を行う NPO が事務所を購入する契約をして，そのときは銀行も貸してくれると言っていたのだが，金融危機が起きると，銀行は手のひらを返したように融資を断ってきた。その NPO は事務所引渡しの日までに資金をどうしても用意しなければならなかったので，CCLF に助けを求めに駆け込んできた。そこで，CCLF は銀行に代わって38万ドルを融資することにしたのだという（CCLF 関係者からの聞き取り2009.3.9）。

CDFI はこうした資金仲介組織の一つであり，NPO や社会的企業への融資を積極的に行ってきた。次節では，CDFI による融資の現状を，統計データと事例を通して検討する。

3 CDFIによるNPO融資の実態

（1）主な融資対象

CDFI Data Project［2007］(3)によれば，CDFIの主な融資対象は**図5-1**のようになっている。件数では消費者融資が77％と圧倒的多数を占めるが1件当たりの金額は小さい。金額ベースでは事業融資が32％，住宅が40％と大きな割合を占めている。

図5-1の「事業融資」は主に社会的企業を対象とした融資である。「消費者融資」はクレジットユニオンなどによる個人融資を指し，生活費や冠婚葬祭費，教育費などに充てる資金である。「住宅融資」は主にアフォーダブル住宅であり，個人が住宅を購入する場合だけでなく，CDCのようなデベロッパーやNPOが住宅開発する際の事業融資が多いと考えられる。

「コミュニティサービス」とは，福祉施設，アドボカシー活動，文化施設，宗教団体，病院・クリニック，保育園，チャータースクールなどで，低所得者層・低所得地域を主な対象として提供されているサービスのことである。融資先の団体は主にNPOである。

住宅事業や社会的企業を中心にCDFIが融資を行ってきたことが分かる。ただし，個々のCDFIによって，どのような事業分野にいかなる条件で融資するのか，どのような団体を対象とするのかは大きく異なり，極めて多様である。

（2）CDFIの事例にみる融資条件の違い

①ホールセール融資または実績ある団体にのみ融資
・カルバート財団

ワシントンDC近郊のベセスダに本拠を置くカルバート財団（Calvert Foundation）は1995年に設立されたNPO（501c3団体）のローンファンドである。2007年度末の融資残高は約1億2300万ドルで，2008年度は1億4350万ドルを投資した。活動範囲は全米50州・ワシントンDCに加えて，海外100カ国以上に

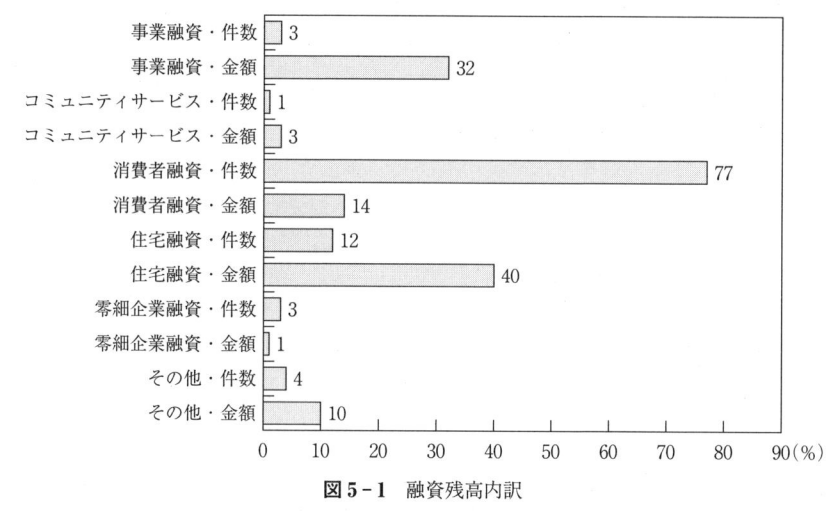

第5章　NPOへの融資と経営支援

```
事業融資・件数        3
事業融資・金額        32
コミュニティサービス・件数  1
コミュニティサービス・金額  3
消費者融資・件数       77
消費者融資・金額       14
住宅融資・件数        12
住宅融資・金額        40
零細企業融資・件数      3
零細企業融資・金額      1
その他・件数         4
その他・金額         10
```

図5-1　融資残高内訳

出典：CDFI Data Project [2007]

及ぶ（関係者からの聞き取り2009.3.4およびウェブサイトによる）。

　カルバート財団の特徴の一つは，主に他のCDFIやマイクロファイナンス機関（MFI）を通じて融資を行うところにある。同財団は，社会的企業やフェアトレード組織にも直接投資しているが，その割合は12.4％（1995～2008年度累計）と少なく，他のCDFIへの融資（32.1％）と海外マイクロファイナンス機関への融資（40％）が圧倒的多数を占める，いわばホールセール組織と言える。

　直接投資・間接投資を合わせて，資金の主な使途はアフォーダブル住宅，コミュニティサービス（デイサービス，医療機関，学校など），市民メディア，ホームレス支援，環境保護，フェアトレード，マイノリティの経営する零細企業，途上国のマイクロクレジット機関，環境事業（太陽光発電など）を通じた貧困対策，ハリケーン災害復興支援など，多岐にわたる。

　融資条件は，CDFIやMFIに貸す場合と，社会的企業に貸す場合とで，少々異なっているが，ここでは社会的企業に貸す場合の条件を紹介する。

　融資対象は3年以上の実績があり，100万ドル以上の資産または収入をもつ団体に限っている。ただし，実績3年未満の社会的企業についても，リスク・

123

第Ⅱ部　アメリカのコミュニティ開発金融

融資保証などの諸事情を勘案して貸すこともあるという。

　融資期間は3〜5年（期間更新もある），融資額は25万〜100万ドル（ただし有担保の場合は増額可）である。短期間のつなぎ融資は行わない。金利は5〜9％で，リスクに応じて個々に決めている。

　融資可否の判断基準は，「5つの適格基準」(4)を設定し，NPOや社会的企業が融資を申請するかどうかを判断するための入口段階として位置づけている。

　担保・保証人に関しては，原則として無担保・無保証である。借り手にモラルハザードが起きないのは，借り手の組織の評判に傷がつくのを恐れるため。債務不履行になれば，借り手としては致命的なダメージを受けることになる。

　社会的企業への融資条件と融資対象から，同財団の特徴は，実績のある団体にのみ融資を行い，その代わり担保・保証を取らないという点，また地域や事業分野を限定せず，広範囲にわたっている点が挙げられる。

②専門分野への特化（チャータースクール，保育施設，不動産など）

・Illinois Facilities Fund (IFF)

　シカゴ市に本拠を置くIllinois Facilities Fund (IFF) は1988年に設立されたNPO (501c3団体) のローンファンドである。2009年2月の融資残高は1億1600万ドルで，2008年度は2億6360万ドルを融資した。活動範囲はシカゴ市のあるイリノイ州を中心とする中西部5州に及ぶ（関係者からの聞き取り2009.3.11，パンフレット，ウェブサイトによる）。

　IFFの特徴の一つは，TRFと同様に，アフォーダブル住宅やチャータースクール，保育施設への不動産融資を得意としているところにある。なかでも保育施設への融資は約13％を占めて最も多く，学校への融資はこれに次いで約10％を占める。IFF専任のスタッフがイリノイ州周辺における保育・教育関係の需給関係を調べてデータマップを作成し，供給過少の地域（低所得・荒廃地域であることが多い）から優先的に融資するなど，戦略的に融資事業を進めている。資金の主な使途はこれら施設の不動産（土地・建物）の購入，建物の建設・改装だが，自動車・コンピュータ・机といった設備資金も含まれる。ただし，運転資金の融資は対象外で，長期融資のみ扱っている。

第5章　NPOへの融資と経営支援

融資対象はNPOのみに限っている[5]。また，設立5年以上経過し，かつ3年以上の決算が出ている団体にしか融資しない[6]。NPOが政府機関から保育などの事業を受託し，委託料のなかから融資の返済に充てるというパターンが多い。

融資期間は15年間（5年ごとに融資条件を見直し），融資額は1万～100万ドルで，事業費総額の95％までを融資する。金利は加重平均で5.75％，金利のほかに融資開始手数料や繰り上げ返済手数料を徴求しない。ただしチャータースクールに関しては，2006年以降，免税債や連邦政府文部省の補助金を活用し，融資額上限を150万ドルに引き上げた。

融資可否の判断基準については，これまでの事業実績や収益構造，組織運営の状況などに加えて，政府機関とのパートナーシップのもとで長期間にわたり社会サービスを提供してきた実績を重視している。

このようにIFFの特徴は，保育施設やチャータースクールなどの不動産融資に専門特化して融資を行う点が挙げられる。

IFFの融資先であるチャータースクールの事例を以下に紹介する。

ノーブル・ネットワークはシカゴ市内に高等学校を10校（うち1校は2010年開校予定）展開するチャータースクールである（関係者からの聞き取り2009.9.10およびウェブサイトによる）。生徒の半分以上（56％）がヒスパニック系，19％が黒人系で，また85％が低所得階層出身で占められている。筆者の訪問したミューシュン高等学校（Muchin Prep School）は2009年9月に開校した新しい高校で，1年生（254名）を受け入れて授業を始めたところであった。定員は600名，シカゴ市中心部のビル7階1フロア全体（6,038㎡）を借り，改装して校舎にした。賃貸・建設費用は全部で1030万ドルかかったが，そのうち165万ドルが手持ちの資金で，100万ドルがIFFからの融資，390万ドルがノーザン・トラスト銀行からの融資，400万ドルが土地所有者からの融資であった。IFFは100万ドルを6％以下の低利で，25～30年間の長期でこの学校に融資した。学校の年間予算は5000万ドルで，そのうち年間400万ドルを融資の返済に充てている。一見したところIFFからの融資額はそれほど大きな割合ではないが，後述のようにIFFからの融資は，単なる資金提供にとどまらず，不動産の選択や手続き，

建設にかかわる助言など，極めて重要な意味をもっている。

・Chicago Community Loan Fund (CCLF)

シカゴ市に本拠を置く Chicago Community Loan Fund (CCLF) は1991年に設立された NPO（501c3団体）のローンファンドである（関係者からの聞き取り 2009.3.9, 2009.9.9 およびウェブサイトによる）。2007年度末の融資残高は1260万ドル。活動範囲は基本的にシカゴ市内である。

CCLF の特徴の一つは，不動産取引に関する融資にほぼ特化している点である。小規模な開発プロジェクトに対してはメインの貸し手として，アフォーダブル住宅の建設や，コミュニティサービスの施設（保育所，診療所，学校など）の建設，商業施設の建設などに融資する。大規模な開発プロジェクトに対しては開発前段階の融資や，大銀行の融資だけでは不足する分の埋め合わせ融資を行う。社会的企業に対しては，設備資金や運転資金を貸すこともある。

融資対象は NPO，NPO と企業とのジョイントベンチャー事業体，NPO の子会社，労働者自主管理企業，住宅協同組合（または事業協同組合），中低所得層のための住宅・経済開発事業に携わる営利企業である。

融資条件は，開発前段階や不動産購入（短期／長期）で各々異なっているが，ここでは不動産（長期）の場合について紹介する。不動産（長期）は建物の購入や修繕を指す。

融資期間は1年～15年で，融資額は35万ドル以下である。資金の使途は主に不動産の購入または修繕で，金利は6～8％と設定しており，担保価値の80％までを融資している。

融資可否の判断については，財務上の健全性，経営能力，社会的インパクトを総合的に判断しているとのことである。担保・保証人に関しては，購入対象の不動産を担保にしている。

ここでは不動産（長期）に限って紹介したが，CCLF の特徴は，NPO や社会的企業の不動産融資に専門特化しているという点が挙げられる。

ここで，CCLF の融資先である有機農場の事例を以下に紹介する。

グローイング・ホーム (Growing Home) は1992年，レス・ブラウンによって

設立された非営利の社会的企業で，シカゴ市郊外に三つの有機農場を経営している（関係者からの聞き取り2009.9.8およびウェブサイトによる）。シカゴでホームレス支援活動に携わっていたブラウンは，貧しい人々がホームレスの状態から抜け出す手段が必要だと考え，彼らの社会復帰のための雇用訓練の場として有機農場を始めた。

　農場では職業訓練，一時的な雇用，雇用の提供という三つの役割を果たしている。シカゴでは低所得者や元受刑者は職を見つけるのが極めて難しいため，農場で6カ月間の職業訓練を積んだ後，職に就けるように支援するのだという。ただし，必ずしも農業への就職ということではない。

　他方，ホームレスや元受刑者などへの自立支援に加えて，都市農業による生活の質の向上も事業目的に含まれている。筆者の訪れたウッドストリート都市農場（Wood Street Urban Farm）はシカゴ市南部のイングルウッド（Englewood）というコミュニティに立地しているが，イングルウッドは25年ほど前から衰退し，人口が減少して犯罪率が上昇した。2003～05年にコミュニティ再開発計画が始まり，生活の質を向上する計画の一つとして，新鮮な食料をコミュニティの農場で生産して住民に供給することが盛り込まれた。グローイング・ホームの農場と野菜市場（Englewood Farmers'Market）もこの計画の一環に位置づけられている。

　農場では緑野菜やハーブ，レタス，サラダ用野菜を作っており，農場で作った野菜は近くの市場で近隣住民に販売するほか，レストランにも販売し，事業収入としているが，野菜の売り上げは収入全体の20％にとどまり，残り80％は財団や企業，個人からの助成金，寄付金で賄っている。

　以前は狭いトレーラーハウスを事務所・作業場として，3人の職員と20人の訓練生が野菜の選別・出荷作業や事務作業などに使っていたが，水道さえない状況であった。そのため2006年に新事務所棟建設の計画を立て，役所への許可申請を出すなど準備を進め，2009年8月に事務所棟がほぼ完成した。事務所棟の1階は作業場（野菜の選別・洗浄・出荷作業を行う）や作業員詰所，ミーティングルームがあり，入口にはバーベキューやワークショップができるスペースを

設けている。2階には教室があり、職業訓練の講義や就職活動の面接練習などに使っている。

事務所棟建設には31万ドルを要した。費用捻出のため、財団や個人から新たな寄付を募り、内部留保を拠出し、所有していた別の土地を売却し、さらに別のプロジェクトの2005年度の売り上げも投入した。それでも足りなかったため、2009年7月にCCLFから25万ドルを借りて、建設費用不足分と3カ月分の運転資金に充てた。CCLFからの融資は、財団の助成金が減る傾向にあるなかで特に重要な意味をもつという。ちなみに25万ドルの融資条件は、返済期間25年間（初期の金利6.5％；5年ごとに金利変更）、融資開始手数料5000ドルであった。

グローイング・ホームへの融資は、運転資金も一部含まれてはいるが、事務所棟の建設が主目的であり、不動産融資の一種と位置づけることができる。

③特に限定せず、あらゆるニーズに対応── Nonprofit Finance Fund (NFF)

ニューヨーク市に本拠を置くNonprofit Finance Fund (NFF) は1980年に設立されたNPO (501c3団体) のローンファンドである。2007年度末の融資残高は4497万ドルで、2007年度は2040万ドルを融資した。全米にボストン、フィラデルフィア、サンフランシスコなど七つの支部を展開しているが、融資額ではニューヨーク支部が37％と最大で、次いでフィラデルフィア／ニュージャージー支部の19％、ボストン支部の18％と続いている。活動範囲は、筆者の訪問したフィラデルフィア支部の場合、ペンシルバニア州を中心とした大西洋岸一帯である（関係者からの聞き取り2009.9.3および同団体のパンフレット、ウェブサイトによる）。

NFFの特徴の一つは、その名前の通り、NPOまたは社会的企業のみを対象に融資する点にあり、これはIFFと同じである。ただし、IFFが不動産などの長期融資に限定するのに対し、NFFは設備資金が53％で過半に達するものの、運転資金や信用枠といった短期融資が32％を占めている点が大きく異なる。

事業分野別に見ると、2005年には社会サービス分野が32％で最も多く、次いで文化芸術の21％、公共分野の20％、教育の19％と続く。2002年時点では文化

芸術関係が50％を超えていたのに比べれば，次第に各分野のバランスがとれてきたと言えるが，NFFは伝統的に文化芸術関係に重点的に融資してきた点がもう一つの特徴である。これは，NFFが1990年代に文化芸術関係への融資を手がけるようになってから組織が急拡大し，ニューヨークから各地に支部ができていったという経緯に根差したものであろう。

　融資対象は設立後3年以上，年間収入50万ドル以上のNPOまたは社会的企業である（ただし小規模組織についてはケースバイケースで判断する）。

　融資期間は，短いものでは2～3カ月，長いものでは15～20年（20年は例外的）。融資額は1.5万～200万ドルである。金利はプライムレートに上下1％ずつの幅の間で個別に決める（2010年1月時点のプライムレートは3.25％）。金利のほかに申請手数料や約定手数料（融資額の約1％程度に相当）を徴求している。

　このようにNFFの特徴は，NPOだけに融資していて，文化芸術系が比較的多いものの，専門分野への特化はあまり見られないことが挙げられる。

　NFFの融資先である野外コンサート会場の事例を以下に紹介する。

　マン・センター（The Mann Center for the Performing Arts）はペンシルバニア州フィラデルフィア市の野外コンサート会場を運営するNPOである（関係者からの聞き取り2009.9.3およびウェブサイトによる）。1935年，オーケストラの夏コンサート会場として設立されたが，1976年にフィラデルフィア市立公園内に移設された。世界的な音楽家やオーケストラを呼んでコンサートを開催してきたが，1998年以降，若者を引きつけるため，従来のオーケストラなどのコンサートに加え，ポップ・ミュージックやジャズ，現代音楽も取り入れ始めた。他方，子どもたちを招いた音楽教育や，社会的弱者への無料入場サービスなど，地域社会への貢献も行っている。この野外コンサート会場は現在，フィラデルフィア市当局の所有で，NPOは委託料や補助金でこの施設を管理運営しており，年間予算は約900万ドルである。主な収入源はコンサートのチケット販売収入，州政府からの委託料・市当局からの補助金，個人・企業・財団からの寄付金，「友の会」の会費である。州政府からの委託料支払いは半年後となる。

　かつては地元のワコービア（Wachovia）銀行から50万ドルを借りて運営し，

チケット収入と委託料のなかから返済していたが，金融危機発生後，銀行は多額の借金を抱えるペンシルベニア州政府から300万ドル委託料が本当に支払われるのか疑問をいだくようになり，無担保でのつなぎ融資を断るようになった。そのためNFFから委託料支払いのつなぎ資金として40万ドルの融資を受け，何とか事業を維持することができた。

コンサート会場の敷地内にレストランやショップなどの付属施設を新たに建てた際には，担保を出してワコービア銀行から長期融資を得ている。

・ショアバンク（Shore Bank）

シカゴ市に本拠を置くショアバンクは1973年に設立された，アメリカ初のコミュニティ開発銀行（営利企業だが認定CDFI）である。持株会社のもとに，銀行群，中小企業経営支援企業（Shore Bank Enterprise）のグループ，海外（アジア・アフリカ・中東欧など）のマイクロファイナンス支援組織（Shore Bank International），海外マイクロファイナンス投資機関（Shore Cap International），マイクロファイナンス投資家育成機関（Shore Cap Exchange）などが多角的に事業を展開する企業グループを構成している。ここではその中核企業であるショアバンクのシカゴ本店にしぼって紹介する（関係者からの聞き取り2009.3.10，9.8およびウェブサイトによる）。

2007年度の融資残高は14億4493万ドルで，2007年度の「ミッションに基づく融資」は4億4500万ドル。活動範囲（本店）はシカゴを中心とした地域である。

ショアバンクの特徴の一つは，TRFやIFFなどと異なり，特定の事業分野や資金使途に特化せず，あらゆる多様な融資に幅広く対応している点である。資金使途は企業（不動産・運転資金など），住宅購入（戸建住宅・集合住宅），建物の建設・修繕，消費者小口融資など多様で，このうち住宅関連が44％，企業関連が31％を占めている。多様な融資先があるが，以下ではNPO融資に限って融資条件を紹介する。

融資対象はシカゴ市南部・西部の低所得地域で操業しているNPOで，特定の事業に特化しているわけではなく，地域活性化，環境関連事業，住宅供給，教育など多様である。ただし地域環境保全や活性化の事業が相対的に多い。ま

た金融危機以降，NPO への寄付金が減少し，収入の不足分を融資で穴埋めすることを希望する NPO が増えており，つなぎ融資が増えている。

　融資期間は，つなぎ融資は短期間だが，不動産融資は原則20年長期融資。ただし NPO 融資の大半は信用枠による極度貸付枠融資額である。金利は個別に決定する。担保は必ず徴求している（形態は不動産，譲渡性預金証書，預金など，借り手の状況に合わせて設定）。

　融資可否の判断基準については，組織のミッションや過去の財務実績，現在の財務状況，業界内でのリーダーシップを重視している。リーダーシップというのは，今後変革を起こす可能性が高いからだという。また，現在は経済状況が厳しいため，資金繰りがうまくいかなかった場合に備えて第二の計画（Plan B）を用意し，どのプログラムを削除したり予算を削ったりするかという計画を立てさせている。

　ショアバンクの融資先である NPO の事例を以下に紹介する。シカゴ・コモンズ（Chicago Commons）は1894年，グラハム・テイラーによりセツルメントとしてシカゴ市に設立された（関係者からの聞き取り2009.9.8，内部資料およびウェブサイトによる）。事業は①幼児教育，②青少年教育，③成人教育，④高齢者福祉，の 4 種類からなる。筆者は①の幼児教育施設，ニアセンター（Nia Center）を訪問した。

　同センターの年間収入は約2000万ドルで，このうち政府（シカゴ市当局，イリノイ州政府，連邦政府の三つ）からの委託料収入が約 9 割を占め，残りはセンター独自の寄付収入である。事業分野では幼児教育事業（800～900万ドル）と高齢者福祉事業（700万ドル）が大きな割合を占めている。

　政府に委託料を請求してから支払いを受けるまでには 2 週間～ 2 カ月かかるため，常に300～400万ドルは未払い金の状態になっている。そのためショアバンクから年間累計1450万ドルのつなぎ融資を年5.25％で借りている。かつてはバンク・オブ・アメリカから長年融資を受けてきたが，銀行との取引が困難になり，ショアバンクに融資を依頼したのだという。

（3）融資条件による分類

　以上，ごく限られた数ではあるが，いくつかの事例を見てきた。ここから，NPO・社会的企業への融資について，融資条件の違いによる分類を試みる。

　第一に融資対象の条件としては，最低要件として組織規模や一定期間の実績を求める場合と，そうした要件を必要としない場合に分けられる。たとえばカルバート財団は3年以上の実績と100万ドル以上の資産または収入があることを条件としているし，IFFは（チャータースクールを除き）設立5年以上経過していることを条件としている。組織規模や一定期間の実績を求める場合は，基本的な組織運営に関する知識・経験があることを前提として，基本的な経営能力を信頼したうえで融資するということを意味する（**表5-2参照**）。

　第二に主な事業分野と資金使途を，チャータースクールや保育事業，自然エネルギー，事業用不動産などに特化して専門のノウハウを蓄積し，ニッチ市場を確立する場合と，特に分野・使途を限定せず，運転資金から不動産購入まで幅広く対応する場合とに分けられる。TRFやIFFはチャータースクールや保育施設，アフォーダブル住宅などに特化して融資している。またCCLFやIFFは不動産資金や設備資金に特化して融資している。後述するように，いずれも専門分野に精通した人材をそろえ，融資と経営支援をあわせて提供する能力を有している。これに対しショアバンクやNFFは特に事業分野や資金使途を限定せず，あらゆる融資に対応している。

　第三に銀行とローンファンドの違いについて，上記の事例のなかではショアバンクが銀行であるのに対し，他のCDFIはいずれもローンファンドである。銀行は政府機関から規制されているが，ローンファンドは規制の対象ではない（ショアバンクは連邦預金保険公社FDICの規制下にある）。したがって銀行は融資に対してより慎重な姿勢で臨むという。他方，ローンファンドは借り手のニーズに応じて融資条件の書き替え（変更）が柔軟にできるという。借り手のNPOからも「ローンファンドは政府の規制下にないので，細かな点でIFFに頼みやすい」との声がある。ショアバンクは，銀行が貸すにしてはリスクの高い案件については，グループ内のローンファンド（Shore Bank Enterprise）が融資し

第5章　NPOへの融資と経営支援

表5-2　融資条件による分類

特徴	実績ある団体にのみ融資				
			専門分野への特化		
組織形態	ローンファンド				銀　行
CDFIの例	カルバート財団	NFF	IFF	CCLF	ショアバンク
主な融資対象	・3年以上の実績 ・CDFIや社会的企業	・3年以上の実績 ・NPO, 社会的企業のみ（事業分野は限定せず）	・5年以上の実績 ・チャータースクール, 保育 ・NPOのみ	・中低所得者・地域の企業 ・不動産に特化（事業分野は限定せず）	・中低所得者・地域の企業, NPO（事業分野は限定せず）
融資額上限	250万ドル	200万ドル	100万ドル（スクール：150万ドル）	不動産長期融資：35万ドル	NA
融資期間	1～5年	2カ月～20年	15年	不動産長期融資：15年	不動産長期融資：20年
金利	5～9％（CDFIへの融資は4.5％）	プライムレート±1％	5.750％	不動産長期融資：7～9％	変動金利
担保・保証	無担保・無保証	不動産などを担保	不動産などを担保	不動産などを担保	不動産などを担保

出典：各CDFIの資料, 聞き取り結果を参考に筆者作成

ている。明確な線引きはないものの，銀行は，しっかり確立された組織に対してまとまった融資をすることにより確実な返済と利益を得るのに対し，ローンファンドはより自由度の高い融資をするという，一種の棲み分けがなされているようである。また，ショアバンク単独では融資のリスクが高い場合，ローンファンドとの協調融資を行うこともあるという。

4　CDFIによる経営支援

(1) 経営支援の必要性

NPO経営コンサルタントのロビンソンは「NPOは非効率的な仕事をしていることが多い」と指摘している（Jean Hardy Robinsonへの聞き取り2009.9.11）。同じくNPO経営コンサルタントのクリガーマンによれば「NPOは組織運営

や契約，建物管理などの専門知識が無く苦労する」という（Don Kligerman への聞き取り2009.9.4）。

CDFI の主な融資先であるマイノリティ，低所得階層，零細企業，小規模な NPO などは事業経験や専門知識が乏しいため，事業を成功させて融資を確実に返済させるためには，資金提供だけでなく手厚い指導・支援が必要となる。

NPO の経営能力が不足している場合，そもそも外部の経営支援組織に依存するべきかどうかについては，賛否両論あることも確かである。たとえば，カルバート財団の関係者は「NPO は中間支援組織に経営支援を求めるのではなく，有能な専門家を理事として迎え入れ，協力を仰ぐのが最善であり，実際そのようにしている NPO が多い」と指摘する。ただしそれは，カルバート財団から融資を受けられるような，大規模で実績のある NPO だからこそ可能な方法であるとも言える。

Wimberley & Rubens [2002] が1998年に NPO に対して行った調査によれば，大規模な NPO ほど事業評価・組織評価，スタッフの訓練，会計監査，ミッションの見直しを行っている割合が高く，また大規模な NPO ほど資金調達のコンサルティング，経営戦略，大学院での NPO 経営研究に対するスタッフの関心が高かった。大規模な NPO は自ら有能な専門家を理事に迎え入れ，事業評価・組織評価を行い，スタッフの訓練・研修を実施する傾向にあるが，小規模な NPO にはそうした余裕がないことが，この調査結果からはうかがえる。

IFF の関係者は，「個々の NPO が専門家を雇えばいいという意見は，資金的に余裕のある NPO には当てはまるが，全ての NPO にとって現実的とは言えない」と指摘する。また，Chicago Community Ventures（CCV）の関係者は「CCV に来る顧客はそれまで外部からの支援を受けたこともなく，孤立していて，彼らにとって CCV が一般の金融機関につながるうえで最初のステップとなることが多い。『強力な理事を雇用すべきだ』という意見はもっともだが，彼らはそんなことを考えたこともない」と主張する。

大規模で実績のある NPO や社会的企業は，自助努力で有能な専門家を理事に迎え入れることが可能だが，それ以外の NPO や社会的企業にとって，やは

り外部からの経営支援の体制が必要だと考えられる。

ところで，CDFI は融資だけではなく経営支援も行うことが特徴である。

日本政策投資銀行［2005：51］は，「テクニカルアシスタンス」が CDFI の特徴であると指摘している。「従来の金融機関が取れなかったリスクをテクニカルアシスタンス（簿記会計からコスト管理，販路開拓，資金調達まで手取り足取り借り手に対する指導を行い，借り手に経営ノウハウを注入する）の供与，および地域や顧客とのコミュニケーションで入手した顧客情報によって，取ろうとする」。

しかし，日本政策投資銀行［2005］は，各 CDFI が具体的にどのような「テクニカルアシスタンス」[7]を行っているのかについては説明していない。「簿記会計からコスト管理，販路開拓，資金調達まで」というのはかなり幅が広いが，全ての CDFI が借り手に対してあらゆる面の経営支援・指導を行っているのだろうか。

実際，CDFI のなかには，経営支援を行うものも，行わないものもある。たとえば，後述のようにカルバート財団やユナイテッド・フィラデルフィア銀行は経営支援を行っていない。また，CDFI の種類や主な対象顧客層，手がける事業分野によっても，経営支援の必要性の程度も異なり，内容も多様なはずである。

（2）各 CDFI の経営支援事例

①専門分野に特化した経営支援——Illinois Facilities Fund（IFF）

チャータースクール，保育事業などの NPO に不動産・設備融資をしている IFF は，経営支援においてもこれらの分野に特化している。特に不動産取引や建物の建設に関しては，不動産の専門家をスタッフとして複数抱え，融資とは別に専門のコンサルティング事業を行っている。不動産融資に関連した手続きや，建物の建設，財務管理（キャッシュフロー計算書の書き方・資産運用など）の分野に特化して支援・指導している。不動産取引に関連した自治体との協働，土地の確保，適切な建築士・建設会社の選択など，コンサルティングの内容は顧客 NPO の必要性に即し，多岐にわたる。不動産取引や建物の建設と，融資

は極めて密接に関連している。また，融資先ではないNPOに対してコンサルティングだけ提供する例も多い。不動産コンサルティング事業は1997年の開始以来，診療所，チャータースクール，保育所，文化・レクリエーション施設，多目的建物などに200件以上の実績をもつ。

　他方で，経営コンサルタントが行っているような一般的な経営支援（理事の配置，経営者の雇用，資金調達など）は行わない。保育や教育に関する支援・指導も行わない。その筋の専門家が数多くいて，NPOはそうした専門家を頼ればよいのであって，IFFが自ら専門知識を提供する必要はないとの立場をとっている。IFFは，他の経営コンサルタントとの連携も特に行っていない。

　IFFが提供した不動産コンサルティングの事例を紹介する。

　シカゴ市のチャータースクール，ノーブル・ネットワークは2009年，ミューシュン高等学校（Muchin College Prep.）の新規建設にあたりIFFから融資を受けたが，融資とあわせてIFFの不動産コンサルティングのサービスも利用した（初期コンサルティング費用：2万ドル）。具体的には物件の検索，物件に対する長所・短所の評価，建物の建設に関する助言，銀行への融資申請と交渉，適切な建設業者の選定，適正な建築費用の助言などである。また2009年夏には6校の校舎の修繕を行ったが，作業の監理をIFFに委託し，その結果，予定通り期限内に修繕が完了した（委託料：8万ドル）。

　このチャータースクールのあるスタッフは，以前別のチャータースクールで働いた経験があり，その際は校舎の設計や建設業者との打ち合わせに苦労したという。交渉の際に相手の建築士や建設業者は専門知識をもっているが，こちらは素人なので議論しにくく，相手の間違いや言い訳を見抜けない。そのため施設の建設が予定より大幅に遅れて，高い費用がかかってしまった。したがって，不動産コンサルタントが，間違いのない適切な取引業者の選び方や適正な価格を教えてくれることは有意義であるという。

　IFFはこの他にも「この物件を見に行きましょう」「保育事業を始めたいのですが」「請負業者とのトラブルで弁護士の支援が欲しいので，紹介してほしい」など，さまざまな相談を受け，チャータースクールの運営に関わる問題の

解決を助けている。

　ちなみに，ノーブル・ネットワークは，ミューシュン高等学校の建設にあたり，IFF の不動産コンサルティング以外に，弁護士（法律的な助言），戦略計画のコンサルタント・経営コンサルタント（今後 5 年間の事業計画に対する費用の見積もり，組織構造などの助言）も活用したという。

②多様な支援メニューの提供

　・Nonprofit Finance Fund（NFF）

　Nonprofit Finance Fund（NFF）はもともと，NPO の省エネルギーによる事業効率化を推奨するコンサルティング組織，Energy Conservation Fund として1980年に設立された。その 4 年後，NPO 経営全般を手がけるコンサルティング NPO となり，NPO の経営改善の一手段として融資業務を始めた。NPO への融資に本格的に取り組み始めたのは，Nonprofit Facilities Fund（NFF）に改称した1989年以降である（さらに2000年に現在の名称となる）。こうした経緯から，NPO への経営支援の長い歴史を有しており，融資と経営支援を一体として提供する態勢が整っていると言える。

　NFF が提供するコンサルティングサービスは以下の 4 種類に大別される。

ⓐ経営分析（Nonprofit Business Analysis；NBA）： 5 年間にわたる予算規模，従業員数，組織構造，ビジネスモデル，収益・収入対費用，財務構造といった財務上の健全性を分析して，ミッションの達成と財務管理のバランスを指導する。NPO は NBA の結果を踏まえて，キャッシュフローの問題を解決するために資金注入をしたり，融資の組み換えをしたり，プログラムの経費削減をすることになる。また，NFF は，NPO の事務局長に対して金融の基礎知識を教えたり，理事に NPO の財務管理を手ほどきすることもあるという。

ⓑ財務管理の指導（Financial Leadership Clinic）： 2 日間にわたる講義を行い，そのなかで NPO の融資や財務分析，類似団体の財務状況を考察する。

ⓒワークショップ（NFF Workshops）：財務分析の必要性，資金調達の方法，財務知識入門，NFF に対する理解，の四つのテーマでワークショップを開く。

ⓓ補修計画（Systems Replacement Plan）：NPO の所有する建物を今後20年間で

第Ⅱ部　アメリカのコミュニティ開発金融

補修・交換する計画を立て，必要な費用を見積もる。

　こうしたコンサルティングサービスは，通常は NFF のスタッフが行う（特に財務分析については）が，建物や技術など特定の分野は外部の技師やコンサルタントに委託している。このほか，NPO は必要に応じて自らコンサルタントに依頼できるように，NFF はコンサルタントの一覧を用意して NPO に紹介している。

　以上の内容から，NFF の提供するコンサルティングは財務管理や資金調達など，資金に関する助言指導が中心的な位置を占めていることが分かる。

　上記の4種類のサービスに加えて，NPO の経営指導と助成金を一体化させた Building for the Future (BFF) という事業もある。BFF とは，助成財団が特定の NPO の事業に対して10年間以上の長期的な支援を約束するとともに，NPO はコンサルタントの助言にしたがって費用を節約し，事業にかかる資金を捻出・貯蓄するというものである。建物の改築・修繕などの際に利用されるが，こうした資金は必ずしも建物に限らず，非常事態に備える準備金や，安定した事業の継続や事業拡大などの用途も含まれる。通常よりも早く必要な資金を確保することで事業を早く拡大することが可能となる。ただし，この BFF を通じて長期的に NPO を支援する助成財団は少ないため，BFF の件数もわずかにとどまっている。

　ここで，NFF が提供したコンサルティングの事例を紹介しよう。

　フィラデルフィア市で幼稚園と学童保育を経営するエデュケーションワークスは，経営分析（NBA）のサービスを利用した。この団体の事務局長には経理の専門知識がなかったが，以前の経理責任者が辞職した後，事務局長自ら財務諸表を作成しなければならなくなった。事務局長は事業を長年やってきたので財政構造を経験的には理解できていたが，財政分析の方法を NFF から多く学んで，役に立ったという。事務局長は NFF のセミナーやワークショップに通って財務分析を学んだ。

　経営分析などのフォーマルな（契約を結んで提供されるような）サービスに加えて，電話やメールでいつでも気軽に相談し，「数多くの信頼に足る助言を得

ることができた」(Education Works 関係者からの聞き取り2009.9.3)。NFF は保育事業の経営にも関心と知識があり，保育所の割引料金の設定についても相談に乗ってもらったという。

・Chicago Community Loan Fund (CCLF)

前二者の事例はチャータースクールや不動産など特定の分野に特化した経営支援を提供していたが，これに対し CCLF は，多様な支援メニューを用意している点が大きな特徴である。CCLF の場合，フォーマルな経営支援と，インフォーマルな支援とに分かれ，フォーマルな支援はさらに細かく4種類の支援メニューからなっている。いずれも起業段階の NPO・社会的企業を対象とした基礎的な経営支援と言える。

ア）フォーマルな経営支援：ⓐ相談，ⓑワークショップ，ⓒ評価，ⓓ持続可能性向上の4種類。主に起業段階の企業・NPO の不動産取引に対する支援を行う。経費の99％はマッカーサー財団と銀行からの助成金38万ドルで賄っている。

ⓐ相談（Referral Services/Help Desk）：電話またはメールでの相談，ウェブサイト上での情報提供。無料。ウェブサイト上の情報提供は，会計，資金調達，IT，財務管理，マーケティング，法務，NPO 設立など多様な項目をカバーしている。ただ，貸し手の法的な責任として，借り手に対して「○○をしなさい」と指示することは違法になるので，アイディアを提供するだけにとどめ，あとは外部のコンサルタントを紹介してつないでいる。

ⓑワークショップ（Project Readiness Workshops：PRWs）：年6回開催。1回あたり約1日を要する。これから融資を受けようとする起業家を対象。不動産開発の過程を概観するとともに，ワークショップに参加した各組織の状況に当てはめて考察し，次のステップに進める状態にあるかどうかを判断する。

不動産開発過程の概観では，a. 不動産デベロッパーになるかどうかを判断するためのポイント，b. 不動産デベロッパーになることと不動産開発業務の流れに関する理解，c. 組織の長所・短所を評価する手段，d. 設計士・建設業者・権原保険会社との取引に関する助言，e. 多様な資金調達方法の内実と表面，および長所・短所の解説，f. 開発予算と，5年間の損益予算の積算の実習，

g. 融資申請書に対する金融機関側の評価視点，h. NPO が入手できる，無料ないし低額の経営支援の資源について取り扱う。費用は60ドル/日である。

ⓒ評価（Comprehensive Development Assessments：CDA）：ワークショップのフォローアップとして位置づけられている。事業に行き詰まったときに，何の障害が原因で前進できないのかを解明し，問題解決するコンサルティングサービス。融資前の場合と融資後の場合，あるいは融資と無関係に行われる場合とがある。CCLF のスタッフと経営コンサルタントがチームを組み，「再治療フォーマット」をもとに，当該組織の役職員とともに1日かけてじっくりと組織の現状を振り返る。その後，問題解決に向けての取り組みに関する詳細な計画案を作成する。組織の力量形成，コミュニティの需要把握，市場分析，プロジェクトの実行可能性調査などを主なテーマとし，分野はアフォーダブル住宅建設，事業用不動産開発，保育施設の建設，社会サービス施設の建設，小規模NPO 運営の4種類にわたる。無料。

ⓓ持続可能性向上（Building for Sustainability）：コミュニティ開発事業（主にアフォーダブル住宅やコミュニティ施設の開発）における管理費用の削減，健康と環境に良い住環境・施設を指導する。ワークショップの開催とガイドブックの発行を行っている。具体的には電気・水・ガスの消費量削減，建物内装の揮発性有機化合物（化学物質）の削減，建設過程での環境負荷低減などを主なテーマとしている。

イ）インフォーマルな経営支援：個別指導（無料）。事業計画書の書き方や財務諸表が分からず，融資申請書を独力で完成できないなどの場合にコンサルティングを行う。指導をしないと融資を受けられない企業が多いためである。経営支援の部分を CCV に依頼することもある。前述のグローイング・ホームへの融資に際しては，融資返済計画を立てる支援を行った。

・ショアバンク

ショアバンクは融資先に対して，NPO の経営について相談に乗ったり，環境経営のための助言をすることがあるという。また，特定のテーマ（例えば経営者の受託者責任など）について，講師を呼んで話をしたり，参加者が経験を共

有する場を設けている。

2004年にNPOを対象としたサービスセンター (Nonprofit Service Center) をシカゴ市中心部に開設した。これは現在二つあり，一つはサービスセンター (Service Center)，もう一つは銀行取引センター (Banking Center)。これらのサービスセンターは，安定的な資金管理や予算管理の改善，事業効率化といったNPOの財務・経営上の課題を解決するために，シカゴ市内500以上のNPOを対象に，個別相談に応じるほか，セミナーを開催したり，ウェブ放送したり，出版物を刊行している。公益財団や大規模NPOに対しては，財産運用の助言も行っている。

③経営支援の回避

経営支援に熱心なCDFIだけでなく，他方には経営支援を回避するCDFIも存在している。たとえばユナイテッド・フィラデルフィア銀行は認定CDFIだが，経営支援を現在行っていない。かつてはフィラデルフィア・ユナイテッドというコンサルティングNPOを傘下にもち，教育・訓練のサービスを提供していたが，非効率で経費がかかりすぎたため2000年以降の組織改革でNPOを閉鎖し，金融機能に限定したという。同銀行関係者は「銀行は政府の規制下にある営利企業として，経費を抑える責任がある。顧客が信用カウンセリングを必要とする場合は，市内のカウンセラーを紹介する」と，規制下にある営利銀行としての立場を強調している。

ユナイテッド・フィラデルフィア銀行のように経営支援を回避するCDFIには，コストの削減と利益の確保を重視する姿勢が共通して見られる。確かに経営支援にはコストがかかることは確かだが，経営支援の提供と利益の確保は，決して二律背反の課題ではない。

(3) 経営支援による分類

以上，ごく限られた数ではあるが，いくつかの事例を見てきた。ここから，NPO・社会的企業への経営支援について，分類を試みる（**表 5-3 参照**）。

第一にIFFのように，専門分野に特化した経営支援を提供するパターンで

第Ⅱ部　アメリカのコミュニティ開発金融

表 5-3　経営支援による分類

特　徴	専門分野への特化	多様な支援メニュー			経営支援の回避
組織形態		ローンファンド			銀　行
CDFIの例	IFF	NFF	CCLF	ショアバンク	ユナイテッド・フィラデルフィア銀行
経営支援	専門分野に特化した支援（不動産取引，保育所など）	経営分析，財務管理の指導など，主に財務分析による指導，個別相談	不動産取引や資金調達のワークショップ，コンサルティング，相談	特定の支援メニューではなく必要に応じた相談・助言	経営支援を行わない
他の経営支援者の役割	基本的な組織運営は経営コンサルタントに相談	借り手はまず CDFI の経営支援サービスを利用		NA	借り手が自ら問題解決

出典：各 CDFI の資料，聞き取り結果を参考に筆者作成。

ある。チャータースクールや不動産取引など，当該 CDFI が強みとしている分野については，専門のスタッフをそろえ，コンサルティングサービスを提供する。このコンサルティングサービスは，必ずしも融資とセットではなく，コンサルティングのみ単独で提供することも少なからずある。当然のことながら，専門分野以外の経営支援については，外部の経営コンサルタントや弁護士，会計士，技術者などに依頼する必要が生じる。

　第二に NFF や CCLF，ショアバンクのように，専門分野に特化せず，多様な支援メニューを幅広く提供するパターンである。

　第三にユナイテッド・フィラデルフィア銀行のように，経営支援を回避して融資業務に徹することでコスト削減を図ろうとするパターンである。

　三つの類型を通して明らかなことは，CDFI による経営支援はそれぞれの強みや個性を反映していて極めて多様だが，いずれの場合でも，CDFI 単独では経営支援が完結し得ないということである。CDFI と外部の経営支援の専門家がフォーマルに連携して総合的な支援を提供するというわけではないが，NPO 関係者への聞き取りによれば，複数のサービスを利用し，場合によって使い分けている例が多いようである。

5 経営支援組織による経営支援

(1) 経営支援組織（MSO）

　NPOに対する経営支援と言えば，まず想起するのが，日本でいう「NPO中間支援組織」であろう。「中間支援組織」という表現は，媒体を意味するインターミディアリ（intermediary）の訳語として導入されたが，アメリカにおいては，インターミディアリは資金提供などハード面を支援する媒体（狭義のインターミディアリ）と，経営支援や情報提供などソフト面も含む幅広い媒体（広義のインターミディアリ）の双方がある。狭義のインターミディアリはNPOのインフラ整備を担うという趣旨から「インフラ組織」(infrastructure organization)，経営支援などソフト面の媒体は「経営支援組織」(management support organization；MSO) とも呼ばれる。

　アメリカにおける「NPO中間支援組織」は経営支援組織（MSO）であると言われてきた。[8] Wimberley & Rubens [2002] によれば，MSOはNPOの研修やコンサルティングの主要な供給源として過去25年間に台頭してきたという。この背景として，1990年代以降，NPOの経営能力育成が注目を集めるようになったとKearns [2004] は指摘している。

　ところが，筆者の聞き取りによれば，MSOというのはアメリカ全体には普及しておらず，むしろ経営コンサルタントのほうがより一般的だ，とのことであった。エデュケーションワークスの関係者は自らの経験から，「NPOがコンサルタントを利用するのは一般的なことであり，事業を成功させるうえで不可欠だ」と指摘している。カルバート財団の関係者によれば，アメリカのMSOセクターは小規模で，またMSOを利用しているNPOも少ないという。一部の地域には大きなMSOもあって活動しているものの，MSOの分布も地域でばらつきがある。聞き取りのなかでは，MSOという用語自体もそれほど人口に膾炙していないとの印象を受けた。

　それでは，MSOと経営コンサルタントは本質的に何が異なっているのか。

Vaughn [2005] によれば，NPO に対する経営支援は，(A) 専門家の支援（≒経営コンサルタント），(B) 自助努力（self-help），(C) 経営支援組織（MSO），(D) ネットワーキング（peer member network）の 4 つに類型化されるという。以下，Vaughn [2005] の 4 類型のうち，(A) と (C) の内容を紹介する。

(A) 経営コンサルティング会社から NPO に派遣された専門家が，経営戦略計画の立案に向けて全面的に支援を行う，あるいは NPO 自身が計画を立てられるように初期段階のおぜん立てをする。当該 NPO の状況に合わせたオーダーメイドの計画立案なので，実行可能性や成功率は最も高いが，料金は最も高く，また改革のスピードが速すぎるという弱点もある。

(C) MSO による最も一般的なサービスは経営支援と研修だが，この他に管理部門・人事業務などの職員を派遣するケースもある。料金が無料か極めて安い点は魅力だが，ワークショップが開催されるのは年に数回のため，NPO は次回のワークショップ開催日まで長く待たされるし，そこで学んだ一般論を自組織に適用して独自の経営戦略を作らねばならない点が弱点と言える。

多くの NPO は (A) 〜 (D) のどれか一つだけではなく，複数の経営支援を併用し，場合に応じて使い分けているという（「アラカルト・アプローチ」）。

（2）経営コンサルタント／経営コンサルティング会社の例

経営コンサルタント（個人）や経営コンサルティング会社は NPO・社会的企業に対して，実際にどのような経営支援を行っているのだろうか。

①経営コンサルティング会社の例

フェアマウント・ベンチャーズ社は，小規模 NPO を顧客とする経営コンサルティング会社で，フィラデルフィア市内に事務所を構えている（同社コンサルタントからの聞き取り 2009.9.4，およびウェブサイトによる）。

同社の顧客の NPO は約 200 団体で，年収 500〜1000 万ドル規模の中小 NPO が中心である。顧客の事業分野は住宅供給，コミュニティ開発，児童福祉，高齢者福祉，公衆衛生など多岐にわたる。支援内容としては，資金調達の助言指導と戦略計画の作成を得意としている。同社コンサルタントによれば「人々が

財源を見つけるのを支援することが強みだ。資金調達や財務分析などを助言している。非営利組織がどこから資金を調達するのか、政府からどのように資金を獲得するのかについてもよく理解している。また、非営利組織が自らの弱点を改善するのを支援できることも、私たちの強みである」という。

資金調達や財務分析、SWOT分析、戦略計画の作成に関わる支援を行うなかで、資金調達の一つの選択肢として融資も関わりが生じてくる。融資を受けるNPOに対しては、そのNPOが融資によって具体的に何を達成したいのか、融資以外に資金を調達できるあてはないのか、資金調達全体のなかで融資が果たす役割は何か、どこからいくら資金を借りるのか、融資対象事業をいかに改善し効率化するか、など、融資それだけにとどまらず、組織全体の状況を視野に入れながらコンサルティングを行う。主にアフォーダブル住宅NPOに対して、融資と関連してコンサルティングすることが多いという。

経営支援の一例を紹介する。幼稚園と学童保育を経営するエデュケーションワークスは、フェアマウント・ベンチャーズ社から資金調達の方法について助言指導を受けている。エデュケーションワークスは政府委託料の他に寄付金を増やそうと考えているが、これに対してフェアマウント・ベンチャーズ社は「資金調達に成功するためには市場での認知や市場でのポジショニングを変える必要がある」と、事業展開地域での市場認知を高める努力を促している。また、委託料の支払いの遅れや委託契約の遅れに関しても、適切な対策を打つよう助言している。

②経営コンサルタント（個人）の例

シカゴ市在住のジェーン・ロビンソンは個人の経営コンサルタントとして主にNPOの経営に助言を与えている（2009.9.11聞き取り、およびウェブサイトによる）。彼女が主に取り扱う領域は戦略計画の策定、財務管理、資金調達、マーケティングなどである。単にイベントを繰り返し開いて寄付金集めをすれば資金不足の問題が解決するのではなく、その前に費用計算を考え、組織のガバナンス（理事会）や組織が置かれている状況を見て改革すべきであるとし、SWOT分析をして3年間の戦略計画を策定することを彼女は勧めている。ロ

ビンソンによれば，金融機関ではなくコンサルタントにしかできない支援というのは，相談を直ちに融資に結びつけるのではなく，NPOの事業プロセスや変化，ガバナンスの改善に焦点を当てて支援する点であるという。

個々のコンサルタントによって得意領域や問題意識は少しずつ異なり，対象とするNPOの層も異なる。だが，資金調達だけに視野を限定せず，ガバナンスなど組織全体の状況を分析したうえで中長期の戦略計画を立てるといった基本的な姿勢は，筆者が聞き取りをしたいずれのコンサルタントにも共通していた。

ここで紹介したコンサルタントは基本的な経営のスキルを提供しているが，より専門的な内容に特化してコンサルティングを行うものもある。たとえばシカゴ・コモンズは，IT設備や，不動産取引，建物の建設・修復，資金調達，会計ソフトなどについて，それぞれ別のコンサルタントから支援を受けている。

もっとも，各分野の専門家を理事に引き入れて，理事からボランタリーに専門知識を提供してもらうということも少なからずある。むろん，そうした経営支援のあり方もあってよい。しかし，ここで注目すべきは，アメリカにおいては経営コンサルタントが多数存在し，NPOを対象としたコンサルティングサービスがビジネスとして充分成り立っているという点である。

（3）コンサルティングの費用負担

小規模なNPOは，コンサルタントに高い料金を支払う余裕はない。コンサルティング料は誰がどのように負担しているのか。

フェアマウント・ベンチャーズ社によれば，たとえばコミュニティ開発の住宅開発の場合，障害者や貧困層への住宅の提供・維持管理はたいへん複雑な過程で，費用がかかる。住宅を提供するNPOはそれに必要な資金やスキルをもっていないことがある。そこでコンサルタントが必要な知識を提供し，NPOは住宅事業で得た収入のなかからコンサルタント料を支払う，という仕組みである。住宅事業の収入のなかから開発業者の取り分，不動産の購入，建築士へ支払う設計料，会計士への報酬，コンサルタント料などに配分する。

要するに，NPOが自ら費用を負担してコンサルタントを雇うのではなく，始めからコンサルティング料が住宅事業の予算に組み込まれているということである。

これは決して例外的なことではない。住宅開発プロジェクトの予算のなかにコンサルティング費用が計上されており（総予算の約10%），その資金でコンサルタントが活躍し得る。

助成財団がNPOに助成金を出す際に，助成金に加えて経営コンサルタントを雇い，NPOに助言を与える，という例もある。助成財団は，NPOに提供した助成金がしっかり所期の成果を上げられるように，NPOの事業・組織運営を改善するため，コンサルタント料を負担している。

助成財団は通常，公益活動の直接経費に対して助成金を出すが，NPOの組織運営改善，力量形成のために助成金を出す財団も少数ながらある。

個人のコンサルタントやコンサルティング会社に対してだけでなく，CDFIによるコンサルティングに対しても，助成財団が多額の助成金を与えている。たとえばCCLFが開くセミナーの場合，参加者が直接支払う参加費は，経営支援にかかる費用全体の一部（5%）で，残りは財団や個人などからの助成金・寄付金でまかなっている。

このように，NPOの力量形成のために助成財団が助成金を出し，その資金を活用することにより，経営コンサルタントは参加者に力量形成の機会を提供できているのである。

小　括

アメリカのNPOの多くは融資を前向きにとらえている。1980年代以降，社会福祉NPOが事業収入の割合を増やすのに伴い，また近年の社会的企業ブームなども後押しして，融資を受けて事業を拡大するNPOが増えていった。

CDFIはNPOの旺盛な需要を背景に，集めた資金をNPOや社会的企業，社会的弱者層などに融資することで，資金仲介組織としての役割を果たしてい

る。融資対象の事業分野は，貧困地域の再生事業，チャータースクール，アフォーダブル住宅，高齢者介護施設，保育所，診療所，風力発電，有機農場など幅広い。CDFIのなかでも融資の方針や条件には各々の違いがあり，実績ある団体にのみ融資するものや，専門分野に特化したものもみられる。また，CDFIはNPOに対するきめ細かな経営コンサルティングを行って，融資先の事業の成功率を高めている。CDFIのほか，経営コンサルタントもNPOに助言指導を行っている。

注
(1) アフォーダブル住宅 (affordable housing) は，日本では「低所得者向け住宅」と解されている面もあるが，アフォーダブル住宅とは本来，「収入に応じた適正な家賃や価格の住宅」という意味であり，低所得者に限らず中間層も対象に含まれる。なお，住宅の家賃や購入価格が「収入に応じ，適正」であるかどうかの基準は多くの場合，それぞれの世帯における年間住宅費負担（賃貸の場合は年間家賃，売買の場合はローンの年間返済額と住宅維持関連支出）が年間収入の30%以内に収まっているかどうかで判断される（『CLAIR REPORT』No. 292）。アメリカ住宅政策においては，低所得者（地域の世帯収入の中間値の80%以下の世帯）向けのアフォーダブル住宅と，中所得者（地域の世帯収入の中間値の80～125%の世帯）向けのアフォーダブル住宅に分類される。1990年全国アフォーダブル住宅法（1998年改正）は中低所得者向けの持ち家を促進する法制度で，中低所得者が新築の住宅や，修復された中古住宅を購入するためのさまざまな支援を行うことが規定されている。アフォーダブル住宅の主な法的基準は，①賃貸住宅にあっては家賃が当該地域の世帯年間所得中間値の65%に相当する額の30%を超えず，戸数の20%以上は超低所得者向け住宅であること。②分譲住宅にあっては，購入費用が当該地域の住宅購入価格中間値の95%以下であること。となっている。
(2) 開発前段階 (pre-development) とは，住宅開発プロジェクトのデベロッパーが開発の企画書を作成し，銀行に投資を呼びかけて，呼びかけに応じた銀行によるグループ（銀行団）を結成し，さらに自治体や関連業者，専門家などを結集し，事前の土地調査や所有権の移転などを行って，開発を実行する準備を整える作業のことである。銀行団を結成する前の段階での，こうした初期作業の費用は別の金融機関が用立てる必要が生じる。

（3）この調査は，CDFI の 6 全国組織（Opportunity Finance Network, Association for Enterprise Opportunity, Coalition of Community Development Financial Institutions, Community Development Venture Capital Alliance, National Community Investment Fund, National Federation of Community Development Credit Unions）およびアスペン研究所（Aspen Institute）で結成する調査機関（The CDFI Data Project）が毎年，CDFI の現状を明らかにするために行っているものである。
（4）[1] 3 年以上の事業実績があり，[2] 融資額の数倍の純資産をもち，[3] 過去 2 会計年度が黒字で，[4] 会計監査を受けた過去 3 事業年度分の決算書があり，[5] 借入資本の取引記録をもっていること。
（5）NPO のみに融資する CDFI としては，IFF のほか，ニューヨークに本部をおく NFF（Nonprofit Finance Fund），サンフランシスコの LIIF（Low Income Investment Fund）があり，いずれも住宅，保育，チャータースクールに重点的に融資している。
（6）ただしチャータースクールに関しては IFF が運営ノウハウをもっているので，創業段階でも例外的に融資が可能である。チャータースクールは創業時に学校用の土地取得や校舎建設，設備購入などに多額の費用を要するため，創業時の融資が重要な意味をもつ。また，政府からの運営費支払い（通常は申請から 1 カ月後）が確実に期待できるため，教職員の人件費や図書費などの費用を信用枠で融資することも可能だという。
（7）「テクニカルアシスタンス」（technical assistance）という用語は通常，融資申請書類の書き方や，（銀行での）融資面接の際の答え方を指南することを意味しているという（TRF の Margaret Berger Bradley からの聞き取り 2009.3.5）。用語本来の意味からすれば，「簿記会計からコスト管理，販路開拓，資金調達まで」を全て「テクニカルアシスタンス」と呼ぶのは無理がある。申請書類の書き方など表面的な指導助言にとどまらず，起業支援や事業計画，マーケティング，資金繰りなど深い部分にまで踏み込んだ，より幅広い意味での経営支援は，力量形成（capacity building）と呼ばれている。ただし，実際には，幅広い経営支援を含めて「テクニカルアシスタンス」と表現する CDFI も少なからず存在しており，言葉本来の意味を超えて拡大解釈されているようである。
（8）内閣府国民生活局市民活動促進課 [2002]，第 4 章 2「中間支援組織の今後の方向性」では，アメリカにおける中間支援組織の現状として「NPO が設立から一歩進んで，長期計画をもって運営されるときに，そのマネジメントを支援することを目的とする組織が，特に MSO（Management Support Organization）と

呼ばれている」と述べ、その機能の一つに「NPO の自立のための組織運営、財政、人材集め、広報などのマネジメントのためのトレーニングを行う機能」が挙げられている。野村総合研究所［2006：52］でも「米国には、NPO などを支える膨大な数のマネジメント・サポート組織が存在する」と述べ、これらのマネジメント・サポート組織（MSOs）は「NPO など非営利セクターの層が非常に厚いことを反映して、専門分化の進んだ数多くの組織が、それぞれの分野でより高度なサービスを提供している」と紹介する。また、全国フィランソロピー協議会（National Committee for Responsive Philanthropy）のロバート・ボズウェルは、「アメリカではサポートセンターという言い方はしないで、マネジメント・サポート組織（Management Support Organizations, MSOs）と言う」と述べている（ロバート・ボズウェル［2006］）。

第6章
マイクロファイナンスの現状
――途上国からの輸入と独自の模索――

1 マイクロファイナンスを取り上げる理由

　アメリカをはじめ先進諸国において「マイクロファイナンス」と言えば，途上国の貧困層の経済的自立を図る活動を指すのが一般的であり，アメリカ国内での貧困層を対象とした活動とはあまり考えられていない。
　しかし，GDP世界第一位とはいえ，アメリカは国内に深刻な貧困を抱えており，黒人やヒスパニック系移民などのマイノリティをはじめとして，多くの貧困層が存在している。これらの貧困層はまともな職や住宅を確保できず，医療や教育などの社会サービスを充分に受けられず，また充分な資産や所得がないために金融サービスからも排除された「社会的排除層」である。
　社会的排除層を対象に多くのNPOが慈善活動を展開しており，またそうしたNPOに対する寄付や融資も集まっているが，他方でこうした人々に対して融資や貯蓄などの金融サービスを提供することも，社会的包摂の重要な一つの柱であると言える。
　アメリカには，銀行の金融サービスを利用できない"unbanked"ないし"unbankable"と呼ばれる人々が数百万人いると推定されているが，金融サービスを利用できないために小切手を現金化する際に法外な手数料を取られたり，適正な金利で住宅ローンを組めなかったりと，さまざまな不利益を余儀なくされている。サブプライムローン問題も，「サブプライム層」にランクされた低所得層が銀行から融資を受けられず，ノンバンクから法外な高金利を課されて住宅ローンを払えなくなったために起きた問題であった。

地域再投資法（CRA）の規制により，銀行は貧困層・貧困地域にも差別なく金融サービスを提供することを義務づけられているものの，それだけで問題が解消できるわけではない。CRA の規制にもかかわらず，依然として金融サービスを利用できない層が多数存在しており，その人たちに対して，銀行に代わる別種の金融機関が金融サービスを提供する必要があると言える。こうした貧困層への金融サービスは，貧困層の経済的自立を支援するという目的から，また取り扱う金額が少額であることからも，マイクロファイナンスとしての主要な特質を共有していると考えられる。

前章ではコミュニティ開発金融の一つとして，コミュニティ開発に従事するNPO に融資という形で資金提供する「NPO 融資」と，それに付随する経営支援を取り上げた。そこにおけるコミュニティ開発金融の役割は，NPO による社会サービスの提供と社会的包摂を後方から間接的に資金面で支えるものであった。他方，本章で着目するマイクロファイナンスは，貧困層の経済的自立，社会的包摂という点では目的を共有しているものの，貧困層（個人）に対して金融サービスを直接提供するという点で手法が異なる。

本章は，貧困層に対する金融の社会的包摂の方法として行われているマイクロファイナンスの動向に着目し，社会開発論の観点から，その成果を検証する。

2 アメリカにおけるマイクロファイナンスの研究

（1）途上国とアメリカのマイクロファイナンスの違い

途上国におけるマイクロファイナンスをめぐっては，事例を含めて数多くの研究がなされてきた。他方，アメリカ国内におけるマイクロファイナンスについては，Carr and Tong [2002] を除いて，ほとんど研究が進んでいないのが現状である。

Carr and Tong [2002] は，途上国のマイクロファイナンスがアメリカに輸入・模倣されているが，途上国とアメリカでは社会状況が異なるため，マイクロファイナンスのあり方も途上国とはさまざまな面で違いが生じていると論じ

た。

　Servon [2002] は，途上国とアメリカのマイクロファイナンスを比較し，両者の主な相違点を，インフォーマルセクターの規模，起業に対する規制の強さ，また対象者に求められるビジネス・スキルの高さの三つに見出した。

　Servon によれば，途上国においてはインフォーマルセクター(1)が大きく，個人が露店を開いてすぐに商売を始められるので，マイクロファイナンスの余地が大きい。他方，アメリカのインフォーマルセクターは途上国のそれに比べて盛んではなく，インフォーマルセクターに対する政府の支援も弱いうえに，事業認可や定期検査などのさまざまな規制が課せられていることが，個人が市場に新規参入して起業する際の障壁となっており，マイクロファイナンスの余地が小さいという。また，アメリカで福祉給付を受ける貧困層は，1000ドル以上の資産をもてないという制約があり，起業資金を貯めることができなかった。1996年の福祉改革は，福祉給付の対象者に対して勤労を要求するものだったが，零細企業を起こして自立しようとする者には必ずしも助けにはならなかった。

　これに加えて，起業に必要な資金が途上国に比べて大きいということも大きな違いである。バングラデシュのグラミン銀行が最初に融資する金額は平均60ドル，ボリビアの Banco Sol は平均212ドルであるのに対し，アメリカでは1000ドルを超えるが，それでも充分な額には程遠いという。さらに，Servon によれば，途上国とアメリカのマイクロファイナンスの最大の違いは，途上国のマイクロファイナンスが資金提供を中心としているのに対し，アメリカのマイクロファイナンスは起業家の訓練により多くの予算をかけていることである。事業を成功させるには高いスキルを要求されるため，手厚い訓練や経営支援が欠かせない。その結果，訓練のコストがかかり，そのぶん金利も高くなってしまうので，マイクロファイナンス事業の持続性が難しくなる。借り手に対する経営支援・指導は，マイクロファイナンスの非財政的支援の一つであり，零細企業や創業段階の企業に対しては事業構想を具体化するための助言など，融資の準備を整える訓練も必要とされる [岡本・栗野・吉田, 1999：121]。こうした経営支援は，金融の社会的排除層にサービスを提供する以上，一般的に必要な

要素ではあるが，特に先進国では経営支援にコストをかけなければならない。

Servonは，アメリカのマイクロファイナンスが成長するための要件として，マイクロファイナンス機関の運営費（特に訓練にかかるコスト）を助成すること，起業による経済的自立とマイクロファイナンスの必要性を政策決定者に教えること，低所得者はさまざまな収入源（公的補助，アルバイト等の賃金，自営業など）を組み合わせて生計を立てているという事実をきちんと認識することが重要だと指摘している。

(2) アウトリーチと持続性の検証

Bhatt et al. [2002] は，カリフォルニアのマイクロクレジット事業の事例を検証し，アウトリーチと持続性の点で途上国のマイクロファイナンスに比べて充分な成果が上げられていないと指摘した。Bhattの指摘もServonと共通しているが，Bhattによれば，途上国では少額の融資により借り手はインフォーマルセクターで起業し利益を上げられるが，アメリカでは少額の融資で利益を上げることは極めて難しく，またマイクロファイナンスの規模が小さいために間接費用が金利負担に重くのしかかってしまう。

マイクロファイナンスに対する評価指標の一つはアウトリーチである。ここでいうアウトリーチとは，いかなる対象者に対してどれほどサービスを提供したかというもので，具体的にはサービス提供者数（広がり）と，提供者の貧困度（深さ）で測る。マイクロファイナンスに対する主な批判の一つが「最貧困層にサービスを提供できていない」というものであるため，どの程度貧しい人々にまでサービスが及んだのかが評価の基準となる。

Bhattによれば，アメリカのマイクロクレジットは，アウトリーチが充分にできていないという。1990年代，アメリカの主要なマイクロクレジット7機関による年間の融資件数は平均72件にとどまっていた。また，マイクロファイナンスの借り手は充分なビジネスの知識や経験がなく，借り手に対する訓練も不充分なため，起業しても満足な収入が得られず，その結果として貸し倒れが少なからず起きていたという。

マイクロファイナンスに対するもう一つの主要な評価指標は持続性である。ここでいう持続性とは、マイクロファイナンス機関が外部からの補助金・助成金・寄付金等に依存せず、自らが生み出した利益で自律的に経営を持続できるという意味で、具体的には収入全体に占める事業収入の割合で測る。Bhattがカリフォルニアのマイクロクレジットの16の事例を調べたところ、いずれの事例においても補助金に依存しており、平均して収入の49％を政府の補助金で、27％を民間の寄付者や助成財団からの寄付金で、23％を銀行からの助成金で賄っており、マイクロクレジットの金利収入はわずか１％にすぎなかったという。途上国のマイクロファイナンス機関の多くは金利収入だけで持続的に経営が可能だが、アメリカでは状況が大きく異なっている。(2) こうした低い持続性は、非効率的な事業運営に原因がある。たとえば、融資の申請から実行までに平均２カ月以上かかる、あるいは融資１件当たりのコストが高すぎる、などの問題があるとBhattは指摘している。

中嶋［2003］は、アメリカのマイクロファイナンスが順調でなかった理由として、起業の困難さを指摘する。アメリカでは個人の起業が途上国に比べて容易ではないため、マイクロファイナンスにふさわしい借り手を見つけるのに容易ではなく、そのためマイクロファイナンスの運営コストがかさみ、補助金に依存してしまう。そのためマイクロファイナンス機関の持続性が低くなるという。この指摘はBhattと全く同様である。

(3) グループ融資の問題

中嶋［2003］はまた、グループ融資があまり機能しない点も、アメリカのマイクロファイナンスが順調でなかった理由に挙げた。グラミン銀行など、途上国に広くみられるマイクロファイナンスの特徴として、グループ融資が挙げられる。グループ融資は、数名の借り手を一つのグループとして組織し、グループの他のメンバーに融資の連帯保証をさせることにより、貸し倒れを防ぐ有効な手段と考えられている。ただ、地域共同体が根強く残り、近隣との人間関係が濃密な途上国の農村地域でこそグループ融資は成り立つが、個人主義的で近

隣との人間関係が希薄な先進国ではグループ内での連帯保証が機能しにくい。

グラミン銀行の融資モデルをアメリカに持ち込んだグラミン・アメリカ（Grameen America）はグループ融資の手法で成長しており，アメリカ人女性起業家はグラミン・アメリカから融資を受けて事業を拡大するとともにグループ内での連帯に満足しているという説もある［Kiviat, 2009］。また，Hung ［2003］の調査でも，グループ融資が貸し倒れを防ぐのに効果を上げたとしており，一部ではグループ融資の成果も現れてはいるが，途上国と全く同様にグループ融資が効果を上げているとは言い難い。

シュライナーらは，グループ融資がうまく機能しない理由として，①貧困層のソーシャル・キャピタルが弱いこと，②アメリカの貧困層は多様であり，同質の事業者をコミュニティのなかで見つけにくいこと，③グループのメンバーに返済の連帯責任を負わせていないこと，④グループ融資よりも個人のクレジットカードのローンを好むこと，の4点を挙げる［Shreiner and Woller, 2003 : 1569-1570］。

Prescott ［1997 : 41-45］は，グループ融資の有効性を先進国（アメリカ）と途上国（ボリビア・バングラデシュ）を比較検証した。Prescott は，グループ融資がアメリカであまり普及していない理由として，先進国には銀行が多くあり，相互貯蓄より融資のほうが有効であること，自営業者の割合が圧倒的に少ないこと，毎週のように頻繁に返済する方式に合わない産業が多いことなどを挙げている。

3　アメリカにおけるマイクロファイナンスの導入

Servon と Bhatt, Prescott, 中嶋のいずれも，途上国のマイクロファイナンスを基準として，アメリカのマイクロファイナンスがもつ固有の特徴と困難さを明らかにした研究だと言えよう。

このように途上国のマイクロファイナンスを基準とする見方は，アメリカが途上国からマイクロファイナンスを輸入・模倣したものだ，との認識に基づい

ている。Carr and Tong [2002] の表題『アメリカにおけるマイクロファイナンスの複製』("Replicating Microfinance in the United States") という表現に，それは典型的に表れているが，「マイクロファイナンスは途上国から先進国が輸入した数少ないものの一つだ」とも評される [Carr and Tong, 2002 : 1]。[4]

確かに，上記の指摘にあるように，アメリカ国内でマイクロファイナンスがどのように導入されたのかを考える際に，途上国のマイクロファイナンスの経験がアメリカに輸入された経緯を無視することはできない。

1986年，当時アーカンソー州知事だったビル・クリントンはバングラデシュのグラミン銀行から手法を学んで，マイクロファイナンスの普及に努めた。クリントンが1993年に大統領に就任して以降も，「第三の道」の政策としてCDFIファンドの設立（1994年），地域再投資法（CRA）の改正を通して，マイクロファイナンスを積極的に進める政策をとった。こうした追い風に支えられ，1996年時点で全米51のマイクロクレジット機関が，約5万4000の企業に対して4400万ドルの融資を行うまでになった [Buss, 1999 : 2]。

グラミン銀行をはじめ途上国のマイクロファイナンスが1980年代に台頭したのを受けて，グラミン銀行と同様のグループ融資をアメリカに持ち込んで実践する事例が相次いだ。しかし，その多くはやがて行き詰まりを見せる。当初，グラミン銀行のモデルをアメリカに持ち込んでグループ融資を導入したマイクロファイナンス機関も，訓練や個人融資に切り替えるケースが相次ぎ，グループ融資はアメリカのマイクロファイナンス融資プログラム全体の6分の1以下にまで減ったという [Shreiner and Woller, 2003 : 1569]。

だが，クリントンがバングラデシュからマイクロファイナンスの手法を導入するはるか以前，19世紀末からクレジットユニオンによる相互扶助の運動が発達し，定着してきたこともまた事実である。

第3章でクレジットユニオン運動の歴史を述べたため本章では省略するが，クレジットユニオンおよび1960年代以降台頭したコミュニティ開発クレジットユニオンも，マイクロファイナンスの一環としてとらえることができる。歴代の政権も貧困層への金融サービス提供の手段として，コミュニティ開発クレジ

第Ⅱ部　アメリカのコミュニティ開発金融

ットユニオンへの補助を拡充してきた。したがって，途上国で生まれたマイクロファイナンスを1980年代のアメリカに輸入したという見方は一方では正しいが，他方ではそれ以前にも，労働者階級の相互扶助の形でマイクロファイナンスの伝統が存在していたといえる。

　他方，アメリカ発のコミュニティ開発銀行であるショアバンク（1973年創業）が，バングラデシュのグラミン銀行設立（1983年）にあたってムハマド・ユヌスに助言を行い，銀行の設計を支援している。ユヌスは融資の経験をもっていたが，銀行経営の経験がなかったため，ショアバンクの設立者（Mary Houghton と Ron Grzywinski）は銀行の財務予測やシナリオ立案について助言を行った［Glenn, 2007］。グラミン銀行の設立後約20年間にわたり，Houghton は年に1度バングラデシュを訪れ，銀行の資金調達について助言を続けたという。したがって，アメリカが途上国から一方的にマイクロファイナンスを輸入・模倣したというわけではなく，グラミン銀行の設立・運営にあたっては，アメリカのコミュニティ開発銀行の経験を伝えた。

　途上国と先進国が互いの経験から学び合い，貧困層のためにより良い金融サービスを生み出していくことは理想的な姿であろう。ただ，それぞれの国や地域によって社会的・経済的環境は大きく異なる。ある国で成功した制度を他の国に移植しても，それがうまく機能する保証はない。アメリカにおけるマイクロファイナンスの実践を，途上国からの輸入・模倣としてとらえ，途上国のマイクロファイナンスのあり方を基準として，それとの対比において理解しようとする限り，アメリカのマイクロファイナンスはアウトリーチの面でも，持続性の面でも見劣りするものにしか映らない。バングラデシュにはバングラデシュの，アメリカにはアメリカの社会経済環境にふさわしいマイクロファイナンスのあり方があるはずであり，それぞれの国・地域の実情に合わせて柔軟に内容を変える必要がある。グループ融資の方法論がどの国でも機能するとは限らないし，マイクロファイナンス機関の持続性（外部の補助・寄付無しで経営できること）という評価基準自体も，先進国では必ずしも現実的とは言えない面がある。

途上国との対比でアメリカのマイクロファイナンスを評価する発想から脱却し，アメリカ固有の文脈のなかで，マイクロファイナンスがコミュニティ開発にいかなる役割を果たしているのかを検証することが，むしろ必要なのではないか。

4　マイクロファイナンスの現状

（1）マイクロファイナンスの基準

　ここで改めてマイクロファイナンスの定義をみると，「自営業者，低所得世帯，零細企業に対する金融サービス（小口ローン，貯蓄，送金，保険等）の提供…簡単に言えば，貧困層に対する小規模金融サービスのこと」［フェルダー，2005：33］，「貧困層や低所得層を対象に，非常に少額の融資や預金を取り扱う金融のこと」［岡本，2008b：76］，「担保となるような資産を持たず金融サービスから排除された貧困層や低所得者層に対して，小規模の無担保融資や貯蓄・保険・送金などの金融サービスを提供し，彼らが貧困から脱却して自立することを目指す金融」［菅，2008：16］となっている。論者によって表現の違いはあるが，これらの定義に共通する主要な要素は，①貧困層を対象としていること，②金額が少額であること，③金融サービス（融資に限定しない）を提供すること，の3点に整理される。

　しかし，こうした一般的な定義だけでは明確でない部分が残る。たとえば①貧困層を対象とするとしても，どこまでの貧困層を対象とするのか，貧困をどう定義し，どのような指標で測定するのか。国・地域によって所得水準が異なり，「1日1ドル以下」といった絶対的貧困の基準だけで考えることは必ずしも適切ではない。②金額が少額といっても，いくらまでを「少額」とみなし，マイクロファイナンスの対象に含めるのか。これも国・地域によって，また時代によっても「少額」の範囲は異なる。特に，先進国における貧困やマイクロファイナンスを論じる際に，途上国の基準を当てはめることが現実的でないことは容易に想像がつく。前述の Servon［2002］の比較にも見られるように，ア

メリカで起業する際の費用は，途上国とは比べものにならないほど大きくなる。Carr and Tong [2002：2] によれば，途上国のマイクロファイナンスの融資額平均50ドルに対して，アメリカでは平均3万5000ドルであるという。マイクロファイナンス機関によっても，融資額の上限はそれぞれ異なっており，筆者の管見の限りでは，アメリカのマイクロファイナンスが対象とする貧困層の範囲や金額の上限等を明示的に規定したものは見当たらない[6]。また，マイクロファイナンスという括りで法的な規制や行政施策があるわけでもなく，マイクロファイナンスの全国組織が結成されているわけでもない。そのため現時点では，マイクロファイナンスに関する正確な統計データを得るのは難しいが，以下に示したいくつかのデータから，アメリカのマイクロファイナンスの規模を推測することはできる。

アスペン研究所（The Aspen Institute）の調査によれば，アメリカ国内のマイクロ融資機関は246組織，融資件数は1万3231件，融資額は1億1400万ドル（2003年）であり，1992年の42組織・6429件・4400万ドルと比較して大きく成長した [Zipkin, 2005]。

コミュニティ開発クレジットユニオンは，2008年時点で45州に294組合あり，資産総額は71億ドル（1組合あたり中間値340万ドル），組合員数は約150万人（1組合あたり中間値1384人）である [CDFI Data Project, 2007]。コミュニティ開発クレジットユニオンの組合員の76％が中低所得者，69％がマイノリティ，58％が女性，48％がラテン系であり，主な組合員層の属性として中低所得者とマイノリティ，女性がオーバーラップしていることが見てとれる。

アメリカにおけるマイクロファイナンスの市場規模は，銀行の金融サービスにアクセスできない人々（unbanked ないし unbankable と呼ばれる）の数と，零細企業（microenterprise）の数で示されることが多いが，銀行の金融サービスにアクセスできない人口は1200〜1500世帯にのぼるという推計 [Carr and Tong, 2002：3] や，2800万人がアクセスできず，4500万人が限られた利用しかできないという推計（Grameen America）もある。他方，零細企業セクター[7]の規模は，雇用者全体の8〜20％を占めるという推計がある [Shreiner and Morduch, 2002：

23:Shreiner and Woller, 2003:1570]。ACCION USA の Burrus [2006:7] によれば，銀行から融資を受けられない零細企業は1080万社，個人年収1万ドル以下の企業所有者は430万人，ヒスパニックの所有する零細企業は80万社，黒人の所有する零細企業は65万社ある。また，ヒスパニック系や黒人の零細企業の8割以上はそもそも銀行からの融資をはじめから念頭に置いていなかったり，一度は融資を受けようと考えてもあきらめたり，実際に銀行に融資を申し込んで断られたりしているという。こうしたマイノリティの零細企業がマイクロファイナンスの主な対象者層となり得る。[8]

他方，アメリカのなかでも地域によってマイクロファイナンスの普及に偏りがあると言われる。カリフォルニア州はマイクロファイナンス機関が多く[Bhatt et al. 2002:194]，オポチュニティ・ファンド（Opportunity Fund）が中心となって"Microfinance CA"と称する大会をサンフランシスコで2009年に開催，翌2010年には全米規模での大会"Microfinance USA"を計画するなど，運動は盛り上がりを見せている。

統計的にマイクロファイナンスの現状を把握することには限界があるが，いくつかの事例からその現状をうかがい知ることができよう。

（2）コミュニティ開発クレジットユニオンの事例

永井 [2004a] と由里 [2009] はオレゴン州ユージーン市の O.U.R. Federal Credit Union（以下，O.U.R.と略称）の事例を紹介している。O.U.R.は「低所得者」をコモン・ボンドに掲げるコミュニティ開発クレジットユニオンの一つで，総資産約140万ドル，組合員数約1000人（2002年）である。ヒスパニック等の貧困な移民層が多いホワイトエイカー地区の住民，およびユージーン市のサタデー・マーケット（土曜市）に出店する零細企業経営者を対象に，融資・預金・金銭管理教育・起業家教育などのサービスを提供している。土曜市に出店する零細企業経営者は概して裕福ではなく，借り入れ返済履歴も充分ではない。また，銀行に決済預金の口座を持たない者も多いため，銀行との取引ができず，代わりにO.U.R.が融資や貯蓄などの金融サービスを提供するほか，金銭管理

教育や起業家教育により，組合員が銀行と取引できるように指導している［永井，2004a：24；由里，2009：100］。

永井［2004b］はカリフォルニア州オークランド市の People's Community Partnership Federal Credit Union の事例を，また古江［2009b］はカリフォルニア州サンフランシスコ市の North East Community Federal Credit Union の事例を紹介している。いずれも，銀行を利用できない貧困層を対象として融資や貯蓄などの金融サービスを提供し，融資だけではなく金銭管理教育なども行いながら，貧困層の救済に努めている。

（3）ローンファンドの事例

貧困層に金融サービスを提供しているのは，クレジットユニオンに限らない。以下では，筆者が聞き取りを行った二つのローンファンドの事例を紹介する。

Chicago Community Ventures（CCV）はシカゴ市で1999年に設立した認定 CDFI で，NPO（501(c)(3)団体）のローンファンドである。1999～2007年度の低所得地域企業への融資額（累計）は288万ドル（関係者からの聞き取り2009.3.9.およびウェブサイトによる）。

CCV はシカゴ市の低所得地域の住民を主な対象として，金融サービスを提供している。シカゴ市南部・西部に広がる低所得地域では失業率が高く，住民の多くは総じて学歴も低いために銀行にアクセスできない。だが，住民が零細企業を起業して他の住民を雇用する動きが盛んであり，市内の起業の80％が低所得地域で生じている。そのため，CCV は低所得者，マイノリティ，女性などが営む零細企業や，低所得地域で事業を営む社会的企業に対して融資している。たとえば，ギフト・バスケットを製造販売する女性の企業や，トナーカートリッジをリサイクルする精神障害者の職業訓練の作業所などが主な融資先であり，事業分野は多岐にわたっている。創業段階はリスクが高いため，創業して6カ月以上経過した，年収50万ドル以下の零細企業に融資することにしている。

融資額は，25万ドルを上限としているが，平均は50,000～75,000ドルである。

また，金利については，リスクの高い零細企業に融資しているため，プライムレート＋2～5％と銀行より高めに設定しているが，クレジットカードローン（18～25％）に比べれば低い。借り手からは不動産担保をとり，担保だけで不充分な場合は保証人も求める。

　CCVは借り手に対して，1対1のコンサルティングを平均20時間程度かけて行っている。具体的には事業計画書の書き方からマーケティング，財務諸表の見方などを教える。個別のコンサルティングの他，起業家同士のネットワークや経験交流のためにワークショップも開く。CCVの場合，2009年3月の時点で融資件数は3件しかないが，コンサルティングなどの経営支援は年間300～400件あり，経営支援が最大の事業の柱になっている。ちなみに経営支援にかかるコストは，企業からの助成金で賄っている。

　CCVの事業を概観すると，融資額はマイクロファイナンスにしてはやや大きく，また担保や保証人を徴求している点も，マイクロファイナンスにしてはやや異質な印象を受けるが，事業の目的・内容は，貧困層の起業による経済的自立を支援していることから，マイクロファイナンスに含めて考えられる。また，融資よりも経営支援が中心になっている点，助成金でコストを賄っている点などは，アメリカ的なマイクロファイナンスの特徴を表しているとも言える。

　フィラデルフィア・デベロップメント・パートナーシップ（PDP）は，設立当初はアフォーダブル住宅を提供するコミュニティ開発法人（CDC）を支援していたが，1990年代以降連邦政府が低所得者層に就業による自立を求めたため，低所得者層の経済的自立支援事業へと方針転換した。現在は，主にマイノリティの経営する零細企業を対象に，融資と経営支援を提供している（関係者からの聞き取り2009.9.1.およびウェブサイトによる）。PDPは，フィラデルフィア市の中低所得地域の経済発展を促すことをミッションに掲げ，1989年に設立されたローンファンドで，NPO（501(c)(3)団体）である。(9) 1989年～2008年3月までの融資（累計）は257件・49万ドル，経営支援の提供数は2007年度719件，2001年以降の資金調達額は累計450万ドルである。

　PDPは，グループ融資（Peer Loan）と小企業融資（Small Business Loan）の

2種類を用意しているが、グループ融資のほうが1件あたりの融資額は小さく[10]、事業経験のあまりない貧困層を対象としており、グループ融資にPDPの特色が強く表れている。関係者によれば、このグループ融資はグラミン銀行の経験をベースにして始めたもので、具体的には以下のような形で運用している。

まず3～10人のメンバーで1グループを結成し、PDPと契約を結んで無担保で融資を受け、事業を行う。メンバーは相互に融資保証し、あるメンバーが返済不能になると、他のメンバーもそれ以降借りられなくなるという連帯責任方式を採用している。グループは月に1～2回ミーティングを開き、互いの事業計画を検証しあう。PDPの契約コンサルタントがミーティングに出席して融資を回収するとともに、事業の状況を細かく把握する。返済期間は6カ月。最初の融資額は500ドルで、無事に返済できるとそれ以降1,000ドル、1,500ドル…と融資額は次第に増える（ステップ・レンディング・モデル）。主な融資先はマイノリティの経営する従業員1～5名程度の零細企業で、社会的企業やNPOへの融資事例は少ない。グループ数は、かつては30～40程度あったが、借り手の事業が拡大して銀行から借りられるようになり、PDPから借りる必要がなくなってグループを解散する例もある。筆者が聞き取りをした2009年9月時点では7～8グループに減ったという。

PDPは融資に加えて、訓練やカウンセリングなど、さまざまな経営支援を提供している。ビジネススキル・トレーニング講座は、参加者のレベルに合わせた事業のシミュレーションやケーススタディをとりいれたカリキュラムを編成し、教材を使って講義を行うものである。この講座は、学歴の低い貧困層で、事業構想・計画をもっているが事業経験のない人や、既に事業を始めている人を主な対象に想定して設計されている。この講座を修了した人には、起業に向けてPDP契約コンサルタントから1対1のコンサルティングを無料で受ける資格を与えられる。コンサルティングの主な内容は事業ライセンスの取得、事業パートナーの選定、マーケティング資料の設計などがある。

このほか、ピア・トレーニング（起業家同士の交流・研修）、メンターリング（経験ある先輩起業家による指導）、ワークショップやセミナー（低コストのマーケ

ティング戦略や時間管理手法，金融の基本知識などを扱う）なども用意されている。

　PDP からの融資を希望する人には，一定時間のコンサルティングを受けることを義務づけ，借り手の能力を高めてから貸すようにしている。また，融資と経営支援の後には1年ごとに，3年間にわたって追跡調査を行い，現在の収入や雇用者数など事業の状況を尋ねて，融資と経営支援の効果についてデータを蓄積しているという。

　なお PDP は，これらの融資や経営支援にかかる費用を，全て政府や銀行からの補助金・助成金と個人の寄付金で賄っており，融資は一切受けていなかった（2009年9月時点）。2009年以降に初めて銀行から融資を受ける予定だという。

　PDP の事例は，CCV に比べて融資額は小さく，また事業の目的・内容からしても，マイクロファイナンスとしてみなすことができる。経営支援のコストだけでなく融資原資まで全て補助金に依存しているというのは，マイクロファイナンスとしてあまり一般的ではないが，融資よりも経営支援が事業の中心になっており，助成金でコストを賄っている点などは，CCV と同様に，アメリカ的なマイクロファイナンスの特徴を表していると言える。

5　アメリカのマイクロファイナンスの課題

　アメリカのマイクロファイナンスの実践を，途上国との対比で見るのではなく，アメリカ固有の文脈のなかで理解し，評価するにはどうすればよいのだろうか。
　第一の課題は，マイクロファイナンスの成果に対する評価である。
　社会性評価の方法に関しては，マイクロファイナンスでは経済性と社会性の二重基準に基づく評価方法の開発が行われてきた［Tulchin, 2003：7］。たとえば Imp-Act による SPM（Social Performance Management in Microfinance）のガイドラインでは，それぞれの組織が社会的目標を最初に定めることになっている。この社会的目標は，一般的には「特定のターゲットグループへの接近」「ニーズに合った適切なサービスの安定供給」「利用者やコミュニティのプラス

の変化として現れるインパクト」の三つに分類される。マイクロファイナンスが経済的目標（貸出残高等）だけでなく社会的目標を掲げ，その目標がどれだけ達成できたかを測定し，評価することが必要とされているが，現段階ではまだ開発されていない。

マイクロファイナンスの事業が社会に対してどの程度の成果（アウトカム）を与えたのかを測定・評価することは，直接的な生産量（アウトプット）の測定に比べて困難である［Benjamin et al., 2004：42］。融資額・件数の推移は示せても，賃金の上昇や雇用者数の拡大，市場の拡大，マイノリティ差別の解消といった成果を示すことは，さまざまな要因が複雑に絡んでいるだけに難しい面がある。

第二の課題は，経済性と社会性のジレンマである。

マイクロファイナンスの評価基準の一つに持続性があるが，アメリカの場合，政府や財団などからの補助金依存をなくし，民間投資によって持続可能な経営を図ることは，はたしてどこまで可能なのか。また，持続可能な経営を徹底的に追求することは，マイクロファイナンスのミッションと摩擦を引き起こす恐れはないのか。

アメリカ最大手の ACCION USA は，融資事業の収益率（融資事業の経費に占める収益の割合）は31.8％にすぎない。収入の約4分の3を企業など民間の寄付金に依存しているのが実態である。また政府の CDFI ファンドから多額の資金や税の減免を得ている。

アメリカのマイクロファイナンスのこれまでの経験から一つ明らかなことは，経営支援に比重を置くためにコストがかかり，経営支援のコストは金利でカバーしきれないために，補助金・助成金などを必要とするということであった。また，貸出金利にしても，途上国のように高い金利を課すわけにはいかないので，利益はあまり期待できない。

マイクロファイナンスが完全に自立的な経営を実現できれば理想かもしれないが，少なくとも現状では，政府が手を引けば，貧困層などへの融資は困難になる恐れがある。また寄付金への依存率も高い。アメリカでは，「いかに補助

金・助成金から自立して持続可能性を高めるか」を命題にするのではなく，「金利収入で賄いきれないコストをどこからどのように調達するか」という方向に発想を切り替えたほうが現実的であろう。この問題は個々の金融機関の経営課題を超えて，政府を含めた社会全体の課題でもある。

マイクロファイナンスの抱える経済性と社会性のジレンマは，金融の社会的排除にかかる費用を社会のなかでどのように公平に負担しあえるかという問題であると言えよう。

小　括

アメリカには銀行を利用できない貧困層が多い。マイクロファイナンスは彼らに金融サービスを提供して起業を促し，経済的自立を図る手段である。

アメリカでは1980年代後半以降，途上国からマイクロファイナンスの手法を導入したが，グループ融資が十分機能せず，途上国と比べてアウトリーチは狭く，持続可能性も低いなどの問題点が指摘されている。とはいえ，1990年代以降マイクロファイナンスの規模は成長しており，潜在的な市場規模も大きいと推計される。

マイクロファイナンスの主な担い手はコミュニティ開発クレジットユニオンとローンファンドである。これらのマイクロファイナンス機関は，融資に加えてきめ細かな金銭管理教育や零細企業への経営支援を行う点が特徴である。

マイクロファイナンスが社会にもたらした成果の測定方法はまだ開発が充分進んでおらず，今後の課題である。

注
（1）　インフォーマルセクターとは，法人格がなく，財・サービスの生産規模が小さな事業部門を指し，零細・小企業，自営業，内職などの家内労働の形で存在している。途上国においては，こうしたインフォーマルセクターの規模が大きく，マイクロファイナンスの主な需要先となっている［岡本，2008b：77］。

第Ⅱ部　アメリカのコミュニティ開発金融

(2)　アメリカのマイクロファイナンス大手ACCION USAも1991年の設立以降，いまだに寄付金等で事業赤字分を埋め合わせているが，近年は効率化により持続性を高めているという [Kiviat, 2009]。ACCION USAは国際機関ACCION Internationalの一組織として1991年ニューヨークで活動を開始し，その後アトランタ，ボストン，マイアミに支部を設立した。設立以降累計1.1億ドルを11,000の零細企業に融資してきた。活動地域は全米にわたり，広範囲の地域をカバーするためマイクロファイナンスとしてはいち早くインターネット融資とコールセンターを導入した。また，個人対個人をインターネットで結びつけて直接投資を行うKivaとも提携し，1万ドル以下の融資であればACCIONから経営支援を受けながらKivaで資金調達することもできる。融資額は500〜5万ドルの範囲だが，実績では平均7,500ドルである。金利は8〜15％で，融資期間は5年間。ACCIONシカゴ，ACCIONニューメキシコ，ACCIONサンディエゴ，ACCIONテキサスとともにアメリカACCIONネットワークを形成しており，ネットワーク全体の融資額は累計2.1億ドルに達する。

(3)　グラミン・アメリカは，バングラデシュのグラミン銀行創設者のムハマド・ユヌスが2008年1月，ニューヨーク市に設立した非営利のマイクロファイナンス機関で，貧困層（特に女性）への少額融資，貯蓄，信用強化，金融教育を提供する。グラミン銀行と同様に，5人のグループを作らせて，小規模事業に対して融資を行う（初回は1500ドル融資し，返済できれば金額を増やす仕組み）。2009年9月末時点で290万ドルを融資した。

(4)　中嶋［2003：52］も，マイクロファイナンスを「発展途上国で誕生・発展し，先進諸国に技術移転された極めてまれな金融手法」だと評している。

(5)　例えば，ACCION USAは1件当たりの融資額の上限を5万ドルに設定しているが，グラミン・アメリカは初回の融資額を1500ドルとしている。

(6)　貧困層の範囲については，所得や資産額などの基準よりも，銀行の金融サービス（融資，貯蓄，送金等）にアクセスできないということが主な基準となっているようである。銀行の金融サービスから排除されている理由には所得や資産額ももちろん含まれるが，信用履歴や担保の有無，事業実績，個人の属性などが総合的に判断されると考えられる。したがってマイクロファイナンスの概念は，単なる金額の大小よりも，社会的排除／社会的包摂の理論を用いて説明したほうが，説得力が高い。

(7)　アメリカでは零細企業の要件として，一般的に①創業時または事業拡大時の資本が3万5000ドル以下，②年間売上5万ドル以下，③従業員は5人未満または家族，④家内工業を除く，とされている。

第6章　マイクロファイナンスの現状

（8）　一般的にマイクロファイナンスは，貧困層の経営する零細企業に対する金融サービスの提供ととらえられる向きが多いが，事業融資だけでなく，住宅融資や小口融資，貯蓄など，個人（消費者）への金融サービスも含まれていることに注意すべきであろう。CDFIの融資残高件数の75％が消費者向けの小口融資であり，例えば教育費，自動車修理費，医療費その他の生活費に使われている。コミュニティ開発クレジットユニオンの個人向け融資残高は1人平均2167ドルと少額である［CDFI Data Project, 2007］。

（9）　PDPは，1999年に融資組織コミュニティ・キャピタル・ワークス（CCW）を設立して認定CDFIの資格をとり，CCWが融資実務を，親組織であるPDPは主に訓練を担うというように役割分担した。ただし，ここでは便宜上，PDPとCCWを区別せず，融資業務も一括して紹介する。

（10）　小企業融資は，グループ融資に参加した者または個別に訓練を受けた者を対象として1500～2万5000ドルを融資する。小企業融資はグループ単位ではなく個人単位で融資し，担保を必要とする。他方，グループ融資の融資額は500～5000ドルである。

第Ⅲ部
日本のコミュニティ開発金融

第 7 章
コミュニティ開発金融の歴史と現状
——ほのかな発展の兆し——

1 コミュニティ開発金融の誕生と発展

(1) 無尽講の伝統

　平安時代, 同一の信仰をもつ人々の集団が結成され,「講」(1)と呼ばれた。霊山や神社・寺院に参拝する「参拝講」のなかでも, 講のメンバーが参拝費用を出し合って数人の代表が参拝してくる「代参講」が多く, 鎌倉時代中期頃にはこの「代参講」から, 庶民の相互扶助金融である「無尽講」が派生した。

　無尽講は当初, 農村における相互救済の仕組みとして機能していたが, 江戸時代には農村から都会へと無尽制度が拡大し, 高利貸しに苦しめられていた都市の細民や小商工業者にも普及して, 大衆的な金融手段となっていった。

　明治時代, 無尽講は企業的性質をもった「営業無尽」・「無尽会社」に転換し, 庶民の零細貯蓄機関および小商工業者の生産金融として, 政策の庇護を受けることなく自力で成長を遂げていった。営業無尽以外にも, 主に農村・漁村で無尽や頼母子講と呼ばれる相互扶助金融が存続し, 銀行から融資を受けられない庶民や自営業者が運営・利用した。

　戦後は小商工業者にとって金融の選択肢が拡大し, 無尽講の必要性が薄れていった [麻島, 1983]。1952年の相互銀行法成立に伴い, ほとんどの無尽会社が相互銀行に移行するとともに, 無尽の色合いを残す「相互掛金」も次第に消滅していった (相互銀行は後に, 第二地方銀行に転換)。しかし, 無尽講は日本で長期間にわたり, 庶民の資金を集めて庶民に還元する, 相互扶助の金融機関として機能してきたことは確かである。そのため, NPOバンク (後述) の当事者の

多くは，自らを相互扶助的な無尽講のようなものととらえている［多賀，2004b］。

（2）1960年代の動向

　世界的なクレジットユニオンの潮流を受けて，日本各地のカトリック教会がクレジットユニオンを設立しようと運動した。長崎県佐世保市の俵町教会内に作られた共助組合を第一号として各地の教会に共助組合がつくられ，1960年には日本共助組合が設立された。設立の背景には，当時社会問題化していた「サラ金被害」があり，信者をサラ金被害から救済することが主な目的だったという［藤井，2007：80］。日本共助組合は多重債務者救済の先駆者的存在である。

　欧米諸国ではクレジットユニオンを保護し優遇する法制度を用意していることが多いが，日本にはないため，共助組合は営利の消費者金融と同様に貸金業者として登録し，行政の監督下に置かれている。

　1969年には岩手県消費者信用生活協同組合（岩手県信用生協）が設立された。信用生協は労働金庫の関係団体として宮崎県・石川県・三重県・鳥取県などに相次いで設立され，未組織労働者を対象とした融資を行った（労働金庫は組織労働者を対象とした融資）。これらの信用生協はサラ金（消費者金融）と競争し，30％程度の金利で貸していた。ところが多くの不良債権を出してしまい，自転車操業に陥っていずれも経営破綻した。

　これに対し，岩手県信用生協だけはサラ金と競争せず，むしろサラ金の被害者である多重債務者の救済に回った。多重債務相談とセットにした融資をしたので，多重債務の社会問題化とともに信用生協の事業も伸びてきたという（生活サポート基金関係者からの聞き取り2009.12.9および岩手県信用生協関係者からの聞き取り2009.12.7による）。1987年に岩手県宮古市で起きた「名義貸し事件」を契機に自治体・金融機関・信用生協・弁護士会の連携が作られ，多重債務者救済のための独自の枠組み（「岩手方式」）が作られた。宮古市の「名義貸し事件」の際には，宮古市が5000万円を市内の金融機関に預託し，信用生協がその2倍協調融資として金融機関から1億円を受け，さらに信用生協が単独資金を上乗

せして被害者の救済に当たった。また岩手県弁護士会が債権者との交渉にあたった。この取り組みが成功したことから，1989年に盛岡市の預託を受けて，自治体提携多重債務者救済資金貸付制度事業が正式に開始された［佐藤，2004b：9］。その後，提携自治体は増加し，現在では県下全市町村が提携している。

2010年5月，岩手県信用生協は青森県八戸市に相談センターを開設するのに伴い，消費者信用生活協同組合（略称・信用生協）と改称した。

1969年には，大阪府と大阪市の出資により，大阪府同和金融公社が設立された。同公社は大阪府・大阪市から1985年までの間に70億円以上の無利子貸付を受けて，同和対策事業への融資を行った（『しんぶん赤旗』2007年4月6日）。同和対策として1969年に融資事業を始めた当時，同和地区の住民は識字率が低く文書を書けないため，一般の金融機関から融資を受けられなかったという。2002年の同和対策事業特別措置法の失効に伴い，翌2003年に財団法人大阪府地域支援人権金融公社（愛称ヒューファイナンスおおさか）と改称した。現在では旧同和地区での識字率も向上し，同和対策としての資金需要はほとんどない。そのため融資事業も根本的に見直し，対象地域を同和指定地区から大阪府内全体に拡大し，対象事業も教育資金やNPO，コミュニティビジネスなどに変えて，現在に至っている（関係者からの聞き取り2008.1.17）。

（3） 1980～90年代の動き

静岡県労働金庫は1983年以降，多重債務者救済のための小口融資を始めた。ただし，当初からそのための融資制度を用意していたわけではなく，労働組合を通して労働金庫に相談があった場合に，個別に融資していたという。また，未組織労働者への救済融資についても，個人保証によって個別に融資したり，組織労働者が家族にいる場合は，その労働者に対して貸し付けることで救済してきた。現在，静岡県労働金庫は「リボン」という多重債務者救済融資制度を設けており，未組織労働者も含めた対応が取れる体制を整えている（静岡県労働金庫関係者からの聞き取り2009.12.15）。

また，1989年には市民バンクが設立された。市民バンクは，片岡勝の㈱プ

レスオールターナティブと永代信用組合（当時）が提携し，市民事業に融資する提携融資制度であった。市民バンクが融資案件の社会性を審査し，金融機関が経済性を審査して融資を決めるという点がユニークな事業モデルである［藤井，2007：108］。この提携融資制度はその後，東京都信用組合協会（現在は江東信用組合，青和信用組合が実施），西京銀行などにも広がりをみせた。

　1994年には未来バンク事業組合が設立された。未来バンク事業組合は市民団体「フォーラム21」の活動を契機として，市民運動家の田中優らが中心となって設立した。田中は郵便貯金の資金が財政投融資として無駄な公共事業に流れていることを批判し，資金の流れを変えることで社会・環境を変える必要性を説いた。その具体的な試みとして，「未来バンク事業組合」を設立し，趣旨に賛同する一般市民からの出資を得て，環境配慮型の市民事業やNPO，エコロジー住宅など環境にやさしい事業への融資を始めた［田中，2008］。

　他方，神奈川の生活クラブ生協，ワーカーズ・コレクティブ運動の発展を背景として，ワーカーズ・コレクティブをはじめとする市民事業が資金難にあえいでいたことから，市民事業に融資する信用組合を設立しようとする動きが現れた（女性・市民信用組合（WCC）設立準備会）。しかし，監督官庁（当時）の神奈川県当局は容易に設立を認めなかったため，WCC設立準備会は1998年，貸金業者としてWCBを別途設立し，市民事業への融資を始めた（現在は女性・市民コミュニティ・バンクと改称）。

　他方，特定の自然エネルギー事業に出資するファンドも登場した。生活クラブ生協・北海道の関係者が「市民がより望ましいエネルギーを選んで買いたい」という組合員の要望を受けて，自然エネルギー（風力発電）を自ら供給する事業を始めた。こうして1999年に設立されたNPO法人北海道グリーンファンドは，市民から出資金を集めて北海道浜頓別町に風力発電所を建設した。その後，市民出資による風力発電所（いわゆる「市民風車」）の事業は青森，秋田，茨城など各地に広がっている。

（4） 2000年代以降

　NPO バンクは2000年以降，未来バンク事業組合や WCC 設立準備会に引き続き，北海道 NPO バンク（2002年），東京コミュニティパワーバンク（2003年），ap bank（東京都；2003年），NPO 夢バンク（長野県；2003年）と各地で設立が相次いだこともあり，2004年には札幌市で第1回の全国 NPO バンクフォーラムが開催された。さらに翌2005年には，新潟コミュニティ・バンクとコミュニティ・ユース・バンク momo（愛知県）が設立された。

　他方，NPO や社会的企業に融資する金融機関や公的機関は2000年以降徐々に増えてきた。たとえば，東京・群馬・近畿の各労働金庫は2000年4月に NPO 法人を対象とした融資制度「NPO 事業サポートローン」を開始し，現在は全国13全ての労働金庫でこの融資制度を扱っている。信用金庫では，2000年に奈良中央金庫が県内の NPO 向けに融資制度を開始したのを皮切りに，全国各地の信用金庫が NPO 向けの融資制度を始めるようになった。

　この他，信用組合や地方銀行の一部でも NPO 法人やコミュニティビジネスを対象とした融資制度を設け，地方自治体のなかでも北海道や福島県，群馬県，神奈川県などが，従来の補助金・助成金とは別に融資制度や利子補給，融資保証などの制度を相次いで新設した。北海道や宮城県，横浜市，長野県などの自治体は直接の貸付に加えて，労働金庫や信用金庫，NPO バンクと提携して制度融資や利子補給，融資保証を始めた。こうした融資制度の出現が目立ってきたのは2000年以降である。

　多重債務者救済では，岩手県信用生協の経験を受け継ぐ形で有限責任中間法人生活サポート基金（2009年に一般社団法人化）が2005年に東京で設立され，多重債務者救済のための貸付事業を始めた。また，グリーンコープ生協ふくおかは2007年に「生活再生相談室」を開設し，多重債務者の相談と救済貸付，金融教育などの事業を始めた。その後，熊本・大分・山口・長崎の各グリーンコープ生協でも同様に生活再生相談室を開設した。

2 日本のコミュニティ開発金融の現状

　日本のコミュニティ開発金融の歴史をたどると，NPO バンクや多重債務者救済生協を設立する動きは特に1990年代以降活発になってきたことが分かる。
　また，これらのコミュニティ開発金融は，必ずしも貧困や社会的排除のテーマに狭く限定されるのではなく，環境，農業，福祉，まちづくり，文化，自然エネルギー，女性の起業など，多岐にわたるテーマを含んでいた。
　ここでは，やや幅広いテーマを含めて，日本のコミュニティ開発金融の現状を概観しておきたい。

(1) 労働金庫，信用金庫，地方銀行

　現在，全国に13ある労働金庫は全て「NPO 事業サポートローン」という，NPO 法人を対象とした融資制度を設けている。各労働金庫で制度の詳細は若干異なるが，いずれも500万円以下の場合は無担保で，3名以上の連帯保証人（融資先の法人代表者含む）を必要とするものが多い（融資条件の詳細は［三菱 UFJ リサーチ＆コンサルティング, 2009：267-269]）。近畿労働金庫は，プロパーの「NPO 事業サポートローン」に加えて「障害者市民活動支援融資（ゆめのたね）」と「きょうと市民活動応援　提携融資制度」も実施している。
　他方，全国に272ある信用金庫（2010年2月15日時点）のうち，NPO やコミュニティビジネスに融資する制度を備えている信用金庫は，三菱 UFJ リサーチ＆コンサルティング［2009：266］によれば26存在しており，全体の1割程度である。各金庫によって，NPO 法人への支援を主眼とした融資制度と，NPO 法人やコミュニティビジネス，ベンチャービジネス，社会福祉法人などを包括的に対象とした融資制度とに分かれるが，無担保の場合は融資額上限を300〜500万円に設定したものが多い。NPO 融資制度の開設時期は，2000年から2004年までの間に集中している。
　地域銀行（地方銀行・第二地方銀行・その他）は109行あるが（2009年2月15日時

点) そのなかで NPO 融資制度をもつ銀行は 7 行ある ([小関, 2008a])。

　これらの NPO 融資制度が2000年以降相次いで作られた背景には，NPO 法人が2000年以降，公的介護保険サービス事業に参入してヘルパーの人件費や施設改装費，福祉車両購入費などのつなぎ資金・設備資金が必要になったこと，政府・自治体から NPO 法人への委託事業や指定管理事業が増えて人件費等のつなぎ資金が必要になったこと，地域経済活性化のために NPO 法人を含むコミュニティビジネスやベンチャービジネスなど地域の新規事業の立ち上げ・拡大に投資する動き，さらには金融庁の「リレーションシップ・バンキングの機能強化に向けた行動計画」(2003～2004年度)，「地域密着型金融の機能強化の推進に関するアクションプログラム」(2005～2006年度) が信用金庫の地域貢献策の一環として NPO 融資を結果的に後押ししたこと，などが挙げられよう。

(2) NPO バンクの現状

　労働金庫や信用金庫といった既存の金融機関ではなく，市民が自ら設立・運営する「手作り金融」(藤井良広) として NPO バンクの存在が挙げられる。

　NPO バンクとは，主に環境や福祉などの市民事業に融資する非営利金融機関の総称である。北海道 NPO バンクが団体名称として初めて「NPO バンク」を用いて以降，次第にこの言葉が普及するようになった，とされる。全国 NPO バンク連絡会によれば，NPO バンクの要件は以下の 5 点である。

①市民が自発的に設立する
②社会的に求められているニーズに対して融資を行う
③非営利である (法的に認められている程度の出資配当は OK)
④市民からの出資を融資の原資とする
⑤市民事業 (NPO でなくてもよいが，社会的課題の解決を第一義にすること) への融資を主目的とする

　上記 5 点の要件に当てはまる (狭義の) NPO バンクは2010年 4 月時点で全国に12組織ある。また，NPO バンクをより幅広くとらえて，多重債務者の生活再生事業 (7 組織) や，クレジットユニオンである日本共助組合も含めると，

第7章　コミュニティ開発金融の歴史と現状

表7-1　全国のNPOバンクの現況

(単位：千円)

組織名	設立年	融資対象	出資金	融資累計	融資残高	(融資制度)	(出資金以外の融資原資)
未来バンク事業組合	1994年	環境グッズ購入，NPO，エコロジー住宅等	168,403	907,002	59,737	金利：3％(特定担保提供融資は1％)上限：900万円最長10年	−
女性・市民コミュニティ・バンク	1998年	神奈川県内で事業を行うNPO，ワーカーズ・コレクティブ等	129,440	416,485	42,975	金利：1.8〜5％上限：1,000万円最長5年	−
NPO法人北海道NPOバンク	2002年	NPO，ワーカーズ・コレクティブ	44,824	257,770	28,118	金利：一般ローン2％，3ヶ月ローン5％上限：200万円最長2年	寄付7,030
NPO法人NPO夢バンク	2003年	NPO	14,740	135,790	25,564	金利：2〜3％上限：300万円最長3年	寄付金35,024借入金22,000
東京コミュニティパワーバンク	2003年	ワーカーズ・コレクティブ，NPO，市民事業者等	96,000	99,100	40,997	金利：1.5〜2.5％最長5年	−
ap bank(正式名：一般社団法人APバンク)	2003年	自然エネルギーなどの環境を対象にしたプロジェクト	(非公開)	307,174	(非公開)	金利：1％上限：500万円最長10年	−
新潟コミュニティ・バンク	2005年	コミュニティビジネス，まちづくり支援	6,720	2,300	0	金利：3％上限：200万円最長3年	−
コミュニティ・ユース・バンクmomo	2005年	豊かな未来を実感できる地域社会をつくる事業	40,700	30,000	967	金利：2.5％(つなぎ融資2.0％)上限：300万円最長3年	−

179

くまもとソーシャルバンク	2008年	熊本県内で社会性のある事業	3,300	(準備中)	(準備中)	金利：3.0% 上限：300万円 最長3年	–
天然住宅バンク	2008年	リフォーム資金，住宅購入時のつなぎ資金	24,941	8,391	318	金利：2.0% 上限：500万円 最長10年	–
もやいバンク福岡	2009年	福岡県内および近隣地域で活動するNPOや社会起業家など	10,240	3,000	3,000	金利：1.5～3.0% 上限：300万円 最長3年	–
信頼資本財団	2009年		0	0	0	金利：0% 上限：300万円 最長2年	寄付17,000
計（2010年3月末）			539,308	2,167,012	201,676		
2009年3月末時点			530,207	1,978,542	221,457		
対前年度比			101.7%	109.5%	91.1%		

注：2010年3月末現在
出典：全国NPOバンク連絡会　http://npobank.net

広義のNPOバンクは20組織になる（全国NPOバンク連絡会調べ）。

　NPOバンクの意義は，資金を必要とするNPOや社会的企業に対して必要な資金を提供できるところにある。充分な担保をもたず財政的に脆弱なNPOや社会的企業にとって，銀行など既存の金融機関から資金を借りることは一般的に困難であり，そうしたNPOや社会的企業に無担保で低利で融資することの必要性は大きい。NPOに融資することは，NPOの社会サービス（介護保険事業など）を受けられる一般市民に対してもプラスであり，非営利セクターの発展・成長にも良い効果を与え得る。

　他方，NPOバンクに出資/寄付する市民の視点から言えば，彼らが出資/寄付を通して社会をより良い方向に変えたいと願う場合，ひとりでは実現困難なので，自分の代わりに資金を信頼して託すことのできる「受け皿」が必要となる。NPOバンクは，こうした市民の願いに応えて「意志あるお金」を受け入

れ，環境や福祉などの事業に運用する「受け皿」として機能している。

さらに地域おこしの観点から見れば，地域のなかで資金を循環させることにより地域経済の活性化につながる。NPOバンクは，大都市や海外に資金を流出させることなく，地域内のNPOや社会的企業などに融資することにより，地域内での資金循環を促すエンジンの役割を果たすことができる。

各NPOバンクの1組織あたり出資金額は平均4494万円（中間値2億4941万円），融資累計は平均1億9700万円（中間値9910万円），融資残高は平均2016万円（中間値2556万円）（準備中および非公開の組織を除く；いずれも2010年3月末時点）である（**表7-1**）。

融資制度に関しては，各バンクによって少しずつ異なる。つなぎ融資を中心に扱うバンクは融資額上限を200～300万円に低く設定しているのに対し，設備資金・創業資金を中心とするバンクは1000万円と高く設定している。融資期間についても，つなぎ融資を中心に扱うバンクは2～3年と短く設定しているのに対し，設備資金・創業資金を中心とするバンクは最長10年としている。金利は1～3％の範囲内で設定しているものが多い。

各NPOバンクの融資対象を見ると，環境事業や自然エネルギー事業もあれば，女性によるワーカーズ・コレクティブや，NPO法人一般，地域おこし・まちづくり事業など幅広い。[2] NPOバンクは環境保護運動や生協運動，まちづくりの市民活動・NPO支援活動，宗教活動など，各々の文脈から派生して誕生した存在であり，母体となる運動組織が金融の機能の必要性を感じてバンクの設立に至った例が多い。

(3) 貧困・社会的排除に取り組んだ融資事例

自治体や労働金庫，信用金庫，NPOバンクにおいては，貧困や社会的排除の問題への取り組みもなされている。

たとえば近畿労働金庫は，大阪・釜ヶ崎で介護事業をしているNPOや，路上生活者を研修してヘルパーに育成するNPOに融資している。貧困地域や被差別地域のNPOからの融資相談も受けているという（近畿労働金庫関係者から

の聞き取り2008.11.10)。中央労働金庫も東京・山谷の路上生活者の自立支援を行っているNPOに融資している。

神奈川県のコミュニティビジネス融資制度では，障害者自立支援事業や，貧困地域（横浜市寿町）での融資案件もあった。寿町で訪問居宅介護事業を開設する団体に対して，ヘルパーの人件費のつなぎ資金を融資したという（神奈川県融資担当者からの聞き取り2008.9.8)。

女性・市民コミュニティ・バンクは2001年，野宿生活者支援施設「ハーバー宮前」（神奈川県川崎市）の開設にあたって，施設を建てたNPO法人KSサポートに500万円の融資（単身者住宅の改装費）を行った。2006年には，ワーク・ライフ・バランスを重視するNPO法人KCW協会に対し，有料職業紹介事業の立ち上げ資金330万円を融資した。

未来バンク事業組合と東京コミュニティパワーバンク（東京CPB）は，NPO法人自立支援センターふるさとの会に融資した。

ふるさとの会は東京・山谷地域で路上生活者の支援を行う団体で，路上生活者に宿泊施設を提供し，働ける人には職業訓練を，高齢者には介護サービスを施している。最近の例では，2009年にふるさとの会が民家を賃借して就労支援ホームを開設した際に，東京CPBがこの開設資金として400万円を融資した。

ふるさとの会によれば，路上生活者が経済的に自立すれば山谷地域の商店街で買い物をするだけの購買力が得られる。また，彼らに対する介護サービスも地域の雇用創出につながる。その結果，地域経済社会全体の活性化にもつながるという（ふるさとの会関係者への聞き取り2004.4.12，5.26，6.21)。

「ふるさとの会は，今後の事業展開としてCDC（コミュニティ ベースド ディベロップメント コーポレーション）をいくつかの地域で計画中です。生活困窮状況にある方や障害をもつ方々へ，多様な自立を可能にするための居住支援や社会サービスを提供する事業を行うには多額の資金が必要となり，寄付や自己資金だけではなく，市民の「意志あるお金」を有効に使うプロジェクト・ファイナンスの仕組みが必要です」（「ふるさとの会メールマガジン」第1号）と，ふるさとの会は，貧困地域で社会サービスの提供を通じてコミュニティ開発を進める

アメリカのコミュニティ開発の手法も視野に入れている。未来バンク事業組合や東京CPBなどによるふるさとの会への融資は，アメリカのコミュニティ開発融資に極めて近い事例だと思われる。

日本においても貧困にあえぐ地域は決して少なくない。その象徴的な地域が日雇い労働者の集住地区（「寄せ場」）であり，1990年代以降長期不況の影響を受けて日雇い労働者のホームレス化・高齢化が急速に進んだ。失業率の増加とホームレス化は，地域経済全体の冷え込み，衰退に直結する。

コミュニティ開発金融の事例はまだ限られているが，福島，石川，和歌山など各地で，地域経済社会の活性化をめざして，新たにNPOバンクを設立する動きも見られる。

3　NPOバンクの資金調達と経営

（1）NPOバンクの資金調達

鈴木は「バンクにとって低コストの出資を集めることは事業を行っていくための生命線である」［鈴木正明, 2006b：44］と指摘したが，NPOバンクにとって，いかに資金を調達するかは極めて重要な課題である。

NPOバンクの資金調達の手段は，主に出資と寄付である。NPOバンクは，法的には銀行などの預金金融機関ではなく貸金業者であることから，預金を扱うことができない。そのため元本保証のできない「出資」，あるいは融資，寄付といった手段に頼らざるを得ない。

NPOバンクが他の金融機関と異なる特徴の一つが，融資と会員制度と出資金をリンクさせている点である（ap bankおよび信頼資本財団を除く）。融資を受けようとする者は，そのバンクに出資して会員となる必要がある。そして，融資額は出資金の10～20倍までという規定がある例が多い。たとえば，「出資金の20倍まで」という規定がある女性・市民コミュニティ・バンクの場合，このバンクから1000万円借りる際には50万円以上をバンクに出資しなければならない。この出資金は後で取り戻せるとはいえ，借り手側の追加負担になることは

確かである。融資と会員制度と出資金のリンケージは，NPO バンクは会員間の相互扶助という理念を制度的に表現したものであるが，NPO バンクにとっては，融資のための原資を集めなければならないという事情もある。

自治体から融資・寄付を受けた北海道 NPO バンクや NPO 夢バンク（長野）の例もあるが，多くの場合，NPO バンクの趣旨に賛同した市民（個人），または NPO バンクから融資を受けたい団体（または個人）から出資・寄付を募ることになる。充分な資金を集められなければ，貸し出す資金が枯渇してしまう。

NPO バンクへの出資は，元本保証がなく配当もないうえに貸し倒れのリスクも少なからずあるため，そう簡単に資金が集まるわけではない。特に，関係者からの聞き取りによれば，地方の NPO バンクは出資金集めに苦戦しており，自治体からの融資・出資に期待する声も聞かれる。ただ，自治体からの資金に依存しすぎるのは，市民による金融という実態を損なう恐れがあるので難しい。

出資金集めの方法としては，市民や知り合いの企業などに出資を呼びかけることと，融資を受ける NPO の関係者に出資を増やすよう呼びかけること，などが挙げられる。出資者にはニュースレターで事業内容を報告し，財務報告だけでなく，融資実績を詳しく紹介することによって，出資の成果について理解を得るよう努めている。出資者に対する情報提供，アカウンタビリティの確保が，出資者をつなぎとめる中心的な戦略と言える。融資案件の詳細をウェブ上で詳しく公開しているのも，NPO バンクの特徴の一つである。またコミュニティ・ユース・バンク momo のように，NPO バンクを通じて出資者と融資先を積極的につなぎ，濃密な人間関係の構築を図るものもある。

ただ，NPO バンクのスタッフのほとんどはボランティアであり，また後述のように予算規模も限られていることから，出資者を新たに獲得するためのアウトリーチには多くの資源を割けないのが実情であろう。

NPO バンクが出資を集める際にもう一つ制約条件となっているのが，出資者に配当を出せないことである。金融商品取引法は，出資者保護のために投資ファンドを規制し，厳格な監督と情報開示を義務づけた。NPO バンクも出資を募るためにこの法規制の適用を受ける。しかし，情報開示を行うには巨額の

監査費用を要するため，NPOバンクにはとても経費を負担できない。全国NPOバンク連絡会が金融庁と交渉の末，NPOバンクは出資に対して配当を出さないという条件で，実質的に金融商品取引法の適用除外となった［加藤，2008］。

これでNPOバンクはとりあえず存続が可能となったが，配当を出せなくなったため，特に機関投資家から出資金を集めるのはさらに困難となった。

（2） NPOバンクの経営課題

NPOバンクは無担保だが貸し倒れはほとんどない。これは融資審査の確かさが奏功していると考えられる。金利が低く融資額が少ないため，NPOバンクの金利収入は年間数十万円〜数百万円程度とごくわずかだが，限られた予算で効率的な運営に徹している。事務所を他のNPOと共有したり，事務局スタッフがボランティアで働いたり，オンラインで会議をしたりと，NPOバンクごとにさまざまな工夫を重ねている（2008年，NPOバンクへの聞き取り調査による）。

少ない予算で効率的な経営に徹しているのが，他の金融機関にまねのできない強みであるが，他方で予算の少なさは活動範囲の制約にもつながっている。収入の範囲内でしか活動ができないのである。たとえば借り手に対する継続的な経営支援や，出資者の維持・獲得，スタッフの育成，全国的な運動の展開，NPO市場のマーケティング調査など，NPOバンクの活動をより充実・発展させていくための業務に費用を割くことが難しい。かといって，安易に金利を上げるわけにはいかないので，金利以外の事業収入（コンサルティング，講演など）や助成金・補助金の獲得によって収入を増やす必要がある。

また，近年新たに設立されたNPOバンクや，設立準備中の組織も少なくない。これらの組織はそれぞれのミッションや戦略をもちながらも，先輩格のNPOバンクが蓄積してきた経験やスキル，知識を参考にしながら設立の準備を進めてきた。近年では，こうした経験やスキルの伝授は全国NPOバンク連絡会を介して行われるようになった。

さらに，NPOバンクの存続のためには，NPOバンクを取り巻く法的・政治的環境を変えることが必須である。多重債務者問題に対処するため，2006年に成立した改正貸金業法では5000万円以上の純財産，指定信用情報機関への加入など貸金業者への規制が大幅に強化されるとともに，貸付額も年収3分の1以下という「総量規制」がかけられることになった。NPOバンクを新規に設立する際に5000万円以上の純財産を用意するのは実質的に不可能なため，全国NPOバンク連絡会はNPOバンクを貸金業法の適用除外にするよう各方面に働きかけた。その結果，NPOバンクなど一定の非営利・公益の要件を満たす事業者については純財産を従来どおり500万円以上とする特例が設けられた。この特例により，NPOバンクを新規に設立する道は残されることになった。また貸金業法の成立時には，「市民活動を支える新たな金融システムを構築する観点から，法施行後二年六月以内に必要な見直しを行う」という国会の附帯決議がつけられた。

しかし，指定信用情報機関への加入義務は依然としてNPOバンクにも課せられていた。指定信用情報機関への加入と，信用情報の利用には多額の費用がかかり，NPOバンクの支払い能力をはるかに超える。そのため，全国NPOバンク連絡会は貸金業法の完全施行（2010年6月）に向けて，NPOバンクの適用除外を求めて国会議員や金融庁にアドボカシー活動を行った。

その結果，非営利性や低金利（年7.5％以下）など一定の要件を満たしたNPOバンクを対象として，指定信用情報機関の利用について適用除外されることとなった。

4　コミュニティ開発金融政策

（1）国の政策

日本においては，アメリカでみられるようなコミュニティ開発金融政策の体系が残念ながら存在しない。従来，銀行などによる営利目的の金融と，日本政策金融公庫などの公的金融の2種類しかなく，民間（特に一般市民）による非

営利・公益目的の金融が根づいてこなかった。国としても，民間による非営利金融を支援するような政策を特に打ち出さないまま今日に至っている。むしろ，金融商品取引法や貸金業法に見られるように，民間による非営利金融を規制し，ブレーキをかける方向にある。

また，コミュニティ開発政策をめぐっても，税金などの公的資金を公共事業や補助金，生活保護費などの形で注入するが，金融機能を通して民間の資金をコミュニティ開発に積極的に取り入れようとする政策はとられてこなかった。

政策や法的整備の遅れは，日本におけるコミュニティ開発金融の発展に対して抑制的に働いているが，他方では一部に，コミュニティ開発金融を促進する政策も現れるようになった。

金融庁は2003～04年にかけて「リレーションシップ・バンキングの機能強化に関するアクションプログラム」を導入した。リレーションシップ・バンキングとは，「長期継続する関係の中から，借り手企業の経営者の資質や事業の将来性等についての情報を得て，融資を実行するビジネスモデル」（金融庁）であり，より端的に言えば「顧客との人間的関係に基づく銀行業務運営」（由里宗之）である。この政策は地方銀行・信用金庫・信用組合など地域に根差した金融機関に対して，担保至上主義を改め，顧客との長期的な信頼性を重視する融資に変えるというものである。また，続く2005～06年にかけては，リレーションシップ・バンキング政策の続きとして「地域密着型金融の機能強化の推進に関するアクションプログラム（平成17～18年度）」を導入した。この背景には，金融庁はじめ政府が地方銀行・信用組合・信用金庫など地域密着の金融機関に対しても，金融検査マニュアルの一律適用を迫り，小規模零細企業への融資をより困難にして，地域経済に打撃を与えるような政策を進めてきたことがある。加えて，2005年4月にペイオフが完全実施されることになり，多くの信用金庫・信用組合が厳しい経営環境に立たされた。さらには地方経済の低迷や地方財政の悪化があり，金融検査マニュアルの一律適用や従来の不良債権処理の方法では地域経済に一層の打撃を与えかねないとの認識があった［荒巻，2004］。

これらのアクションプログラムは各金融機関に対して実施計画を作らせ，進

捗状況を報告させるもので，基本的には各金融機関の裁量に任されている。金融機関のなかには，計画に NPO・コミュニティビジネスへの融資や寄付などの支援策を盛り込む例もあったが，ごく一部にとどまっている。アクションプログラム終了後は，各金融機関の主体性に任されるが，金融庁は年に1度，各金融機関の実施状況を調査し，結果を公表している。

　由里［2003：33］によれば，リレーションシップ・バンキングには「リレーションシップ貸出」「顧客リレーションシップ本位の業務推進（貸出以外）」「地域社会リレーションシップ」の三側面があり，三つめの「地域社会リレーションシップ」が本章で取り上げているコミュニティ開発金融の主題と大きく重なっている。これは単なる企業の社会貢献という意味にとどまらず，「コミュニティへの奉仕」であり，コミュニティの再生に向けて金融機関が積極的にコミットして投資することを指している。金融庁のアクションプログラムにも「地域社会貢献に関する情報開示等」の項目が盛り込まれた。

　「平成20年度における地域密着型金融の取り組み状況について」（金融庁2009.7.8）によれば，金融機関の取り組みとして「若い世代やシニア層等への金融知識の普及，介護福祉関連の NPO 法人への融資等の取り組みがなされている」「NPO 等への融資については前年度に比べ増加している」と述べている（地銀・信金・信組合計で，2008年度 NPO への融資件数は前年度比45％増の510件，融資額は26％増の77億円）。確かに少しずつ増えてはいるものの，全体からみればまだまだわずかな金額にとどまっている。また，これはあくまでも金融機関の自主的な取り組みであり，政府による補助金・減税などの政策的な誘導が特になされた結果ではないことに注意が必要である。

　他方，環境省は，市民金融を活用した環境コミュニティビジネスを促進するため，パイロットモデル事業を含めた調査事業を2007年度以降3年間にわたって行っている。2007年度は四つの NPO バンクを「先進的取組」として選定し，これらの NPO バンクが環境コミュニティビジネスに融資するとともに経営支援を施すというパイロットモデル事業を実施して，その成果を検証した［三菱UFJ リサーチ＆コンサルティング，2008］。続く2008年度は，NPO バンクやコミュ

ニティビジネス推進協議会など4組織が，モデル事業として自然エネルギー事業など環境コミュニティビジネスへの総合的な支援体制を築く実証実験を行った［三菱UFJリサーチ＆コンサルティング，2009］。2009年度は，これまでのモデル事業の結果を踏まえ，環境コミュニティビジネスの運営ノウハウ集やガイドの作成，市民出資・市民金融発展のための仕組みづくりを検討した［環境省，2009］。これらの調査事業を経て，環境省が市民金融・市民出資を支援する政策を打ち出すことを期待したい。

経済産業省は，各地方経済産業局を通じてコミュニティビジネスの創出・育成支援を行っている。例えば関東経済産業局は「広域関東圏コミュニティビジネス推進協議会」を設置して，コミュニティビジネスの情報交換や交流を行うとともに，コミュニティビジネスの経営力向上，コミュニティビジネスの中間支援組織の活動実態などを調査し，資金調達マニュアルを作成している。しかし，情報提供や調査が中心であり，経済的な支援は行っていない。

ただし，一つ挙げるとすれば，日本政策金融公庫（国民生活事業部）がNPOやコミュニティビジネスに融資を多数行っている。国民生活事業部は特にNPO専用の融資制度などを設けているわけではないが，プロパー融資として年間200件以上，NPOなどに融資しているとも聞く。

金融庁，環境省，経済産業省とも，実施している政策はいずれも情報提供や調査，金融機関への要請にとどまっており，投資減税や補助金などの財政出動や，金融機関への義務づけなどは何も行っていない。NPO法人ローカルアクション・シンクポッツ・まち未来（略称NPOまちぽっと）が運営している「非営利金融・アセット研究会」や全国NPOバンク連絡会は，NPOバンク法の制定による独自の法人格の付与や，「社会的エンジェル減税制度」の新設を求めている。やはり，アメリカ・イギリスの例から見ても明らかなように，国による投資減税や補助金，金融機関へのコミュニティ投資の義務づけとモニタリング，NPOバンクなどのコミュニティ開発金融の担い手に対する支援・優遇措置がなければ，民間組織の自助努力だけでは，コミュニティ開発金融の実質的な進展はあまり期待できないのではないか。

（2）自治体の政策

　他方，地方自治体の動向を見ると，北海道や福島県，群馬県，栃木県，神奈川県，長野県などが，従来の補助金・助成金とは別に融資制度や利子補給，融資保証などの制度を相次いで新設した。北海道や宮城県，横浜市，長野県などの自治体は，直接貸付に加えて，労働金庫や信用金庫，NPOバンクと提携して制度融資や利子補給，融資保証を行っている。このような融資制度の出現が目立ってきたのは2000年以降である。おそらく最初に作られたのが東京都杉並区の「NPO等介護保険事業者資金貸付事業」（2000年）で，社会福祉法人やNPOなどが公的介護保険事業の設立資金や運転資金を貸し付けるという趣旨であった。その後設立されたものは，①杉並区のように介護保険をはじめとする福祉事業を対象とした融資（日光市，流山市，横浜市など），②NPOを含むコミュニティビジネスを対象とした地域おこしの融資（青森県，板橋区，神奈川県，川崎市，富山県，豊橋市など），③NPO法人一般を対象としたNPO支援融資（札幌市，宮城県，山形県，群馬県，栃木県，東京都，三鷹市，長野県，兵庫県，山口県など）に大別される［小関，2008a］。これらのなかには，貧困や社会的排除といったテーマを正面に据えた融資制度は見られない。

　ただし，融資実績は少ない。北海道の「新生ほっかいどう資金」はNPOも融資対象としているが，2007年度の融資件数は6件にとどまる。また，やはりNPO融資制度をもつ福島県の場合，2005〜2007年の3年間で，融資実績はわずか2件にとどまっている。「コミュニティビジネス支援NPO法人融資制度」をもつ神奈川県は，初年度の2005年度およびその翌年度には9〜11件ずつあったものの，その後は融資件数が落ち込んで2007年度は1件となり，2005年以降の累計は23件であった（2008年度で終了）。「NPO活動振興資金利子補給制度」を持つ長野県では，予算上の制約という要因もあるが，融資件数は年間5〜8件で推移し，2003〜2007年度の累計は32件であった（新規融資に対する利子補給は2007年度をもって終了）。

　NPOやコミュニティビジネスに対する金融政策は，地方自治体のほうが国よりもはるかに先駆けて実施している。この点は高く評価したい。ただし，こ

れが一過性のブームに終わってしまう恐れもないとは言えない。パイロット事業的に各自治体がNPO融資制度を作ってみたものの，融資実績が低迷し，その結果終了してしまうケースも出始めた。

　ただやみくもに融資制度を作ればいいというものではない。自治体が直接融資するのがふさわしいのか，それとも自治体は民間の金融機関に対する後方支援の役割に徹するべきなのかなど，長期的・戦略的な視点に立って自治体の果たすべき役割を検討する時期に来ているのではないか。

小　括

　日本では1960年代以降，クレジットユニオン運動の流れを受けた日本共助組合や，多重債務者の救済に努めた信用生協など，コミュニティ開発金融の実践が細々と続けられてきた。

　1990年代以降，NPOバンクによる融資事業や，自然エネルギーに出資するファンドの設立などの新たな動きが生じ，2000年以降は労働金庫，信用金庫，信用組合，地方自治体などもNPOやコミュニティビジネスへの融資制度を相次いで新設するようになった。ただし，貧困や社会的排除を中心のテーマに据える例はごく限られている。

　NPOバンクの多くは融資と会員制度と出資金をリンクさせており，融資を受けようとする者はそのバンクに出資することを条件としている点が特徴と言える。出資者へのアカウンタビリティも重視している。

　国のコミュニティ開発金融政策としてはリレーションシップ・バンキング政策などが挙げられるが，投資減税や補助金などの財政出動や，金融機関への義務付けなどは何もない。むしろ，金融商品取引法や貸金業法による規制がNPOバンクの発展の足かせになる恐れがある。

注
（1）　講とは「一定の口数をもって組を組織し，定期的に一定の掛金を払い込ませ，

第Ⅲ部　日本のコミュニティ開発金融

　　　抽籤または入札，あるいはそれと類似の方法をもって加入者に毎回一定の金額を給付し，それをまた定期に払い込みの方法によって償還し，全掛金が全加入者に給付されて満期となる仕組みの金融組織」である［中村，2007］。なお，無尽講は約1500年前，仏教とともに日本に伝来したとの説もある［園部，2008］。
（2）　各 NPO バンクの事例については，田中編［2008］や藤井［2007］，北海道 NPO バンク編［2007］，長谷川［2001a］などに詳しく紹介されている。

第 8 章
NPO への融資と経営支援
——整備が急がれる経営支援——

1 融資先への支援の必要性

　事業型 NPO の台頭に伴い，事業資金を金融機関等から調達する事例も増加傾向にあるが，NPO への融資に際しては，融資先の NPO に対する経営支援が必要だと指摘されている [Pharoah et al., 2004 ; Yetman, 2007 ; 多賀，2004a]。NPO や社会的企業に融資する欧米諸国の非営利金融機関では，融資に加えて経営支援を提供する事例も少なくない。

　日本においては NPO のマネジメントの弱さが指摘されてきたが，NPO への支援は従来，NPO 法人設立や市民活動団体の運営，寄付・助成金獲得が中心であった。融資を受ける NPO の多くは中間支援組織や金融機関など外部からの指導・助言などの支援を受けられず，NPO リーダーの個人的な力量に左右される面が大きい [小関，2008b]。

　本章では，融資を受けた NPO 法人やワーカーズ・コレクティブなどからの聞き取り調査をもとに，借り手の視点から NPO 融資の現状と課題を探る。他方，NPO に融資している金融機関・自治体，中間支援組織が，NPO にいかなる経営支援を行っているのかを明らかにする。

2 NPO への融資

(1) 融資需要の動向

　筆者が2007年に行った質問票調査によれば，資金を借りた経験のある NPO

第Ⅲ部　日本のコミュニティ開発金融

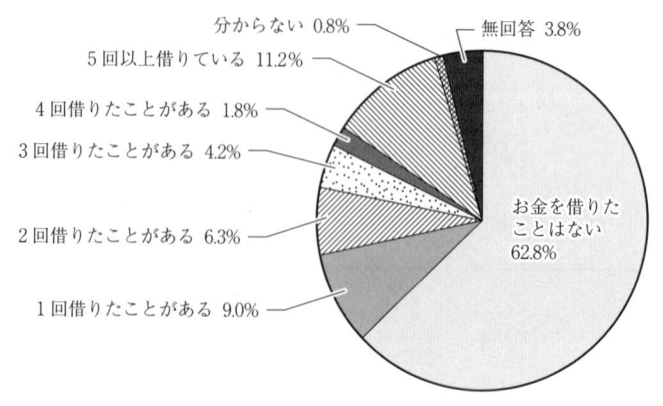

図8-1 融資を受けた回数
出典：小関［2008b：185］。

法人は約3分の1（33.4%）で，1割強（11.4%）の法人は5回以上借りており，少数ながら頻繁に借りているNPO法人もあることが分かった（図8-1）。

それでは，NPO法人はどの程度の金額を借りているのか。何度も借りている団体もあるので，これまでで最も金額の大きな借り入れの事例に限定して質問票で尋ねたところ，借入金額は平均で1346万円だったが，中央値が300万円なので，多くは500万円以下の少額融資であり，ごく一部の高額借り入れが平均を押し上げていると考えられる。

このうち，金融機関からの借入金額は平均2410万円と大きく，全体の平均より1000万円以上うわまわっている。ただし，中央値は600万円なので，ごく一部の高額借り入れが平均を押し上げていると思われる。NPOやコミュニティビジネスを対象とした融資制度の多くは，無担保による融資限度額を300～500万円程度に設定しているが，この金額では事業所の改装や当面の運転資金（人件費・家賃・水光熱費等），つなぎ資金等が主な使途であり，土地・建物の購入・建設などのまとまった投資には向いていない。

他方，NPOに融資を行っている金融機関（NPOバンクを含む）や自治体，支援組織の関係者からの聞き取り（2008年）によれば，現状では全体としてNPOへの融資件数は極めて少ない。また，融資実績が増加していると答えた金融機

関よりも，実績が減少していると答えた金融機関のほうがはるかに多い。

2007年度についてみると，全国に13ある労働金庫のなかで，NPO法人への融資件数は近畿労働金庫が52件・4.9億円で最も多く，融資件数・金額ともに年々増えているが，その他の労働金庫はいずれも10件以内，金額も最大で6200万円にとどまり，しかも増加傾向にあるわけではない。

信用金庫については，NPO融資実績を包括したデータはない（プロパーでNPOに融資したケースもあり，各信用金庫が融資実績のデータを収集していないため）が，NPOやコミュニティビジネスを対象とした融資制度の枠内で認知できる融資件数を拾い出しても，わずかな件数にとどまっている。NPO・コミュニティビジネス融資に対して比較的力を入れている信用金庫や労働金庫においても融資件数は年に数件にとどまっており，なかにはNPO融資制度をもちながらも，融資実績が1件もないという信用金庫も存在している。

地方銀行も同様に，NPO融資実績を包括したデータはない。NPOやコミュニティビジネスを対象とした融資制度を持つ地方銀行自体が少ない。地方銀行で把握されているNPO等への融資実績も極めて少ない。「NPOサポートローン」をもつ山梨中央銀行は，2005年以降の累計融資件数が約20件で比較的多い。他方，福島銀行の「創業・新事業応援ローン」はコミュニティビジネスも融資対象に含めているが，これまでNPOやコミュニティビジネスへの融資実績が1件もない（ただし一般融資ではNPOへの融資実績は数件ある）。

NPOなどへの制度融資をもつ地方自治体についても，全体としては融資実績が少ない。北海道の「新生ほっかいどう資金」はNPOも融資対象としているが，2007年度の融資件数は6件にとどまる。また，やはりNPO融資制度をもつ福島県の場合，2005～2007年の3年間で，融資実績はわずか2件にとどまっている。

金融機関や地方自治体の関係者からも，「融資件数が減っている」「融資件数は少なく，融資先は固定化している」「当初はもっと多くの件数を想定していた」「最近はNPOからの申請があまりない」といった声がしばしば聞かれた。中間支援組織の関係者からも，「融資についての相談はあまりない」「融資の相

談件数は多くない」「信用金庫と提携してNPOへの融資を始めたが、借りる人がいないので開店休業状態だ」などの声が多い。

このように、1金融機関（地方自治体も含めて）あたりの融資件数は数件程度にとどまることが分かった。

(2) 融資需要の偏り

NPO法人の融資需要は、どの団体にも満遍なくあるわけではなく、大きな偏りがみられる。この要因として①収入規模、②収入構造などが挙げられる。

①収入規模が大きくなるにしたがって、借り入れの経験が増える傾向にある。年収500万円未満の団体の場合、「お金を借りたことはない」が78.3％であるのに対し、年収1億円以上の団体では「お金を借りたことはない」が34.2％と半分以下である。財政規模の小さな団体にとって、資金を借りる必要はあまり強くないようだ。

②融資の有無や回数は、その団体がどのような種類の収入を主に得ているかによっても異なり、事業型と非事業型とで大きな違いがあると考えられる。介護事業や物品販売のような事業型の場合には、事業のための投資が必要であり、また事業収入を返済財源として借り入れをすることが可能である。他方、収益事業をあまり行わず、収入の大半を寄付金や助成金から得ている団体は、今後寄付金がいくら集まるのか不確実なので、資金の借り入れには慎重になる。

認可事業の収入が比較的大きい保健・医療・福祉分野のNPO法人は資金を借りた経験が多く、他方で会費・寄付収入が比較的大きい国際協力分野のNPO法人は資金を借りた経験が少ない傾向が見られる。

(3) 資金の主な使途

融資を受けるNPOやコミュニティビジネスは、何に資金を使う目的で借りているのか。NPO法人に対する筆者の質問票調査によれば、金融機関では認可事業や委託事業へのつなぎ資金を融資している割合が大きい（図8-2）。

借入金の使途は①創業資金、②設備資金、③つなぎ資金（認可事業、委託事業、

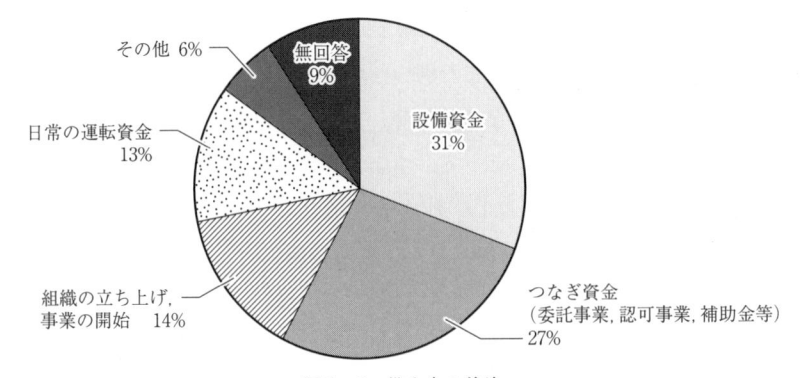

図8-2 借入金の使途

その他 6%
無回答 9%
設備資金 31%
日常の運転資金 13%
組織の立ち上げ,事業の開始 14%
つなぎ資金（委託事業,認可事業,補助金等） 27%

出典：小関［2008b：190］。

補助金事業など）・運転資金に大別される。

①創業資金の例としては，生協の関係者が環境関連の新たな市民事業（リサイクルショップ）を立ち上げた際に，店舗開設資金がなかったので自主債券を発行し，一般市民から借りたという事例がある。あるいは，高齢者住宅の食堂経営を委託された市民団体が，設立・開業の際に当面の運転資金を借りたという事例がある。一般にNPOは創業の際に設立者による負担や寄付・会費で資金を集めることが多く，創業資金を借りるという事例は少ないが，組織も活動実績もない段階での融資は貸す側・借りる側双方にとってリスクが大きすぎるからだと思われる。

②設備資金の例としては，高齢者デイサービス事業所の改装費・建設費や，食事提供事業での厨房棟建設費，保育室の改装費，弁当を配送する自動車の購入費，食事提供事業での食器洗い機の購入費などがある。質問票調査によれば，借入金は主に事業所の購入・賃貸，設備投資など，まとまった資金を必要とする際に利用されており，委託事業・補助金などのつなぎ資金はその次に多い。まとまった投資に必要な内部留保の欠如が，借り入れに向かわせる大きな要因となっている。

他方，金融機関に対する聞き取り調査では，つなぎ資金（認可事業や委託事業

など）への融資が極めて多い。ある信用金庫では，融資案件のほとんどが介護保険事業のつなぎ融資であり，また別の信用金庫では融資案件の約6割が委託事業や介護保険事業の短期つなぎ融資で，またある労働金庫では約9割がつなぎ融資だという。金融機関にとって，つなぎ資金の融資は返済財源が確実にあり，融資期間も短期間（多くは1年以内）なのでリスクが低く，貸しやすいというのが背景にあるのではないか。ただ，金融機関にとっての貸しやすさと，NPOや社会的企業にとってのニーズは必ずしも一致しない。NPOや社会的企業のニーズに応えるにはどのような工夫が必要なのか，検討が求められる。

　他方，中長期の設備資金としては，グループホームやデイサービス施設，保育所などの施設改装や，福祉車両などの設備購入が目立つ。長野県は2002年度以降，県単独事業として「宅幼老所支援事業」[1]を実施し，民家を改修して宅幼老所を整備した事業者（NPO法人を含む）に補助金を支給していることから，長野県内では宅幼老所整備のための融資が大きな割合を占めている。

　ただ，設備資金への融資といっても，その多くは公的介護保険事業や障害者自立支援事業といった認可事業の枠内である。認可事業や委託事業，補助金事業などの枠組みを前提としない，全くの独自事業で融資を受ける例は，節水コマの製造やサッカースクール運営，居場所づくりなどの事例が散見されるが，事業のリスクが高いこともあって，極めて少ない。介護保険事業など既存のビジネスモデルに当てはまらないため収益性が見えにくく，返済財源も確保されていないため，金融機関側も事業の採算性・返済可能性をより慎重に審査する傾向があり，融資実行に至る件数が低いのではないかと考えられる。

　金融機関によって，短期のつなぎ資金を重視して優先的に融資するか，あるいは中長期の設備資金を重視するかという方向性の違いがみられる。福島信用金庫は短期のつなぎ資金よりも，証書貸付を前提とした独自事業を重視している。NPOバンクの女性・市民コミュニティ・バンクもつなぎ資金をほとんど扱っていない。これに対し，山梨中央銀行や北海道NPOバンクなどは，つなぎ資金を中心に融資している。こうした方向性の違いは，金融機関が「NPOが融資を必要としているのは基本的に委託事業や指定管理者事業のつなぎ資金

だ」ととらえるか，「NPOを長期的に育成強化するには中長期的なビジョンのもとに設備資金の供給が必要だ」ととらえるかによるものと考えられる。

　経営支援の観点からつなぎ資金に対する短期融資と，設備資金に対する中長期融資を比べると，短期融資は目前の切迫した資金需要に応えるものではあるが，1年以下の短期間で，事業内容も既に決まっているため，融資に伴う経営支援もあまり必要としない。それに対し，設備資金融資は長期的な組織の発展を見据えて持続可能な事業を育てる投資であり，中長期にわたって経営支援をあわせて提供する必要性が高いと考えられる。

（4）金融機関の問題点

　NPO融資需要が少ない原因の一つに，金融機関側の問題が挙げられる。NPOに対する融資審査においては，単に事業実績や収益力だけでなく，地域でのNPOの評判や，事業の社会的インパクト，経営者の持つ人的ネットワークなどを総合的に判断することが求められるが，地域に深く根をおろしていない金融機関にとって，こうした総合的評価は決して容易ではない。

　また，一般的に金融機関はNPOや社会的企業への理解が不足しており，NPOに対する審査が難しいと指摘されている。金融機関から融資を断られたNPOや社会的企業は事業を断念するか，自組織の関係者や知人・友人を頼って個人的に資金を借りることを余儀なくされている。

　なぜ，融資需要に積極的に対応できないのか。NPOへの融資は，既存の金融機関にとってはごく少額であり，さほど収益が見込めないため市場としての魅力に欠けるという。NPOへの融資制度は多くの場合，融資額の上限は300～500万円，金利は1～2％と低く，これでは金融機関にとって魅力ある収益機会とはいいがたい。むしろ，手間がかかる割には儲からない，やればやるほど赤字が膨らむ融資制度ではないか。労働金庫や信用金庫の担当者によれば，融資による直接の収益ではなく，「NPOに融資している」と宣伝することでPR効果，ブランド価値向上を期待しているようである。しかし聞き取りをした限りでは，NPO融資制度に関する広報活動に力を入れている金融機関はあ

まりなく，NPO 中間支援組織を通じた間接的な広報にとどまっており，認知度の向上には限界があるように思われる。

　ただし，金融機関のなかでも，（少なくとも主観的には）NPO 融資に対する理念や姿勢に違いが見られる。労働金庫は NPO への仲間意識をもち，NPO への支援，地域福祉活動の一環という立場から NPO への融資を行う。いわば，社会貢献活動の一環として融資している。これに対し，地方銀行や信用金庫はビジネスとして NPO に融資を行う傾向がある。銀行や信用金庫は，借り手の事業拡大に融資の意義を見いだそうとするため，借り手が事業拡大志向（ベンチャー企業志向）でなければ，融資には消極的となる。借り手の事業が拡大すれば，それに伴って融資額も増え，銀行や信用金庫の収益拡大にもつながるからである。他方，NPO バンクは「ビジネス」というよりも仲間どうしによる「助け合い」の意識が強く，借り手に対しては会員としての出資を求めている。

　こうした金融機関の姿勢の違い（社会貢献か，ビジネスか，助け合いか）が融資対象の選別にも影響しているものと考えられる。

　このほか制度的な要因として，NPO 法人が信用保証の対象外であるため金融機関からは借りにくいこと，NPO・社会的企業への融資を優遇・促進するような政策がごく一部の地方自治体に限られていることも挙げられよう。

　NPO への理解不足や融資審査の難しさ，NPO 融資の低い収益性，融資条件のミスマッチといった問題を今後どのように解決していくべきか。金融機関自身の努力に期待するだけでなく，中間支援組織や行政機関などとの連携，NPO の協力も視野に入れながら，解決の方向を模索していく必要があろう。

（5）NPO の問題点

　金融機関や支援組織などからは，NPO の側にこそ問題があるために融資需要が少ないのだ，との厳しい指摘も共通して出されている。NPO に原因を求める議論は，以下の 2 点に大別されよう。

　① NPO 経営者は，経営の能力や自覚に欠ける
　② お金を借りて事業を行う意欲や必要性がない

①「NPO経営者は，経営の能力や自覚に欠ける」については，たとえば次のような意見に典型的に見られる。「ボランティア志向というか，ビジネスの意識レベルが低い」「事業目的や資金をきちんと説明できない団体も多い」「経営の自覚がない法人もあり，誰が経営しているかもはっきりしない」「帳簿さえ満足に付けられないNPOもある」等々。これらの意見を総合すると，NPOは事業計画を立てられない，事業の継続性や返済能力が弱い，組織のガバナンスが確立していない，会計の能力が弱い，全体としてビジネスの意識が低い，などの問題があるために，お金を借りられないのだ，ということになる。

会計処理のスキルが不足しているケースもあるが，NPOや社会的企業への聞き取りから受ける印象では，事業展開に必要なリーダーシップや経営戦略がより根本的な問題としてあるのではないか。

他企業との激しい競合や，介護報酬の切り下げなどにより，認可事業・委託事業を担うNPOや社会的企業が置かれた経営環境は厳しさを増している。現状維持に安住することなく，絶えず新たな事業を展開することで組織の生き残りや発展を図る必要性は多くのNPO・社会的企業が実感している。現状維持に安住していてはじり貧になり，資金を借りるだけの余力は生まれない。

新たな事業展開には組織の長期的な経営戦略を構想し，計画を立ててメンバーを統率できる優れたリーダーを必要とする。しかし，リーダーに適した人材は少なく，優れたリーダーに恵まれない組織は日々の事業運営に精いっぱいで，先の見通しを持つことが難しいという。NPOのなかには，部門ごとに経営責任を負う小リーダーを置いて，職員のリーダーシップを育てて円滑な世代交代を図ろうとする試みや，リーダーのマネジメント業務にもきちんと報酬を払って動機づけを図ろうとする試みもある。しかし，優れたリーダーの育成は多くのNPOや社会的企業にとって難問であることに変わりはない。

NPOの経営能力不足の指摘は，見方を変えれば，NPOに対する経営支援が必要だが充分に支援が提供されていない，という指摘だと言える。

②「お金を借りて事業を行う意欲や必要性がない」については，たとえば次のような意見に典型的に見られる。「お金を借りてまで事業をやりたくない

第Ⅲ部　日本のコミュニティ開発金融

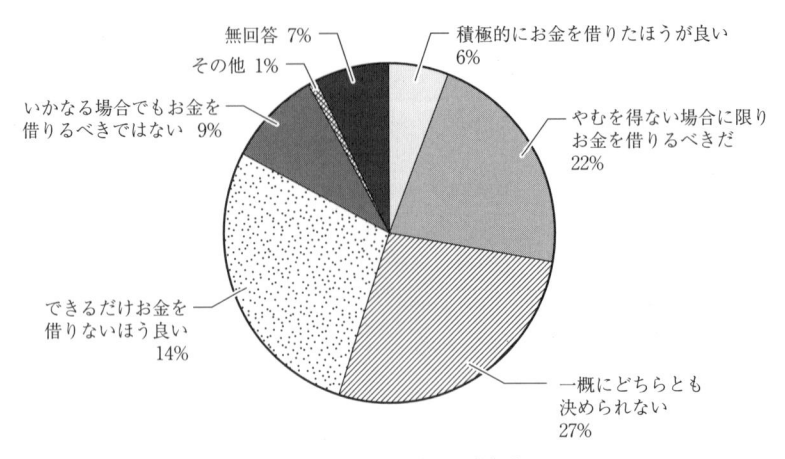

図8-3　融資に対する考え方

- 積極的にお金を借りたほうが良い　6%
- やむを得ない場合に限りお金を借りるべきだ　22%
- 一概にどちらとも決められない　27%
- できるだけお金を借りないほう良い　14%
- いかなる場合でもお金を借りるべきではない　9%
- その他　1%
- 無回答　7%

出典：小関［2008b：188］。

NPOが非常に多い」「地域で身の丈に合った規模でやっていきたい人がほとんどだ」「資金を必要としないNPOも多い」等々。これらの意見を総合すると，融資を受けてまで事業をやるのではなく，手持ちの資金や補助金の範囲内で事業をやろうとするNPOやコミュニティビジネスが多いために，融資需要がないのだ，ということになる。要するに，お金を借りることに対する抵抗感が，融資の大きな障害要因になっていることを示している。

"お金を借りる"ことに対する庶民的な感覚としては「借りてもきちんと返せるのか心配だ」「プレッシャーを感じる」といった重圧感や，「借金」という言葉のもつマイナスイメージから，「わざわざお金を借りてまで事業をやらなければならないのか」といった疑問や不安が生じるのはある程度自然なことであろう。融資に対して否定的な認識が強ければ，仮に必要性が潜在的に高くても，借り入れを回避しようとするだろう。

筆者の質問票調査によれば，借り入れに対して積極的な考え方から消極的な考え方に至るまで，多様であることが分かる（図8-3）。

上記で指摘されたNPOの問題点は，融資を受けて事業を展開しているNPOの経営者の発想や行動のパターンからも，逆説的に証明され得るであろ

う。

　たとえば，東京都港区で学習障害児への学習支援事業を行うNPO法人EDGEの会長は，活動当初認知度の低かった「ディスレクシア」(読み書きの困難)の子どもを支援する事業を立ち上げ，文部科学省からの委嘱事業や，港区との協働を通じて「学習支援員制度」のモデル事業を積極的に進め，その事業のつなぎ資金として融資を受けた。同会長は融資を受けることに抵抗を感じず，自らの性格を「『やらない理由』より『やる理由』を考えて行動するタイプだ」と表現しているように，新たな事業を次々と展開し，スタッフの人材育成にも努めている。金融機関からの融資は，こうした旺盛な起業家精神を資金面で支える役割を果たしている。同会長はもともと経営者の経験を持っていた上に，個人的なネットワークを生かして有能な人材を支援者として集めることに成功している。

　山梨県増穂町でリユース食器のレンタル事業を行うNPO法人スペースふうの理事長は，イベントの際に使われる使い捨て食器がごみとして大量に廃棄されることに問題意識を持ち，リユース食器を導入することで使い捨てを減らすことを考えついた。充分な市場調査を経て，企業の賛同を募り，新たにリユース食器を開発製造し，その運転資金として融資を受けた。その後，事業規模が急拡大して現在に至る。活動当初は全く新しい独自事業で，成功する保証もなく，極めて冒険的な取り組みであった。NPO法人理事が主婦だったこともあり，お金を借りることは大きな決意を要したという。理事長はもともと経営者としての経験を持っていなかったが，大学研究者や企業経営者などからの支援・賛同を得て，経営の力量を高め，融資を受けることができた。

　融資に対する認識の違いは，NPO関係者個々人の価値観に負うところも大きいが，その背景にはNPO法人の収入構造の違いや，組織のアイデンティティ・志向性の違いがあるように思われる。

　収入構造について，筆者の質問票調査によれば認可事業の収入割合が半分以上を占めているNPO法人は借り入れに対しても積極的な姿勢が目立っている。公的介護保険や障害者自立支援などの認可事業は安定した報酬を確実に見込め

るため，資金を借りることにそれほど抵抗を感じないのではないか。また，公的介護保険事業は在宅訪問介護からデイサービスや小規模多機能施設等の施設介護にシフトしていることもあって，施設をもつための投資が必要だとの認識が広がっているのではないかと思われる。

　これとは対照的に，非事業型のNPO法人は，借り入れに対して消極的・否定的な姿勢が目立つ。「NPO/NGOは市民からの寄付・会費を中心に資金調達するのが本来の姿だ」といった認識や，「借り入れによってNPOのミッションが変質するのではないか」「融資はビジネスライクであり，NPO/NGOにはふさわしくない」といった懐疑も根強い。

　事業収入を主な収入源とするNPO法人と，会費や寄付金を主な収入源とするNPO法人とでは，借り入れに対する姿勢にも違いが見られるが，こうした収入構造の違いだけでなく，組織のアイデンティティ・志向性も要因の一つである。たとえば，借り入れの経験があるワーカーズ・コレクティブの関係者は，「私たちは単なるボランティアではなく，社会的企業だ。個人から借りるのではなく，可能であれば公的な機関から借りて返済していくべきだ」「事業性のある仕事は金融機関からきちんとお金を借りた方がいい」など，（非営利とはいえ）企業としてのアイデンティティを強く持っている。

　上記の例からも明らかなように，①に関しては，仮にNPOの経営者に経営能力が充分になくても，経営者の持つ人的ネットワークを生かして有能な支援者を集め，ハード面の支援に加えて，信用保証，助言指導，情報提供などソフト面の支援も幅広く得ることに成功している。言い換えれば，NPOの経営能力不足を，人的ネットワークによって上手に補完しているのである。ただし，こうした経営支援はあくまでもNPO経営者の個人的な努力によって成り立っているものであり，金融機関や中間支援組織などがシステマティックに，あるいはパッケージ化して提供しているものではない。

　また，②に関しては，融資を受けるNPO経営者には概して資金を借りることに対する抵抗感が薄く，あるいは資金を借りることにポジティブな認識を持っていると言える。これは，NPO経営者の旺盛な起業家精神や，独自の事業

構想力とも密接に結びついている特質と考えられるが，ソーシャル・エンタープライズの特徴として指摘される「企業家的側面」[Young, 2003；塚本，2008] として説明され得るであろう。

（6）支援組織・専門家の問題点

　NPOや社会的企業はマネジメント力量が不足しており，融資に加えて経営支援などの非財務的な支援が必要だ，との指摘がある（[多賀，2004a]）。借り手（NPO・社会的企業）側の障害要因である経営のスキル不足，リーダー人材の不足を埋め合わせるには，外部からの経営支援・指導が必要と考えられる。

　しかし筆者の質問票調査によれば，多くのNPO法人はどこからも経営支援を受けていない。理事や顧問などの専門家から助言指導を受けている団体が比較的多いが，中間支援組織や金融機関などはほとんど経営支援を行っていない。聞き取り調査では，各団体が会計士・税理士などの専門家を理事・職員・ボランティアとして抱えたり，知人・友人等のつてを頼って個別に専門家を探したりして，経営指導や会計監査を依頼し，必要な専門知識を補完している事例が多く，個人的な人脈に頼った調達が中心となっている。自治体や中間支援組織などを通した公的なルートで専門家を紹介してもらうことは比較的少ない。

　NPO法人の急増と歩調を合わせて，NPO中間支援組織が全国各地に設立されてきた。日本NPOセンターによれば2009年2月2日現在，「NPO支援センター」は全国に275あり（公設公営も含む），常設の事務所を持ってNPOの支援（主に団体・組織の支援）にあたっている。

　中間支援組織の実際の提供サービスを見ると「情報提供」が多い半面，資金提供やマネジメント能力向上の支援といった機能は弱い[内閣府国民生活局市民活動促進課編，2002；吉田，2004]。資金調達に関して，中間支援組織は助成金情報や寄付金の集め方講座といった情報提供機能だけでなく，支援組織自ら助成金を集めてNPOに配分したり，企業から投資を集めて融資したり，企業とのマッチングを図るといったことも可能であろう。また，組織マネジメント能力向上に関して，講座を開いたり相談に乗ったりするだけでなく，プロボノの専

門家を受け入れて，より専門的なコンサルティングを継続的に行うことも考えられる。

　中間支援組織の支援対象については，ボランティア組織や市民活動組織など，ビジネス性の薄い組織が中心であり，融資を受けて本格的に事業を行うような事業型のNPOやコミュニティビジネスにはあまり目を向けてこなかった。[2]

　また，中間支援組織のスタッフは人数も少なく，経営支援に関する専門知識・ノウハウを持った人材が少ないため，本格的な経営支援やコンサルティングを行う力量が備わっていないと，多くの中間支援組織関係者は指摘する。

　他方，中小企業の経営支援組織は，近年ではNPOやコミュニティビジネスを支援対象に含める例も出てきた。しかし，もともとこうした支援組織のスタッフはNPOやコミュニティビジネスの現場をよく理解していないため，実際には適切な指導ができない，あるいはNPOのニーズをつかみ切れないということも起きている。

　近年はコミュニティビジネスに対する支援に特化した支援組織も登場してきている。しかし，これらの支援組織も，現実には個々のコミュニティビジネスを総合的に経営支援・指導し育成することはあまりできていないという。

　他方，NPOの経営を支える専門家の存在に着目すると，たとえば会計・税務の分野では公認会計士や税理士が会計監査を行ったり，日常の相談に乗ったりする。職員の労務管理や社会保険に関しては社会保険労務士が指導し，組織診断や経営戦略については中小企業診断士が助言する，というように，各分野の専門家が助言指導したり事業内容をチェックしたりすることが必要となる。

　しかし，専門家がNPOの経営の特性を充分に理解しないまま，中小企業と同様の基準で助言指導してしまうと意味がなくなり，NPOにとっては"有難迷惑"な行為になってしまう。コミュニティビジネスサポートセンターによれば，中小企業診断士や公認会計士などでNPOやコミュニティビジネスの経営を知っている人はほとんどいないという。NPO会計税務専門家ネットワーク（以下略称NPO＠PRO）は，公認会計士などの専門家がNPOの経営についてよく知らないので，まずは専門家向けに普及啓発する必要があると指摘している。

金融機関と中間支援組織の連携，あるいは金融機関と専門家の連携で経営支援する枠組みがあれば，NPO・社会的企業は個人的なつてを頼って専門家を探す必要はなくなり，融資と経営支援の有機的な統合も可能となる。しかし現状としては，金融機関や中間支援組織，行政機関などが連携した組織的な経営支援はさほど整備されておらず，資金を借りるNPO・社会的企業の経営者の自助努力に負うところが大きい。中間支援組織や金融機関，行政機関は，NPO・社会的企業の融資と経営支援に関していかなる役割を果たし得るのか，そのためにはいかなる仕組みが必要なのか，検討する時期に来ている。

　NPOへの融資件数が極めて少なく，かつ伸び悩みを見せているが，その原因を探るなかで，NPO自身の抱える問題点もさることながら，金融機関も支援組織・専門家も，NPOに対する経営支援の態勢が充分に整っているとは言えない現状が明らかになった。
　次節では，金融機関や支援組織が，NPOに対してどのような経営支援を行っているのか，支援内容別に類型化して検討を試みる。

3　金融機関と支援組織による経営支援

（1）金融機関による経営支援
①融資申請時の書類作成等
　多くの金融機関においては，融資申請の際に書類手続きを説明したり，サンプルを示して事業計画書や財務諸表の書き方を指導したりと，表面的な助言ないし伝達にとどまっている。したがって，基礎知識をもたないNPOに対して，事業計画書の作成や会計税務を手取り足取り指導してくれることはない。
　事業計画の実質的な内容にまで踏み込んで助言指導する金融機関はごくわずかだが，東海労働金庫は市民フォーラム21・NPOセンターを通して，3年間の事業計画や収益見通しについて助言している。また東京CPBは「審査面談」の際に，審査委員がNPOの融資希望者に助言することもある。事業計画書や

資金繰り表などの書類をきちんと書けない場合，一部の金融機関の融資担当者は，NPO の融資希望者から聞き取りを行い，口述をもとに文書化したり，数字化して事業計画を精緻化したりして，書類作成を手伝う努力をしている。

②融資実行後のモニタリング

融資実行後，多くの金融機関は定期的な財務状況のチェックと，経営状況悪化（ないしは延滞）の際に経営改善指導を行うという，いわば受け身の対応である。チェックの方法としては，決算書を年1回確認する，毎月の返済状況や決済口座のキャッシュフローを確認する，電話連絡や現地訪問，融資先の代表者との面談などがある。しかし，なかには，定期的なモニタリングもしていない（ただ返済を待っているだけの）金融機関もある。

積極的・能動的にコンサルティングを行ったり，企業や専門機関とコーディネートしたり，ビジネスマッチングを行ったり，あるいは幅広く情報発信して協力者の参加を募ったりする金融機関はわずかである。

③支援組織との連携・協力

NPO 融資制度を持つ地方銀行や信用金庫の多くは，支援組織と何らかの協力関係を有する。情報提供や紹介という協力関係が比較的多いようだ。

一般的な情報交換のレベルでは，NPO バンクが協力関係にある中間支援組織から情報提供を受けたり（女性・市民コミュニティ・バンク，NPO 夢バンク，新潟コミュニティ・バンクなど），横浜信用金庫が横浜市市民活動センターなど近隣の中間支援組織と情報交換を行っている例がある。

特に融資審査については，労働金庫と NPO バンクのなかには，特定の中間支援組織と協力関係を結び，金融機関単独では NPO に関する情報を得られない場合，中間支援組織に問い合わせて情報収集を行っているケースもある。

（2）支援組織による経営支援──融資以前の環境整備

①一般的な経営支援

支援組織が融資に直接関わる経営支援を提供する例は，実際にはあまり多くない。融資に直接関わらない，より一般的な意味での経営支援・指導としては，

起業支援や会計税務指導，経営コンサルティングなどがある。

　ここでいう起業支援は，コミュニティビジネスや社会的企業などを想定しており，これから起業しようとする個人に対して，事業計画の具体化や組織づくりを指導するサービスのことを指している。金融機関では，既に事業計画を作成した人，あるいは基本的な事業構想が固まっている人に対して助言・指導することはあっても，計画が全く白紙に近い状態の人にまでは支援しきれない。そのため，事業計画の作成や組織づくりなどの基礎部分に関しては，支援組織が丁寧に寄り添いながら指導していく役割を果たし得る。

　一例を挙げると，市民セクターよこはまが横浜市経済観光局との協働で2007年11月から始めた「よこはまCB Smiles」事業は，横浜市内でコミュニティビジネス企業に向けた個別相談や，セミナー・研修などの開催，コミュニティビジネス関係者の交流などを実施している。コミュニティビジネスの起業希望者を対象とした個別相談は，1回に1時間程度，無料で行っており，まだ何も計画を立てていない人から既に事業を始めている人まで，さまざまな人が相談に訪れるという。事業計画書や予算書を作る以前に，仲間づくりをしたり，地域の実情を学んでニーズを知ったりすることを重視している。

　他方，東京都小平市にあるコミュニティビジネス支援組織のMystyle@こだいらは，現時点ではまだ個別のコミュニティビジネス支援には至っていないが，「起業講座」を開催している。「起業講座」には，何らかの社会的な課題を見いだしているが何をしたらいいのか分からないという人が受講し，講座のなかで具体的な事業計画を立てていくという。

　会計税務指導については，多くの中間支援組織がNPOに対して会計講座や，会計税務相談を行っている。NPO@PROは「NPO会計税務サポートサイト」を作成し，また無料電話相談を通じて，会計相談を行っている。さいたまNPO会計税務専門家会議は，埼玉県内のNPOに対して個別無料相談を行うとともに，初心者向けの会計税務のQ&Aを作成している。

②助成＋経営コンサルティング

　起業支援は，これから起業したい人を対象とした事業計画作成や仲間づくり

の指導であるが，既に事業を行っているNPOやコミュニティビジネスに対しては，経営能力をさらに高めるためのコンサルティングが求められる。しかし小規模のNPOにとって，高額の報酬を伴う経営コンサルティングを依頼するだけの資金的余裕はない。そこで近年登場しているのが，助成金と経営コンサルティングのサービスをパッケージ化した支援メニューである。

NPOに対する助成金は，講演会などのイベントやキャンペーン，設備・車両購入などの直接経費を負担することが多く，NPOの人材育成や経営戦略策定などのキャパシティ・ビルディングは，助成対象とならないことが多い。しかし，NPOのキャパシティ・ビルディングは，各々のNPOの利益に終わるのではなく，長期的に見ればNPOの持続可能性が高まり，NPOはより質の高いサービスを提供できるので，助成金の成果は社会に広く還元されることになる。

助成＋経営コンサルティングの一例は，東海労働金庫と市民フォーラム21・NPOセンターが協働で実施している「東海ろうきんNPO起業助成」である。この助成金制度は，「将来的な展望をもった継続的な事業に対する助成」で，同一事業に対して3年間助成する制度である。東海労働金庫の常務理事によれば，この助成制度は事業型NPOの起業支援を意図したもので，1年目は100万円，2年目は70万円，3年目は50万円，計220万円を東海労働金庫が助成するが，助成金額の50％までを人件費・家賃に充当することができ，また助成金額の10％が経営支援の費用となる（Aコースの場合）。経営支援は，「経営理念の構築，目標設定，目標実現のためのアクションプランづくり，組織基盤の強化のためのコンサルタントを派遣」するというもので，市民フォーラム21・NPOセンターが助成金交付団体にスタッフを派遣している。

パルシステム生協連合会のコミュニティビジネスモデル事業「セカンドステージ事業」は2006年に始められたが，このなかに「食・農等コミュニティビジネスモデル事業」がある。モデル事業に選ばれた団体には100万円を上限とする支援金と，経営に関する助言（収支改善など），経営ノウハウ支援，広報協力，現場でのハンズオン支援，メーリングリストへの参加（合計200万円相当）

といったソフト面の経営支援を提供している。

　2007年度にモデル事業に採択されたNPO法人高齢社会の食と職を考えるチャンプルーの会は，助成金を活用しながら，組織内部で事業の方向性を見直し，新しい事業計画を立てた。NPOやコミュニティビジネスに詳しい専門家が相談に応じて助言指導したり，パルシステムの担当職員がワークショップに参加したりと，新しい事業計画立案に至るまでの過程に丁寧に寄り添った。

　数カ月にわたる議論の結果，このNPO法人は新たに空き店舗を借りて事業を拡大することとなり，事業所改装や家賃などに充てる費用をNPOバンクから借りるに至った。このように，助成＋経営コンサルティングが助成先NPOの力量を高め，やがて融資に結びつく例も現れている。

　③啓発・世論形成

　支援組織のなかには，個々のNPOやコミュニティビジネスに対する直接の経営支援ではなく，啓発や世論形成を重視するものもある。NPOへの融資需要がまだ少なく，顕在化していない段階なので，地方自治体や金融機関に対して啓発したり，ネットワークを築いたり，融資需要を掘り起こしたりすることがむしろ急務だとする認識に基づいている。

　例えばまちづくり情報センターかながわは，個別のNPOに対する経営支援ではなく，NPOへの資金提供のあり方について，金融機関関係者をまじえた議論の場を設けることや，神奈川県内でのNPOの資金調達方法を一覧にしてNPOに情報提供することにより，NPOの融資需要を育てたいと考えている。

　また，Mystyle＠こだいらは，コミュニティビジネスの潜在的なニーズを掘り起こすことに2年間を費やした。同団体の関係者は，個別の経営支援の前に，まずは地域でコミュニティビジネスの存在意義を浸透させることが重要だとの認識を示している。

　④中間支援組織・専門家に対する人材育成

　NPOに対する経営支援の問題点として，前述のように，中間支援組織のスタッフは人数も少なく，経営支援に関する専門知識・ノウハウをもった人材が少ないため，本格的な経営支援やコンサルティングを行うだけの力量が備わっ

ていないという点が指摘されている。また，専門家に関しては，NPO の経営について理解のある公認会計士や中小企業診断士などが少ないという問題点も指摘されている。

そのため，中間支援組織や専門家を対象とした人材育成に取り組んでいる支援組織もある。コミュニティビジネスサポートセンターは，NPO 中間支援組織が事業型 NPO に対応できるように，アドバイザー・コーディネーターの認定講座を開講するほか，中間支援組織の事務スタッフと経営者を対象として，金融機関との交渉や経営実務を教えている。これは，中間支援組織に対する「ハンズオン支援」といえる。

NPO＠PRO は，NPO に対する会計指導に加えて，会計士・税理士に対して NPO に関する知識を普及することも活動目的に掲げ，会計士・税理士への情報提供や研修会の実施などを行っている。また，きょうと NPO センターも NPO を理解できる専門家を育て，その輪を広げていくため，センター内部に税理士・司法書士・弁護士などの専門家ネットワークを形成した。

支援組織による経営支援活動は全体として，融資に関わる直接的な助言指導というよりも，融資以前の「準備段階」として，起業支援や会計税務指導，助成＋経営コンサルティング，さらには中間支援組織や専門家に対する指導育成など，NPO が経営力量を高めて融資を受けられる段階にステップアップできるための支援活動を中心的に行っていることが明らかとなった。

次節では，NPO を対象とした個別の融資制度に着目し，その制度における金融機関，支援組織，自治体などの果たす役割を軸に類型化を試みる。金融機関や支援組織のなかには少数ながら，融資と経営支援を融合させながら包括的に NPO を支援し，育成を図る事例が見受けられる。

第一の類型は，金融機関や支援組織，地方自治体などが制度運営の担い手として参加するパターンである。ただし第一の類型においても，金融機関や支援組織の果たす役割は，個々の融資制度によって多様である。

第二の類型は，支援組織や地方自治体などが参加せず，金融機関が独自に制度を運営するパターンである。ただし第二の類型においても，金融機関は情報

収集など必要に応じて他組織からの協力を得ることがあるが，その場合，支援組織や自治体などが果たす役割は必ずしも中心的ではない。

4　個別の融資制度にみる各組織の役割

(1)　金融機関・支援組織等の協働——横浜こみゅにてぃろーん

「横浜こみゅにてぃろーん」とは，横浜市内のコミュニティビジネスを対象とした融資制度で，コミュニティビジネスのなかにはNPO法人をはじめ，社会福祉法人，株式会社，個人事業者などを含めている。

資金使途は運転資金および設備資金で，融資額上限は原則500万円，返済期間は原則7年以内，年利は固定2.90％である。原則として担保は徴求しないが，法人の場合は代表者1名を連帯保証人とする。

この融資制度は2005年に始まったが，これまでの融資実績を見ると，2005年度は4件・2000万円，2006年度は2件・1000万円，2007年度は1件・200万円で，3年間累計で7件・3200万円であった。高齢者介護や障害者福祉事業，保育園，まちづくり事業などに融資しており，つなぎ資金の短期融資と設備資金の長期融資が混在している。

この「横浜こみゅにてぃろーん」の主要な特徴は，金融機関（横浜信用金庫）と経営支援組織（財団法人横浜企業経営支援財団：IDEC）と地方自治体（横浜市）の三者が協働で運営している点にある。

この融資制度が発足した経緯は，横浜信用金庫の関係者によれば，これに先行して始めた単独のコミュニティビジネス支援融資制度「拓く」（2003年11月開始）のスキームを基礎として，コミュニティビジネス融資に関するノウハウを生かす形で，横浜市などと提携して提携融資「横浜こみゅにてぃろーん」を始めた。融資制度の設計段階で，信用金庫と市が協議し，融資審査の際に信用金庫が単独では判断できないため，市の外郭団体であるIDECが審査することになり，三者間の提携が実現したという。他方，IDECの関係者によれば，横浜市はコミュニティビジネス推進政策の一環として，従来の補助金事業に加えて

融資制度を新設すべく横浜市内の金融機関に呼びかけ，そのなかで横浜信用金庫が呼びかけに応じた。市と信用金庫の協議の過程で，IDECが審査や経営支援を引き受けることで両者が合意したため，提携融資が実現したという。

　三者の役割分担については，信用金庫が資金の融資を行い，IDECと横浜市が初期審査と経営支援を行う。通常は金融機関が審査や経営支援も全て行うが，信用金庫はその分のコストを軽減しているため，年利をプロパー融資（3.9％）より１％低い2.9％に設定し，コミュニティビジネスが借りやすいよう配慮した。

　融資の流れを見ると，最初の融資相談はIDECが受け付け，融資希望者と面談する。融資希望者は必要に応じて専門家（中小企業診断士など）の派遣（１回２時間の無料相談）を活用して，事業計画を練り上げる。そのうえで，一次審査を行う。一次審査には，横浜信用金庫，横浜市経済観光局，IDECなどが参加し，現地調査を経て，事業内容が横浜市の定義するコミュニティビジネスに該当するかどうか，返済財源があるのかなどを審査する。一次審査を通ると，信用金庫が金融機関の視点で二次審査を行う。

　二度の審査をへて融資が実行された後は，３年間，IDECの職員が３カ月に１度，融資先を訪問してキャッシュフローや資金繰り表などの財務諸表をチェックし，資金繰りや会計処理などについて助言指導する。IDECは３カ月ごとに融資先の状況を信用金庫に報告する。横浜市経済観光局も別途，融資先に対して独自に助言指導を行っている。

　IDECによる経営支援は，会計・経理実務，経営戦略を中心とした内容で，中小企業対象の経営支援との共通性が高いという意味で，ビジネス志向と言える。他方，IDECの経営支援には，他のNPOやコミュニティビジネス，支援組織とのネットワークを創造・強化する機能があまり見られない。

　地方自治体も直接，融資先に助言指導を行っている。多くの自治体は，利子補給や預託金などの後方支援，間接支援の形をとることが多いが，この融資制度においては，自治体としてかなり踏み込んだ支援内容を提供している点が特徴である。

第8章　NPOへの融資と経営支援

　NPO法人でっかいそらは，神奈川県横浜市内で障害者の居場所事業とグループホーム事業を営んでいるが，空き店舗を改装して居場所を整備するための費用を，「横浜こみゅにてぃろーん」を利用して借りた。障害者の居場所事業は，委託事業や認可事業ではなく，全く新しい独自事業であった。IDECは融資申請の段階で，NPO法人理事長に対し，年間の収支予算の作り方，損益分岐点，銀行に提出する書類の書き方などを指導し，また事業計画書の原案に対して助言した。融資以後は，経営状況や資金繰り状況を見守ると同時に，「新しい融資商品が開発された」といった情報提供や，「他の事業をやってはどうか」といった提案，専門家の紹介・派遣についての提案を行った。IDEC関係者によれば，経営支援の契約期間は3年間だが，その後も見守り・相談などの"お付き合い"（ボランタリーな支援）が継続しているという。他方，横浜市経済観光局は行政の立場から，助成金の申請方法や，地域における事業のニーズ把握（マーケティング）方法などを助言した。融資を受けたNPO法人理事長は，「事業を進めるうえでこれらの経営支援が役に立った」と評価している。

　このように，金融機関と地方自治体と支援組織の三者が有機的に連携して，融資と経営支援を一体として融資先に提供している。経営支援は融資申請の段階から融資の3年後までの長期間，定期的・組織的に行われていることから，「横浜こみゅにてぃろーん」は一定の成果を挙げていると考えられる。

（2）金融機関・支援組織等の協働——きょうと市民活動応援提携融資制度

　「きょうと市民活動応援提携融資制度」とは，京都府内のNPO・市民活動支援を目的とした融資制度である。

　資金使途は設備資金，運転資金，立ち上げ資金で，融資額上限は500万円，返済期間は証書貸付5年以内，手形貸付1年以内，年利は「ろうきん所定の融資金利」（調査を行った2008年時点では2.45%）だが，2008年6月に京都市がこの融資制度に預託金を提供したことから，2008年7月1日以降，京都市内のNPO法人に対しては，1.75%に引き下げる措置をとった。近畿労働金庫の「NPO事業サポートローン」（年利3%）に比べて低金利を実現している。担保

は徴求しないが，原則として法人代表者に加えて1名以上による個人保証が必要である（近畿労働金庫の「NPO事業サポートローン」は法人代表者に加えて2名以上による個人保証が必要であり，「NPO事業サポートローン」に比べて要件が緩和されている）。

　この融資制度は2005年12月に始まったが，これまでの融資実績を見ると，2006年度は6件・2300万円，2007年度は3件・1200万円，2008年度は3件・900万円で，3年間累計で12件・4400万円であった。金額ベースでは近畿労働金庫「NPO事業サポートローン」の累計融資実績68件・5.7億円（2006～2008年度累計）の1割弱に相当する。

　主に高齢者福祉・障害者福祉事業に融資しており，資金使途としては運転資金や設備資金，受託事業のつなぎ資金，新規事業立ち上げ資金などがある。なかには防犯グッズ製造や，節水グッズ製造，パン製造事業といった独自事業も含まれている。

　この「きょうと市民活動応援提携融資制度」の主要な特徴は，京都労働者福祉協議会（京都労福協），きょうとNPOセンター，近畿労働金庫の三者が協働で運営している点にある。労働金庫の「NPO事業サポートローン」は任意団体期間を含め2年以上活動（事業）を行っているNPO法人を融資対象としており，創業資金には融資できないという制度上の制約があった。そこで京都労福協が信用保証の担保となるソーシャルファンド型預金2000万円を近畿労働金庫に預け入れ，創業資金などよりリスクの高い融資にも対応できるようにした（ソーシャルファンド型預金については［多賀，2004a］）。きょうとNPOセンターは，融資申請を受け付け，センター内の「公益性審査委員会」が資金使途の公益性の有無など事前審査を行うとともに，NPO法人に対して活動支援を行うこととされている。この三者提携による融資制度は朝日新聞社から企業社会責任の先進事例として高く評価され，近畿労働金庫が2007年に「第4回朝日企業市民賞」を受賞した。さらに，京都市もこの融資制度に参加したいと希望し，2008年に近畿労働金庫に1億円を預託した（ただし，損失補てんは行わない）。

　融資の流れを見ると，きょうとNPOセンターまたは近畿労働金庫が融資相

談を受け付け，必要に応じて経営面の相談に乗る。融資希望者との間で融資の必要性を確認してから，申請書の提出を求めるが，申請書の書き方についても助言しているという。

きょうとNPOセンター内に設置された「公益性審査委員会」にて，資金使途の公益性の有無などを審査する。「公益性審査委員会」は同センターから半分独立した委員会である。同センターの融資制度担当者は近畿労働金庫の担当者とともに現地調査して融資希望者から聞き取りを行い，コミュニティビジネス支援組織や金融機関，商工会議所，行政機関などから情報収集して，審査委員会に報告し，審査の判断材料を提供している。公益性審査の後，近畿労働金庫が金融機関の立場から改めて融資の可否を審査し，合格すれば融資を実行する。

融資後は，きょうとNPOセンターが定期的な活動支援（事業診断，運営相談）を行うこととされているが，同センターは定期的な訪問や電話での聞き取りなどを行っておらず，定期的な事業報告も受け取っていないという。他方，近畿労働金庫の担当者は，融資後半年に1回，融資先のNPO法人に対して「どうなっていますか」と経営状況を問い合わせているが，融資後はそれほど深く関わってはいないという。ただし，近畿労働金庫は労働組合関係者と融資先NPOとのビジネスマッチングセミナーを予定するなど，融資後の事業サポートを進めていくことを検討している。

きょうと市民活動応援提携融資制度は，前述の横浜こみゅにてぃろーんに比べて，金融機関と支援組織の役割分担がそれほど明確ではない。特に経営支援や融資審査に関しては，両者の役割が重複しており，金融機関がむしろ積極的に助言指導を行っている点が特徴的である。また，融資後は，横浜の事例のように定型化された支援態勢は見られない。

経営支援の内容は，融資に関わる実務上の指導助言にとどまらず，NPOや市民事業に対する共感や仲間意識をもとに，地域課題の解決に向けた融資という位置づけをしている点で，市民活動志向と言える。高齢者や障害者の介護，ホームレスの支援などさまざまな地域課題に取り組むための融資なので，近畿

労働金庫の融資担当者は，公的介護保険事業や障害者自立支援事業などが置かれている現状に詳しく，介護事業のNPO法人からの経営相談に対して踏み込んだ助言ができるという。金融・会計の知識しか持ち合わせていなければ，NPOや市民事業の経営状況を充分理解できず，適切な経営支援が行えない。

　地方自治体の役割については，横浜市の場合は融資制度立ち上げ当初から主導的な役割を発揮し，融資先に対して直接助言指導しているのに対し，京都市の場合は民間が先行して制度を立ち上げ，知名度が高まってから自治体が参加希望を表明しただけでなく，預託金を提供するのみという後方支援にとどまっている点で，両者は極めて対照的である。

　京都府綾部市にある介護系NPO法人は，もともと個人事業として綾部市内で宅老所を開き，有償ボランティアのデイサービス事業を行っていたが，公的介護保険制度の開始とともに，民家を改装・移転し，介護保険事業として高齢者のデイサービス事業を始めた。2000年，事業所改装費として近畿労働金庫の「NPO事業サポートローン」で融資を受けた。その後も，新事業所の建設費用として，またエレベータ設置費用として，さらに当座貸越としても労働金庫から融資を受けている（一部はきょうと市民活動応援提携融資制度も活用）。

　きょうとNPOセンターの融資担当者，およびこのNPO法人の事務局長によれば，センターはNPO法人に対して，近畿労働金庫の融資制度ができる以前から，NPO法人格の取得や助成金の申請などで助言指導してきた。また，NPO法人の設立当初は，センター事務局長がこの団体の理事に就任し，法人格取得の時期には頻繁に訪問していたという。

　他方，労働金庫の融資担当者は，事業計画書や資金繰り表の書き方を丁寧に指導した。また，融資後も毎年経営状況を確認しているという。この団体は現在では自立しているが，NPO法人設立および最初の融資の際は，センターと労働金庫による経営支援が大変役に立ったと，NPO法人事務局長は評価している。

　このように，金融機関や支援組織などが有機的に連携して，融資と経営支援を一体のものとして融資先のNPOに提供している。

（3）金融機関主体の支援──山梨中銀NPOサポートローン

「山梨中銀NPOサポートローン」とは，コミュニティビジネスの支援を目的として，コミュニティビジネスの主要な担い手であるNPO法人に融資する制度である。

資金使途は運転資金，設備資金およびつなぎ資金で，融資額上限は500万円，融資期間は5年以内（ただしつなぎ資金は1年以内）。年利はリスク度合いで決めるため融資案件により異なるが，一般的には3％台で，場合によっては2％台後半である。原則として担保は徴求しないが，代表者1名を含む役員2名を保証人とする。

この融資制度は2005年11月に始まったが，これまでの融資実績は累計で約20件（2008年9月時点），約1億円である。子育て支援，環境，農業の3分野が融資先の中心で，委託事業や補助金事業のつなぎ融資が多い。

このNPOサポートローンの主要な特徴は，運営主体である金融機関（山梨中央銀行）が，地域の情報ネットワークを活用しながら，積極的にNPOへの経営支援を展開している点にある。

山梨では，NPO法人，商工会議所，大学の研究者，山梨県庁，金融機関などが2005年10月，コミュニティビジネスの普及・啓発と，コミュニティビジネス関係者の交流促進を目的に「やまなしコミュニティビジネス推進協議会」を設立した。同協議会は，県の補助金を得て「やまなしコミュニティビジネスフェスティバル」や「山梨コミュニティビジネス見本市」などのイベントを毎年開催し，住民にコミュニティビジネスの普及を図るとともに，交流会やメーリングリストなどで会員間の情報交換を進めている。山梨中央銀行も同協議会に参加してコミュニティビジネスを支援しているが，山梨中央銀行の担当者によれば，協議会の会合やメーリングリストなどで県内NPOの情報が数多く交わされており，ネットワークとしての機能を果たしている。

銀行の担当者によれば，協議会のネットワークを通じてNPOの情報を入手し，将来性のあるNPOに直接訪問し，コンサルティングやビジネスマッチングなど，必要な支援を提供しているという。

山梨中央銀行が「NPO サポートローン」を創設したのは，協議会の発足とほぼ同時であった。協議会会長と山梨中央銀行の担当者が協議して融資制度の制度設計を行い，NPO 法人が無担保で借りやすいよう工夫した。

　銀行による経営支援については，融資申請段階では事業計画書の作成にあたって聞き取りをしながら助言指導を行い，融資実行後は経営状況を監視して，業況が悪化した場合は改善に向けた支援対策をとっている。販路拡大の手伝いやコスト削減の指導，マッチングフェアへの出展をはじめとしたビジネスマッチング，その他，法人設立に向けての助言や情報提供，外部機関（大学研究者，専門家，公的機関など）との個別コーディネートなども，銀行の通常業務として（社会貢献としてではなく）提供しているという。「ビジネスサポートガイド」というガイドブック（中小企業の支援制度一覧）を無料で提供したり，大学研究者の研究内容をレポートにまとめて紹介するなど，ビジネスに役立つ情報の"ワンストップサービス"化を目指している。

　この「NPO サポートローン」は山梨中央銀行が単独で運営しており，中間支援組織や地方自治体はこの運営に直接参加していない。ただし，銀行は協議会などのネットワークを通じて NPO の情報を入手している。また地方自治体（山梨県）は協議会に参加し，コミュニティビジネスのモデル事業を指定し補助金を支給することで，側面からの支援を行っている。

　銀行担当者は「当行は新しい事業の芽を育てていくベンチャー支援の観点でコミュニティビジネスを支援している」と述べているが，やはり NPO や市民活動への支援というよりは，ビジネスマッチングなど，ベンチャー企業育成のための融資や経営支援といったビジネス志向の位置づけが強い。なお，「NPO サポートローン」を利用して融資を受けた NPO 法人スペースふうの理事長は，むしろ銀行支店長による頻繁な訪問や経営改善提案，企業経営者との交流機会の提供など，個人的な営業努力が大きかったと述べており，ベンチャー企業支援メニューが必ずしもすべての融資先に当てはまるとは限らないようだ。

第8章　NPOへの融資と経営支援

（4）金融機関主体の支援——コミュニティ・ユース・バンク momo

　コミュニティ・ユース・バンク momo（以下略称 momo）は，いわゆる NPO バンクの一つで，NPO/NGO など社会問題を解決する事業を行う個人・団体に融資する任意団体（貸金業法に基づく貸金業者）である。

　資金使途は起業資金，設備資金，運転資金などで，融資額上限は原則300万円（ただし出資額の10倍以内。つなぎ資金は出資額の40倍以内），返済期限は原則3年以内，年利は2.5%（ただし，つなぎ資金は2.0%）である。担保は徴求しないが，組織代表者1名を含む2名以上を連帯保証人とする。

　momo の融資事業は2007年に始まったが，これまでの累計融資実績は10件・2200万円（2009年2月1日時点）である。農業，環境，自然エネルギーなどに融資している（融資先はウェブサイト上に公開）。

　momo の融資の主要な特徴の一つは，融資先に対する手厚いハンズオン支援である。momo 代表理事によれば，融資申請書類の提出の1カ月後に，融資希望者と面談し，面談の結果を踏まえて融資審査委員が現場を訪問してヒアリングを行う。これらの結果から最終的に融資の可否を判断する。書類提出から面談までの間，担当理事が融資申請者に伴走して，面談に向けて準備を進めるが，担当理事は融資に至らなくても面倒を見るという。融資後は，融資先の NPO に関する情報をマスコミなどで発信するとともに，時々経営状況を尋ねることもある。特に，2007年9月に融資した NPO 法人こうじびら山の家（岐阜県郡上市）に対しては，事業計画の作成から始まって，融資後も月1回訪問するなど，極めて濃密な支援・指導を行っている。

　momo は平成19年度環境省「コミュニティ・ファンド等を通じた環境保全活動支援促進事業」に採択され，モデル事業としてぎふ NPO センターによる石徹白地域マイクロ水力発電事業（岐阜県郡上市）への融資を行った。この融資に際して，momo，ぎふ NPO センター，地域住民などがワークショップで意見交換を行った。このモデル事業は，融資先の環境コミュニティビジネスに対して支援・助言を行い，事業の改善を図るものであり，融資と経営支援の融合を図る動きは注目に値する［三菱 UFJ リサーチ＆コンサルティング，2008］。

また，若者や出資者がボランタリーに融資事業に関わりを持つ仕組みも，もう一つの特徴である。momoは「ユース・バンク」の名の通り，20～30歳代の若者が中心となって運営されているが，若者を中心としたボランティア「momoレンジャー」が情報発信，講演会，イベントなどの運営全般を担う。機関誌「momo通信」を通じて出資者と融資先と若者を結びつけており，出資者のなかには融資先に対して返済利息分を寄付したり，事業を手伝うなどの協力を申し出る者も現れているという［木村，2008］。

momo代表理事は「いつも，たくさん融資をしたいと思っているわけではない」と述べており，設立趣意には「地域の暮らしのなかで本当の豊かさを実感できる社会を作ることを目指します」と述べているように，融資を増やすことよりもむしろ，社会問題解決に向けての地域づくり，ネットワークづくりが活動の前面に出ていて，融資はそのための一つの手段として位置づけられている。これらの点から，ビジネス志向とは一線を画した，市民活動志向の融資制度だと考えられる。

momoは支援組織や自治体と連携していないが，融資審査には東海労働金庫役員，税理士，コミュニティビジネスの経営者などが参加している。

以上，個々のNPO融資制度に着目し，その制度のなかで金融機関，支援組織，自治体などがどのような役割を果たし，互いに連携しているのかについて，4つの事例をもとに検討した。第一の類型では，金融機関，支援組織，地方自治体などが制度運営の担い手として参加していた。「横浜こみゅにてぃろーん」と「きょうと市民活動応援提携融資制度」の事例においては，金融機関と地方自治体と支援組織の三者が有機的に連携して，融資と経営支援を一体として融資先のNPOに提供しているが，それぞれの果たす役割や，支援の方法に差異があることが明らかになった。

第二の類型では，金融機関が独自に制度を運営していた。「山梨中銀NPOサポートローン」と「コミュニティ・ユース・バンクmomo」の事例では，金融機関が融資先に対して経営支援をあわせて提供しているが，支援の方法に差異があることが明らかになった。

第8章　NPOへの融資と経営支援

小　括

　NPOの融資件数はまだ少なく，1金融機関あたりの融資件数はおおむね数件程度にとどまる。資金使途は，委託事業や補助金事業，公的介護保険事業などのつなぎ資金・設備資金が大多数を占めている。
　金融機関による経営支援は，融資申請時に書類作成を手伝うことと，融資実行後のモニタリングが主であるが，金融機関がNPOの融資希望者からの聞き取りをもとに事業計画書や資金繰り表を作成したり，融資実行後には積極的にコンサルティングを行ったりしている例もある。他方，支援組織による経営支援は，起業支援や助成＋経営コンサルティング，啓発・世論形成など，融資に関する土壌づくりの側面が比較的大きい。

注
（1）「宅幼老所」とは「高齢者あるいは障害者だけでなく高齢者，乳幼児，障害者（児）がともに利用する（又は利用する見込みのある）施設」であり，定員15人以下の小規模な居場所である。
（2）ワーカーズ・コレクティブの場合，ワーカーズの各県連合会が指導・助言，専門家の派遣，セミナーの開催，ワーカーズどうしの交流の機会提供を行い，融資を側面から促進している。

第9章
マイクロファイナンスの現状
──多重債務者問題と金融危機への対処──

1 マイクロファイナンスへの関心の高まり

　日本でも最近，マイクロファイナンスへの関心が高まりを見せている。そのきっかけの一つは，2006年にノーベル平和賞を受賞したバングラデシュのグラミン銀行とムハマド・ユヌスであることは疑いない。⁽¹⁾
　大和証券グループは2008年3月に国内初の「ワクチン債」⁽²⁾を販売したのに続いて，09年11月，国内で初のマイクロファイナンス・ボンドを販売した。⁽³⁾
　NGOなどでも，マイクロファイナンスの取り組みが増えている。以前からマイクロファイナンスに取り組んできたAMDAやシャプラニール＝市民による海外協力の会，JICA・青年海外協力隊に加えて，近年はカンボジアONEのようなマイクロファイナンス・ファンドや，インターネットを介して投資家と起業家を直接結びつけるKIVA JAPANの設立，あるいは途上国の社会的企業への投資を行う合同会社ARUN, LLCの設立など，新たな動きが見られる。⁽⁴⁾
　ただし，これらのマイクロファイナンスはいずれも，途上国への支援を目的としたものであり，国内の貧困に対処するためではない。
　国内の貧困層を対象に金融サービスを提供するようなマイクロファイナンスというのはあり得るのだろうか。
　菅正広や石田重森は，日本における貧困の深刻化に着目し，貧困問題の解決に向けてマイクロファイナンスの普及が重要だと主張している［菅, 2008；2009；石田, 2009］。菅は，マイクロファイナンスが「日本ではほとんど行われていない」と指摘し，その原因を挙げている［菅, 2009：4］。菅によれば，日

本には「貧困に無縁な日本」という意識が根強いこと，「マイクロファイナンスは開発途上国のもの」という認識があること，日本には「社会保障制度や金融制度が発達している」からマイクロファイナンスが必要ないという認識があること，貧困は「個人の怠惰や自助努力の不足による自業自得の問題」との意識があること，がその原因であるという。

菅［2009］は途上国と先進国のマイクロファイナンスの事例を紹介しながら，日本でも貧困対策としてマイクロファイナンスの導入が可能だと主張する。[5]

ただし，途上国と先進国では，マイクロファイナンスが立脚する社会経済環境が大きく異なっており，途上国で成功したから先進国でもできるはずだ，という単純な議論はできない。先進国においても，国によって歴史的・社会的背景や法制度，経済状況，国民性などが異なるため，アメリカで成功したから他の国でも同じようにできるはずだ，というだけでは説得力に欠ける。

アメリカやイギリスをはじめとする欧米諸国では，黒人や移民などのマイノリティや女性などが金融サービスから排除されており，貧困の固定化・再生産が生じていた。経済民主主義の一環として，こうした人たちに対する金融アクセスを保障する必要があった。そのためコミュニティ開発クレジットユニオンなどの相互扶助金融機関やNPOが発達した。途上国では，農民や都市スラムの貧困層が高利貸しから搾取されていたが，貧困層は小額融資と起業によって，貧困脱却の糸口をつかむことができた。

マイクロファイナンスの定義には盛り込まれていないが，途上国でも先進国でも，マイクロファイナンスの中核的な要素として「起業資金の融資」がある。貧困層の住民が少額の資金を借りて事業を起こし，利益のなかから返済するという形である。実態としては教育費や生活費などに費消してしまうこともあるが，基本的には事業資金の融資が念頭にある。仮に生活費中心であれば，数十％にのぼる高金利の支払いは事実上困難であろう。そのため，マイクロファイナンスの普及をめぐっては，零細企業の起業の可能性や，インフォーマル市場の規模が議論になってきた［Carr and Tong., 2002］。マイクロファイナンスと起業資金をどの程度結びつけてとらえるかによって，マイクロファイナンスのイ

第Ⅲ部　日本のコミュニティ開発金融

メージや広がりも変わり得る。

　マイクロファイナンスの資金需要を考えた場合，消費者を対象とした生活費，教育費，医療費，住宅購入費などの需要と，個人事業主や零細企業を対象とした開業資金，運転資金，設備資金，就職活動・職業訓練資金などの需要に大別されるが，生活資金と事業資金とではその基本的性格を異にしており，貸し出す側に求められる専門性もおのずと異なってくる。しかし，マイクロファイナンスに関する議論は事業資金であることを前提としていたため，生活資金の必要性や特徴に対しては必ずしも充分な注意を払ってこなかった。

　さて，日本の歴史的・社会的文脈からすると，マイクロファイナンスの必然性や社会的なニーズはいったいどこにあるのだろうか。

2　日本におけるマイクロファイナンスの全体像

（1）マイクロファイナンスに対する認知度の低さ

　国内でマイクロファイナンスがどの程度普及浸透しているかを，聞き取り調査の結果を通して示しておこう。筆者は2008年，NPOやコミュニティビジネスへの融資を行っている労働金庫，信用金庫，地方銀行，地方自治体の担当者や，NPOバンクの関係者などに，自組織でマイクロファイナンスを行ったことがあるか，あるいは周囲でマイクロファイナンスの事例を見聞したことがあるか否かを尋ねた。マイクロファイナンスの事例は「全く思いつかない」「うちには当てはまらない」「把握していない」などの答えがほとんどであり，「うちで貸しています」「事例を聞いたことがある」などの反応は一つもなかった。[6]

　人によってマイクロファイナンスに対するイメージが少しずつ異なる可能性もあるが，マイクロファイナンスについては充分に認知されていない状態にあると言える。これは，日本におけるマイクロファイナンスがまだ潜在的な存在にとどまっていることを示すものと考えられる。

（2）マイクロファイナンスの範囲

　マイクロファイナンスは「事業資金の融資」として語られており，貧困層が少額の資金を借りて零細企業を起こし，事業を拡大して貧困から脱却するというモデルを想定していることが多い。しかし日本では，貧困層に対して，起業による貧困脱却を促すことはあまりない。失業者のうち，労働可能な人に対しては，職業訓練で土木建築関係の技能を身につけさせたり，介護ヘルパーなどの資格を取得させたりして企業に就職させる政策が一般的である。

　菅は，「（貧困層の）自立のためには『個人事業・自営業収入』でも，人に雇用されて『賃金収入・給与』を得てもどちらでもよい」［菅，2008：142］と述べ，事業資金の融資に限らず就職活動や職業訓練のための融資もマイクロファイナンスに含まれるとの考えを示しているが，それはおそらく日本のこうした事情を汲んでのことだろう。

　しかし，起業にせよ，就職にせよ，収入を生み出す活動を対象とした融資であることには変わりない。教育費や医療費といった生活資金の融資は含まれていないのである。にもかかわらず，菅は同じ著書のなかで，多重債務者対策や生活福祉資金貸付制度など，生活資金の融資制度を国内のマイクロファイナンスの事例として挙げており，どこまでをマイクロファイナンスの範囲ととらえているのかが判然としない。

　日本におけるマイクロファイナンスの全体像を描くうえでは，どこまでをマイクロファイナンスの範囲ととらえるかを定めておく必要がある。筆者は，起業による貧困からの脱却という事例があまり見られない日本においては，事業資金のみならず生活資金の融資を含めて考えたほうが現実的だと考える。

　また，起業支援のみではなく，既存の個人事業・零細企業の存続支援も，低所得者のさらなる貧困化予防という広い意味で，マイクロファイナンスに含めてもよいと思われる。

　これらを前提として考えると，日本におけるマイクロファイナンスには，以下のものがあり得る。

①生活資金の融資：消費者を対象。使途は生活費，教育費，医療費，交際費など。
②事業資金の融資：個人事業主や零細企業経営者を対象。使途は開業資金，設備資金，運転資金など[7]。
③就職活動や職業訓練のための融資：失業者や低賃金労働者などを対象。

3　生活福祉資金をめぐる動向

　低所得者に対する公的な融資制度としては，生活福祉資金や母子・寡婦福祉貸付金がある。生活福祉資金とは，低所得世帯が何らかの原因によって一時的に困窮に陥った場合に，生活を維持するための貸付制度であり，低所得世帯，障害者世帯及び高齢者世帯に生じた一時的な経済的問題の対策としての中核をなしている［佐藤，2001：261］。生活保護が救貧的な性格をもつのに対し，生活福祉資金は防貧的な性格を帯びている。

　生活福祉資金が始まった1955年当初は「世帯更生資金貸付制度」の名称で，資金の種類は生業資金・支度資金・技能習得資金の３種類あった。世帯更生資金は低所得層に対して，自営業の営業資金を貸し付けることによって就業機会を提供し，自ら収入を確保し維持させることを意図したものであった［室住，2008：30］。したがって生活福祉資金は発足当初，前節で分類したマイクロファイナンスの②ないし③を目的としていた。

　しかし，その後は生活費，家屋補修費，助産費，葬祭費，医療費などが加わり，1959年には台風被災世帯への特例貸付が始まり，1961年には身体障害者更生資金と修学資金が加わった。1990年には名称が「世帯更生資金」から「生活福祉資金」に改められ，低所得世帯に限らず障害者世帯・高齢者世帯をも対象とした制度に広げられた。2000年には更生資金，障害者更生資金，生活資金，福祉資金，住宅資金，修学資金，療養・介護資金，災害援護資金の８種類からなる貸付制度となった［佐藤，2001：262］。

　2001年には離職者支援資金が，2002年には長期生活支援資金と緊急小口貸付

が，2007年には要保護世帯向け長期生活資金が加わり，メニューが増え続けた。だが，この貸付制度による貸付件数は1966年に最大の3万7505件に達した後，長期的に件数が減少を続け，今日に至っている。

当初，制度の中心をなしていた生業費と技能習得費（「更生資金」）は現在，ごく一部を占めるにすぎず，大部分は生活資金（上記の分類では①）である。1960年の時点では，更生資金が1万7119件・7億9619万円で，全体の60％・71％を占めていたが，2006年の時点では，更生資金が355件・4億5672万円で，全体の3.2％・0.4％にすぎない。生活福祉資金はその過半が修学資金のために使われており，その他離職者支援資金，福祉資金，療養・介護資金など，生活資金の利用がほとんどを占めている。（図9-1，図9-2）。

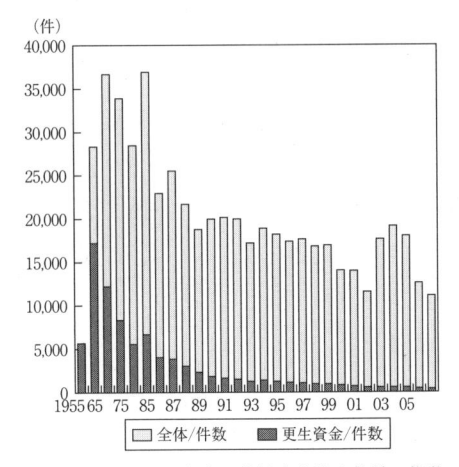

図9-1　生活福祉資金の貸付資金決定件数の推移

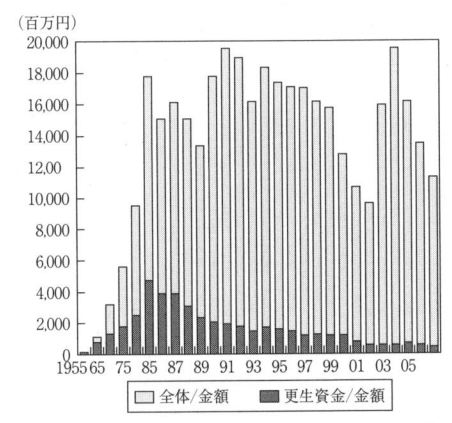

図9-2　生活福祉資金の貸付資金決定金額の推移
出典：図9-1，9-2ともに室住［2008：35］

更生資金の割合が減少したのは，零細企業の融資需要がなくなったためだと考えるのは早計であろう。生活福祉資金の直接の窓口となる社会福祉協議会は企業経営の専門知識をもたず，しかも他の資金に比べて償還率が低いため，貸付に抑制的になるのではないかと思われる。佐藤は，低所得世帯は多様な現代

的ニーズに対応した起業意欲をもっているという。「生業費貸付は単なる貸し付けだけではなく，経営的なアドバイスを行える支援体制が不可欠である」が，「（生活福祉資金の）運営体制は脆弱であり，現状では担当者は貸付相談，審査・償還事務等に追われており，借り受け世帯に対する丁寧な相談対応・助言等は困難である」ために，貸付が進まないと指摘する［佐藤，2010b：13］。

　生活福祉資金をめぐっては，これまでさまざまな問題点が指摘されてきた。
・原資保有額が不足しており，しかも償還金を貸付原資にしているため，貸付に影響を及ぼしていること［佐藤，2002：38］
・償還率が低く，未回収金が貸付額の約3分の1に達していること［朝日新聞，2007．1．22］
・業務担当者は償還金の回収を強調されるため，貸付に対して抑制的となり，結果として防貧的な役割が弱まるという問題［佐藤，2002：38-39］
・充分な周知がなされていないため認知度が低く，利用者が少ないこと[8]［佐藤順子，2007：67；ノンバンク制度研究会，2007：68］
・連帯保証人を必要とする，申請から貸付まで時間がかかる，民生委員がプライバシーに立ち入って深く関与するなど，借りにくいこと
・資金の種類が複雑化し，利用者に分かりにくくなっていること
・民生委員は償還金の回収を任され，負担が大きいこと［佐藤，2003：120］
・要保護世帯向け長期生活支援資金制度は，要保護状態の貧困な高齢者世帯に対する実質的な生活保護制度からの締め出しであり，不公正だという問題[9]
などが挙げられる。ただし，これらの問題点のうち一部分は，連帯保証人の不要な緊急小口資金の創設など，いくつかの改善が行われてきた。

　2009年10月，貸付制度の見直しが行われた。①融資メニューの統合と再編成により，「総合支援資金」をはじめとして利用者に分かりやすいものに改善したこと，②連帯保証人がなくても貸し出せるようにしたこと，③金利を引き下げ，連帯保証人を確保した場合は無利子，それ以外でも年1.5％に引き下げたこと，の3点である。さらに，抑制的な貸付を改善するために，貸付原資を全て国からの補助にするとともに，事務費も予算措置を行うことにした。

セーフティネット貸付実現全国会議事務局長の村上晃は，この制度改正を「生活福祉資金貸付が使いやすくなった」と一定の評価をしながらも，貸付事業に対する事務費が少なく，現在の社会福祉協議会の体制では事務が滞るため，大幅な財政支援が必要であること，また新たなセーフティネットにおいては給付制度と貸付制度が混在しており，「利用者からすれば，窓口が別々であるなど極めて使い勝手の悪いものとなっている」ことなど，まだ改善の余地が残されていると指摘する［村上，2010：147］。

この制度改正は，多重債務者問題（後述）に加え，2008年に起きた金融危機・景気後退を背景としており，改正後は大幅に相談や貸付が急増しているという。

4　政府の多重債務者対策

（1）多重債務者問題の経過と従前の多重債務者対策

静岡県労働金庫や全国労働金庫協会で長らく多重債務者問題に中心的に関わってきた消費生活コンサルタントの勝又長生は，戦後の自己破産件数の推移とサラ金問題の関連を整理した［勝又，2009］。これによれば，最高裁が自己破産の件数を集計し始めた1982年以降，自己破産件数のピークは1984年と2003年の二つあることが分かる。最初のピークである1984年は，1980年代前半に社会問題化した「サラ金地獄」の最中で，1年間に2万4057件もの自己破産が起きた。そのため1983年に貸金業規制法（貸金業の規制等に関する法律）が成立し，上限金利がそれまでの109.5％から段階的に40.004％に引き下げられた。

その後，バブル経済の到来とともに，一時的に自己破産件数は減少するが，バブル経済崩壊後に再び自己破産件数は急上昇する。加えて1990年代には大手消費者金融業者が無人契約機を大量に設置し，テレビCM等で派手な宣伝を展開して，「サラ金地獄」のイメージ払拭に努めたこともあり，1990年代から2000年代初めにかけて自己破産件数はうなぎ上りに増加の一途をたどった。1998年には自己破産件数が10万3803件と10万件を超え，2003年には24万2377件

と第二のピークを迎えた。

　自己破産件数の急増に対処するため，自己破産以外の法的整理のメニューが新たに加えられた。1999年には特定調停法，2001年には個人版民事再生法が成立し，現在は自己破産以外に任意整理，特定調停，小規模個人再生手続きまたは給与所得者等再生手続きのいずれかの方法を選択できることとなった。

　他方，2000年に貸金業規制法を一部改正して上限金利を29.20％に引き下げ，2003年にはヤミ金融対策法（貸金業規制法及び出資法の一部改正法）が成立して高金利貸し付けや無登録営業への罰則が強化された。

　1400万人が消費者金融を利用しており，また5社以上の消費者金融から借り入れをしている人を多重債務者と定義すれば，その数は230万人にのぼると言われている［柴田，2008：5］。

　地方自治体の対応はどうだったか。たとえば鹿児島県奄美市では，市役所が弁護士や司法書士などと連携をとりながら多重債務者の相談にあたり，広報や啓発活動にも積極的に取り組んできた［禧久，2007］。

　岩手県では，1987年に岩手県宮古市で起きた「名義貸し事件」の被害者を救済するため，県内市町村と岩手弁護士会消費者問題対策委員会が連携し，消費者救済資金貸付制度を創設した。岩手県信用生協は，組合員の出資だけでは融資需要を賄いきれないため，自治体が金融機関に預託し，その額の4倍の資金を金融機関から生協が調達するというスキーム（「岩手方式」）が作られた。現在，この自治体提携消費者救済資金貸付制度に県内全市町村が参加し，自治体が11億7550万円の預託金を拠出，八つの提携金融機関が4倍の47億200万円の融資枠を信用生協に与えることで，多重債務者への貸付事業が行われている［上田，2008；小山田，2007］。2007年9月には岩手県セーフティネット貸付機関連絡会議が結成され，県・社会福祉協議会・労働金庫・信用生協が相互に情報交換と連携を図り，合同の相談会を開催するなどの取り組みを始めているという。

　ただし，こうした先進的な取り組みは一部の自治体にとどまっていた。佐藤順子［2007：74］は，大阪府社会福祉協議会の対応事例を紹介しながら，「従来，

社会福祉分野ではことさらに多重債務者への援助・支援をその射程としてこなかった」と指摘する。佐藤［2010a：139］によれば，現在でも，岩手県盛岡市や鹿児島県奄美市などの先進的な取り組みはあるが，「自治体間の差はまだまだ大きい」という。

他方，43の都道府県は労働金庫との提携融資を実施している。この提携融資制度は一般的に，自治体から無利息または低利の預託金を受けた労働金庫が，その預託金の3～4倍の資金を限度に，低利の融資を行う仕組みであり，年収150～200万円以上の給与所得者を対象としている。資金の使途としては住宅，一般生活資金，教育，育児・介護，離職・失業，災害時などがあり，事業資金は含まれない。2007年11月末時点（中央労働金庫は2007年9月末時点）で，提携融資制度数は148，融資件数は1万2716件，融資額は321億4166万円である（多重債務者対策本部「資料集」）。この融資は生活福祉資金の対象者より所得が多い人を対象としており，また事故情報登録者（返済不能となりブラックリストに載った債務者）は対象外なので，多重債務者は利用できないという制約がある。

（2）貸金業法の改正と多重債務者対策の本格化（2006年以降）

深刻化する多重債務者問題をめぐり，弁護士会や司法書士会，労働者福祉協議会（労福協）などが幅広く連帯し，2005年秋以降，高金利の引き下げを求めて大規模な市民運動を展開した。特に焦点となったのは，出資法の上限金利（29.2％）と，利息制限法の上限金利（20％）の間の金利帯（「グレーゾーン金利」）を解消し，出資法の上限金利を20％に引き下げることであった。高金利引き下げ全国連絡会などの市民運動は各地で集会やデモ，340万人署名の国会提出（2006年10月）などを行い，運動は盛り上がりを見せた。[10]

これらの運動の成果もあり，2006年12月，貸金業法（貸金業規制法，出資法，利息制限法等の改正法）が成立し公布された。貸金業法では，上限金利の引き下げに加えて，貸金業者の参入規制の強化，行為規制の強化，過剰貸付規制の強化など，貸金業規制の抜本的強化が図られた。

貸金業法の柱の一つが「多重債務者問題に対する政府を挙げた取り組み」で

あり，関係省庁相互の連携強化により，多重債務問題解決のための施策を総合的かつ効果的に推進するものと定められた。貸金業法の成立を受けて，金融担当大臣を本部長，関係8大臣を本部員とする多重債務者対策本部が2006年12月に設置され，2007年1月には同本部に有識者会議が設けられた。有識者会議の意見取りまとめに沿って同年4月に「多重債務問題改善プログラム」が本部決定された［川本，2007：16］。

多重債務問題改善プログラムは，以下五つの施策を柱としている。
・丁寧に事情を聞いてアドバイスを行う相談窓口の整備・強化
・借りられなくなった人に対する顔の見えるセーフティネット貸付けの提供
・多重債務者発生予防のための金融経済教育の強化
・ヤミ金の撲滅に向けた取締りの強化
・その他（広報活動等の準備，データの収集分析など）

同本部はこれまで，日本弁護士連合会などとの共催で「多重債務者相談強化キャンペーン」を毎年実施し，また各地の実施状況を公開してきた。

これらの施策のなかで特にセーフティネット貸付についてみると，以下四つの重点事項が掲げられている。
①消費者向けセーフティネット貸付けを積極的に行っている生協等の資金調達手段の多様化
②生活者等向けセーフティネット貸付けにおける協同組織金融機関の役割
③生活福祉資金貸付，労働金庫の自治体提携融資など，既存のセーフティネット制度の広報
④セーフティネット貸付資金の円滑な循環に向けた取り組み

これらのセーフティネット貸付の主な担い手としては，社会福祉協議会（生活福祉資金），信用生協・労働金庫・信用金庫など非営利組織や民間金融機関，地方自治体，政府系金融機関（事業者向け貸付）が想定された。生活福祉資金は多重債務者へのセーフティネット貸付の手段として改めて注目を集めた。より使いやすい制度に改善すべきだとの意見が有識者会議から出され，またセーフティネット貸付実現全国会議（2008年7月創設）が制度改善を厚生労働省に要望

し［村上，2010：146］，日本弁護士連合会からも改善を求める意見書が出されたこともあって，2009年10月の見直しにつながった。

　同時に，非営利組織や民間金融機関，地方自治体の果たす役割にも大きな期待がかけられた。特に，岩手県信用生協，グリーンコープ生協ふくおか，宮城県栗原市，静岡県労働金庫は先進的な事例として注目された。多重債務問題改善プログラムのなかでは「各地域において『顔の見える融資』を行う，いわば『日本版グラミン銀行』モデルを広げていく」とうたわれたが，その後政府は，「『日本版グラミン銀行』モデルを広げていく」ための具体的な支援措置を実質的に何も講じておらず，民間任せに終始している。民間の多重債務者対策は次節で詳述するが，グリーンコープ生協を除いて，各地で民間のセーフティネット貸付事業が広がる動きは進んでいない。

（3）地方自治体の2008年以降の動向

　他方，地方自治体では東京都，福岡県，宮城県栗原市などが2008年以降，新たな支援策を始めている（表9-1）。

　宮城県栗原市は2008年1月，多重債務者救済のための新たな融資制度「栗原市のぞみローン」を開始した。これは仙台弁護士会と金融機関と市役所が連携し，市役所が金融機関に1億円の貸付資金を預託して，多重債務を負った市民に対して1000万円以内で貸し付ける制度である。市福祉事務所での電話相談と弁護士・司法書士の法律相談を経て，金融機関（一関信用金庫・仙北信用組合）から「のぞみローン」を貸し付ける。このほか，自殺防止キャンペーンなども展開している。2009年4月までの累計実績は，電話相談611件，融資10件・2232万円に達した（宮城県栗原市「宮城県栗原市における多重債務者救済のための貸付制度『栗原市のぞみローン』の概要について」2009.5.19）。

　また，福岡県は2008年4月，グリーンコープ生協ふくおかに多重債務者相談事業および貸付事業を委託し，生協内に「福岡県多重債務者生活再生相談窓口」を設置した。多重債務者への貸付原資に関しては，貸付総額10億円までは生協が自己資金で貸すが，10億円を超えた部分については岩手信用生協と同様

第Ⅲ部　日本のコミュニティ開発金融

表9-1　多重債務者向け融資制度の例

	宮城県栗原市	福岡県	東京都	信用生協	生活サポート基金	グリーンコープ生協ふくおか	静岡県労働金庫
名　称	のぞみローン	貸付・相談事業	多重債務者生活再生事業	スイッチローン	生活再生ローン	生活再生貸付事業	負債整理資金融資リボン50
開始年	2008年	2008年	2008年	1989年	2006年	2006年	2009年
対象者	多重債務者（栗原市民）	多重債務者（福岡県民）	多重債務者（東京都民）	多重債務者（県内在住/在勤）	多重債務者	多重債務者（生協組合員＋福岡県民）	多重債務者（未組織労働者）
融資原資	栗原市の預託金（1億円）	グリーンコープ生協ふくおか自己資金（10億円）	東京都拠出金（15億円）	出資金	出資金	出資金	出資金・預金
融資額	1,000万円	150万円	300万円	500万円	----	150万円前後	500万円
融資期間	10年間	5年間	6年間	10年間	収入に応じて設定	----	5年間
金　利	7.9%（固定）	9.5%（固定）	3.5%（固定）	9.34〜10.84%（変動）	12.5%以下	9.50%	6.875%＋保証料2%

出典：各団体資料より筆者作成

に，県が銀行を通して生協に融資することになっている。[11]

　東京都は2008年3月「多重債務者生活再生事業」を開始し，相談事業は一般社団法人生活サポート基金に委託し，貸付事業は中央労働金庫東京都本部に委託した［横沢，2008：29］。債務整理中や債務整理後の生活再生資金などとして，300万円を上限とし，年利3.5％という低利で貸し付ける制度である。この事業は東京都が15億円を出資し，貸付の原資としている。岩手，福岡いずれも，自治体は金融機関を通して貸付原資を預託するだけなのに対して，東京都の場合は単なる預託金ではなく，都が損失のリスクを負担する点で優れている。しかし，東京都の貸付事業を利用するには厳しい要件があるため，相談件数は多いものの（2008年度は608件），貸付の件数はごくわずかにとどまっているという（生活サポート基金関係者からの聞き取り2009.12.9）。

　なお，東京都は「生活安定化総合対策事業」の一環として，職業訓練や就職

の支援と関連する貸付事業を2008年に始めた。このうち「生活サポート特別貸付事業」とは，東京都が指定する職業訓練や能力開発講座を受講する際や，それらの訓練・講座を経て就職内定後に転居や就職支度，技能習得を要する際に必要な資金を無利子で貸し付けるものである。これは，2節で述べたマイクロファイナンスの③（就職活動や職業訓練のための融資）に当たる。

ただし，岩手・福岡・東京などの自治体による先進的な取り組みはごく一部にとどまり，その他の自治体ではまだ目立った取り組みが進んでいない。

5 民間の多重債務者対策

本節では，筆者の聞き取り調査と文献をもとに，信用生協，生活サポート基金，グリーンコープ生協，静岡県労働金庫における取り組みの具体例を述べる（表9-1）。

(1) 信用生協

消費者信用生活協同組合（信用生協）は1989年以降，自治体提携多重債務者救済資金貸付制度事業（現在はスイッチローン（消費者救済資金貸付制度））によって，多重債務者に生活再生の資金を貸し付けている。

この貸付制度は岩手県内在住または勤務の多重債務者に対して500万円以内の資金を，年9.34％〜10.84％の変動金利で，最長10年間にわたり貸付を行うものである。連帯保証人は原則1名以上で，担保付債権の債務整理の場合は原則として不動産担保を必要とする。また融資額の1％相当額の出資金を出すことが要請されている。

多重債務者に対しては，スイッチローンによる資金の貸し付けだけでなく，その前提として相談を行う。また，姉妹組織のNPO法人いわて生活者サポートセンターは，債務問題の背景にあるDV（ドメスティック・バイオレンス）や金銭トラブルなどの生活問題を抱えた人の相談に応じている（信用生協といわてNPO生活者サポートセンターの活動内容は佐藤［2004a］に詳しい）。

多重債務者救済のための貸付制度は，単なる低利の「おまとめローン」とは本質を異にする。多重債務者救済の貸付制度は，貸す前に弁護士や司法書士などが関与して既存の債務を法的整理して最大限圧縮したうえで，この貸付制度の利用が債務者の生活再生にとって最善の債務返済方法である場合に限って適用されるものである。したがって，はじめに貸付ありきではなく，相談を通じた債務者の生活状況の把握，法律専門家との連携，必要に応じて他機関への紹介などが重要な要素となる。さらに，最近では多重債務に限らない，幅広い生活相談の需要も増えている。

多重債務者を救済してきた信用生協には，2006年の貸金業法改正を契機として変化が生じつつあるという。一つは「金融債務から金融以外の債務へのシフト」であり，もう一つは貧困層の増加である（信用生協関係者からの聞き取り2009.12.7，内部資料およびウェブサイトによる）。

第一の「金融債務から金融以外の債務へのシフト」とは何か。信用生協の「多重債務相談状況」によれば，信用生協に相談に来た人は，消費者金融からの借入金がこの10年間で半分以下に減った[12]。10年前は1人平均約246万円だった借入金は，約122万円へと急減した。借入金全体に占める消費者金融の割合も10年前の34％から今では20％へと落ちた。かつてのように，5〜10社の消費者金融から借り入れて相談に来るという典型的な多重債務のケースも激減しているという。これは主に2006年の貸金業法改正によるものだという。消費者金融の成約率は2004年9月の41％から，2007年3月には29％にまで下がり，消費者金融からの1人あたり借入残高も漸減傾向にある。信用生協による平成20年度多重債務相談者4098人の分析結果によれば，消費者金融からの借り入れは総じて減少傾向にある。この背景には近年の貸金業者数の激減に加え，貸金業法による総量規制（年収3分の1要件）や指定信用情報機関の導入，金利の引き下げの影響で，融資の抑制が生じている面もある。

他方，消費者金融に代わって増えているのは個人からの借り入れや日常家事債務であるという。2008年度は多重債務相談4098件以外に，「くらしの相談」「生活資金相談」が計1417件あった。日常家事債務とは家賃や水道光熱費，住

民税などの支払いのことで，これらを滞納すれば借家を追い出されたり，水道・電気・ガスなどのライフラインを止められたり，動産を差し押さえられたりして，日常生活に致命的な影響を及ぼす。だが，消費者金融などの金融債務と異なり，個人からの借り入れや日常家事債務は法的整理の対象にならないため，従来の多重債務者救済の手法が適用できない。新たな課題解決の方法が求められていると言える。

　第二の点，貧困層の増加については，前述の多重債務相談状況によれば，相談者の属性で「会社員」（正規雇用者）が10年前の75.55％から47.53％へと減少するとともに，パート・アルバイトなどの非正規雇用者が増加した。また，多重債務者が借り入れをした動機を見ると，「遊興・飲食・交際」が減り，「生活費の補填」が10年前の22.48％から現在は39.32％にまで増えた。相談者の年収も，「年収200万円以下」が10年前の37％から現在は52.35％に増えている。岩手県内では2008年の金融危機以降，企業の経営不振による解雇が相次ぎ，「失業した」「生活が成り立たない」といった相談が急増したという。失業者の増加に伴い，貸し倒れもわずかながら増えている。

　上記の二つの変化は，信用生協の経営状況や今後の運営方針にもさまざまな影響を及ぼしている。一つは，スイッチローンの利用が2006年以降減少し，信用生協の融資金残高も2004年度をピークに減少傾向にあることである。2008年度スイッチローンの新規貸付実績は482件・9億3700万円（1件平均約195万円）であった。[13]無利息の分割払いによる債務整理や，過払い金返還などにより貸付せずに解決できるケースが増え，また貸し付ける場合でもより少ない資金での債務整理が可能となったことから，前年度より貸付実績は減少しているという。これに伴い，自治体から受けていた預託金も減っている。

　しかし，他方では日常家事債務や税金など，金融債務以外の生活債務が重くのしかかってきている。また，一度債務整理をしてブラックリストに載った人は，再び金融機関から借りられるまでに一定期間待たなければならないが，その間も教育費や医療費，自動車の車検代など，融資の需要は発生してしまう。低所得であれば生活福祉資金を利用できるが，生活福祉資金の対象外の人は利

用できない。

　そのため，従来の金融債務だけでなく，生活債務にもスイッチローンの仕組みを拡大することが求められている。信用生協は盛岡市・盛岡信用金庫と提携して「生活再建資金貸付制度」を2009年4月開始し，3000万円の預託金をもって貸付を始めた。生活資金の貸付は1件30～50万円程度で，多重債務整理の場合（1件200～300万円程度）に比べて小口の貸付であるという。

　他方，相談に関しても，従来の多重債務問題解決の方法だけでは限界があるとして，生活全般の相談に対応できるよう，2009年4月から「くらしの総合相談窓口」を開設し，社会福祉協議会やハローワーク，母子・寡婦福祉貸付金などの担当者とも連携を強めた。

　このように，貸金業法改正や金融危機を契機として，従来の多重債務者に対する相談・貸付から，貧困層に対する生活相談・生活費貸付へと，信用生協に求められる役割も変化してきている。

　信用生協のスイッチローンは自治体からの預託金をもとに，金融機関から4倍の協調融資を得るという独自の資金調達の枠組みに支えられてきた。しかし今後は，多重債務救済貸付以外の生活資金貸付に対しても自治体・金融機関から安定した資金供給を得られる仕組みを作ることが重要となっている。また，多重債務相談に限らない，幅広い生活相談と金融教育の事業を行う費用を自治体委託事業などで調達する方法の確立も急がれる。

（2）生活サポート基金

　一般社団法人生活サポート基金は2006年8月に相談と貸付の事業を開始し，現在に至る。また，2008年3月からは東京都社会福祉協議会から多重債務者生活再生事業（相談事業）を受託しており，現在はプロパーと受託の計2種類の制度を運営している。

　プロパーの貸付制度は，消費者金融の債務整理や生活債務の返済，ブラックリスト掲載期間中の生活資金提供，債務整理後の生活再建などを目的として，年利12.5％以下で貸し付ける。返済期間は債務者の状況に応じて個別に設定し，

1名以上の連帯保証人（原則として家族）を要する。

　相談事業については，多重債務者や生活困窮者の再生に向けたカウンセリングとコンサルティングを行い，解決に向けた支援を行う。

　相談件数をみると，2008年度のプロパー事業の相談件数は232件，受託事業の相談件数は608件であった。相談件数は2007年末以降増える傾向にある。

　相談件数の集計結果からは「金融債務から金融以外の債務へのシフト」と貧困層の増加が読み取れるという（生活サポート基金関係者からの聞き取り2009.12.9，内部資料およびウェブサイトによる）。

　第一の「金融債務から金融以外の債務へのシフト」について，相談内容のうち「家賃の滞納」「税金，公共料金滞納」といった金融以外の債務が（東京都受託事業）相談件数の13％を占める。過去に債務整理してブラックリストに掲載された人が再び知人友人から借金したり，税金や公共料金・家賃を滞納したりして債務を抱え込んだ人が，相談者の45％にのぼる（以前は30％台で推移）。

　第二の「貧困層の増加」について，借り入れの主な動機が「家計補助・低収入」（29％）で，最大の割合を占めている。

　東京の生活サポート基金でも，信用生協と同様の傾向が現れている。

　貸付についてみると，2008年度の実績は，プロパー事業が71件・1億1750万円（1件平均約165万円），東京都の受託事業が6件・662万円（1件平均約110万円）であった。プロパー事業は2007年度実績（110件・2億1589万円，1件平均約196万円）に比べて件数・金額ともに減少した。東京都委託事業の件数・金額が少ないのは，要件が厳しくて該当しにくいからだという。

　2008年度に件数・金額が減少したのは，貸付の原資が枯渇しており，回収した資金の範囲でしか貸せないことと，低収入の相談者が多く，借り手も返済の見込みが無いことが主な理由であるという。生活サポート基金は信用生協と異なり，自治体からの預託金がないうえに，多重債務者や生活困窮者以外の一般消費者を融資対象としていない。そのため銀行からの資金調達が極めて困難な状況である。また，設立母体となった生協からの出資と，個人からの出資に頼る以外にない。また，自治体からの預託や出資もあまり期待できないという。

出資金の調達が生活サポート基金の最大の課題となっている。

（3）グリーンコープ生協

　グリーンコープ生協は九州・中国各県と大阪・兵庫に展開している生協で，グリーンコープ連合を組織している。このうちグリーンコープ生協ふくおかをはじめとして，福岡・熊本・大分・山口・長崎の各県の生協が「生活再生相談室」を開設し，生活再生相談事業，生活再生貸付事業，金銭教育事業，消費生活支援事業の4事業を行っている。

　このうち生活再生相談事業は，多重債務者等に対する相談事業であり，生活再生貸付事業は相談と連動して多重債務者等への救済貸付を行う。

　また，金銭教育事業は多重債務の予防教育と予後教育について，学習会や講演会，多重債務者のための家計相談などを行う。消費生活支援事業は悪徳商法に対しての啓発・防衛活動である。基本的にいずれの生協も同じ事業形態をとっている。

　各県の生協のうち，最初に生活再生相談室を始めたグリーンコープ生協ふくおかの相談・貸付件数が最も多い。同生協は，プロパーの事業に加えて，福岡県との協働で相談・貸付事業を受託している（関係者からの聞き取り2009.12.21，ウェブサイトおよび内部資料より）。

　「生活再生相談」は，生協組合員及び福岡県民からの相談に応じ，悪徳商法や多重債務，生活費不足などの問題に関して専門家や公的機関につないだり，必要に応じて貸付を行ったりして，問題解決を図っている。

　相談件数を見ると，2006年度331件，2007年度688件，2008年度1597件と毎年2倍以上の急増ぶりをみせた。2008年度に相談件数が膨れ上がったのは福岡県との協働事業開始により，生協組合員以外の相談が3分の2に達したためである。特にテレビや新聞などのマスコミが大規模に報道して認知度が高まった影響が大きかったという。2009年度に入ってマスコミ報道も沈静化し，2009年度上半期（4～9月）は638件とやや落ち着きをみせた。

　相談者の属性からは，岩手や東京と同じように，貧困化が読み取れる。

2006～09年のわずか3年間でも，会社員や公務員が減少し，パート・アルバイトや無職が増えた。年金受給者からの相談も現れるようになった。2008年度のデータで見ると，パート・アルバイトは相談者全体の28.1％，無職は11.1％，年金受給者は2.4％で，あわせて約4割に達する。収入のある人は貸付制度を利用できるが，無職の人は生活保護しか道はないという。債務の原因をみると，娯楽やギャンブル，飲食といった自己責任の要素の強い原因はいずれも1～3％とわずかである。多重債務の典型的なパターンである「借金返済のための借金」は22.3％だが，それよりも「生活費」31.0％のほうが大きく，生活費の不足（すなわち生活費を賄えない低所得）が最大の原因になっていることが分かる。

他方，貸付事業は「借金以外の生活費（家賃・水光熱費・税金などの滞納）」，「少額（総額数十万円～100万円程度）の借金返済」，「借金の整理を終えた相談者」の「自立支援のための貸付」，「一時的生活資金」の四つの使途に貸し付けており，年利は9.5％，貸付限度額（2006年度）は150万円前後である。

貸付実績を見ると，2009年10月20日時点で貸付残高が292件・1億8032万円である。2008年度の実績は，貸付件数と金額が128件・9380万円（1件平均約73万円）であった。1件平均の貸付額は，貸付上限（150万円）のおよそ半額にあたる。

このなかで金融債務以外の債務（家賃・公共料金など）への貸付は半分近くを占めるという。この点も，岩手や東京と同じ傾向といえる。

同生協の場合は自己資金で貸付を行っている。貸付残高が10億円を超えた場合は福岡県が銀行を通して生協に貸し付けることになっているが，現時点では外部からの資金調達の必要に迫られていない。

（4）静岡県労働金庫

全国の各労働金庫は，多重債務問題に対して早くから取り組んできた。高校生を対象に多重債務の危険性を教える学習会を開いたり，金銭トラブルや悪質商法の教育をしたり，専門の相談員を配置して多重債務相談を受け付けたり，多重債務者救済の相談活動をしたり，弁護士を紹介したりと，さまざまな活動

が展開されている（全国労働金庫協会グッドマネー事例集「Walking together 2006年版」）。金融教育のセミナーや講習会は年間9000回以上にのぼる。

また2008年末以降，離職や収入減などで生活費が不足する人や，離職に伴って住居を喪失した人，長期失業している人，訓練・生活支援給付金を受給する人などに，少額の生活費を貸し付ける制度を相次いで開始した。

ただし，多重債務者（労働金庫の場合は4社以上の消費者金融等に延滞している債務者）に対する救済貸付を行っているのは静岡県労働金庫と，2010年に始めた新潟県労働金庫の二つにとどまっている（静岡県労働金庫関係者からの聞き取り2009.12.15，ウェブサイト，および内部資料）。以下，静岡県労働金庫の多重債務者救済の相談・貸付事業について述べる。

多重債務者を対象とした相談事業は，多重債務や消費者トラブルの専任相談員を8名配置している。2008年度には868件の相談が寄せられた。

他方「負債整理資金融資」は，もともと労働金庫会員（組織労働者：労働組合に加入している労働者）を対象としたものだけだったが，2009年4月に未組織労働者（労働組合未加入の労働者）を対象とした制度を新設した。

組織労働者を対象とした多目的融資「リボン3」は，債務者の親族に肩代わりして借りるというもので，他の消費者金融から労働金庫に借り換えることを想定している。年利は6.875％で10年以内に返済する。また，同じく組織労働者を対象とした負債整理資金「リボン5」は，本人が債務者で，債務整理を行うための貸付である。年利は8.75％で，10年以内に返済する。労働組合を通して借り入れの申し込みが可能で，かつ債務整理により債務を500万円以内に圧縮できる債務者を対象としている。

未組織労働者を対象とした負債整理資金「リボン50」は，ブラックリストに載った未組織労働者に必要最低限の資金を貸し付け，生活の再生を図るものである。年利は6.875％＋保証料2％，5年以内に返済する。

2008年度の貸付実績は，「リボン3」が118件・2億7139万円（1件平均約230万円），「リボン5」が70件・2億426万円（1件平均約292万円）である。

自治体との関係を見ると，静岡県との提携で住宅融資や教育ローン，生活

ローン，離職者緊急支援資金融資などがあり，市町村でも同様の提携融資制度を作っているが，多重債務者救済貸付に関しては，自治体はあまり協力的とは言えないという。

新潟県労働金庫は静岡県労働金庫の先例に倣って，2010年1月，多重債務者または借り換えを希望する債務者を対象として，負債整理資金融資制度「リセット」を導入した。

「リセット-S」は労働金庫会員を対象とし，負債整理後の債務や諸費用を貸し付ける。貸付額は上限300万円で，年利は8.925%，返済期間は5年間である。また，新潟県内に居住または勤務する未組織労働者に上限500万円，年利8.125%で貸し付ける「リセット-B」なども用意している。

（5）新たな生協設立の動向

政府の「多重債務問題改善プログラム」では，「『顔の見える融資』を行うモデルを広げていく取り組み」として，各地域に根づいた非営利機関（生活協同組合，NPO，中間法人等）や民間金融機関（労働金庫，信用金庫，信用組合等）が，それぞれの地域において，「顔の見える融資」を行う，「日本版グラミン銀行」モデルを広げていくよう関係省庁が取り組むとされた。

熊本，大分，山口，長崎の各グリーンコープ生協は，福岡に続いて生活再生事業を始めた。しかし，それ以外は新たに貸付を行う生協は増えていない。

2006年12月の生協法改正により生協も貸付事業ができることとなったが，そのためには5000万円以上の純資産が必要となる。この純資産要件は貸金業者の流入を避けるために盛り込まれたものだが，新たな信用生協の設立にとって最大の障害となっている。

秋田県では，自殺防止活動を行うNPO法人蜘蛛の糸を中心として，岩手県信用生協をモデルとして多重債務者救済生協の設立活動が2007年に始まった［佐藤，2008］。しかし生協法改正に伴い，設立準備会は活動停止状態にある。青森県でも信用生協設立の動きがあったが，同様に断念せざるを得なかった。こうした問題を背景として2010年5月，生協法の省令改正が施行され，この改[14]

正を受けて岩手県信用生協は，青森県八戸市や青森県弁護士会などの協力を得て，八戸相談センターを開設した。これと同時に，消費者信用生活協同組合（信用生協）と改称した。

生活サポート生活協同組合・東京は，生活相談事業に特化した生協として設立され，2007年1月に東京都の認可を得て活動を開始した。5000万円の出資金を集めるのは困難なため，貸付事業は行っていない。

既存の生協の中でも，グリーンコープ生協以外は貸付事業を追加する動きは出ていない。リスクの高さに対する懸念が背景にあるとも言われている。

他方，信用金庫，信用組合では，信用生協や労働金庫のようなセーフティネット貸付を行う動きは現れていない。

総じて，民間のセーフティネット貸付の動きは信用生協や労働金庫などごく一部にとどまっており，「日本版グラミン銀行」モデルが顕著に広がりを見せているとは言えない状況にある。これは，生協法改正による純資産要件の引き上げといった制約にくわえて，リスクが高く収益があまり期待できないこと，政府による損失補償がなく民間金融機関が全てのリスクを負う仕組みになっていること，さらにはアメリカのCRAのような制度がないために，銀行からの低コストの資金調達が困難であること，などの要因が挙げられる。

多重債務者や生活困窮者に対するセーフティネット貸付は，リスクの高さや収益の低さ，相談費用の高さなどから，市場原理に任せておいたのでは充分に機能しない。まして，純資産要件を高く設定することにより，新規参入を実質的に不可能にしている。単に先進事例を周知するだけでは，「日本版グラミン銀行」モデルの普及は期待できない。政府は新規参入のための要件を引き下げるとともに，低収益・高リスクという弱点をカバーするための補助金や損失補償，預託金，投資減税などの支援策を講じる必要があるのではないか。

6　個人事業者・零細企業に対するセーフティネット貸付

消費者に対するセーフティネット貸付と並んで，事業者に対するセーフティ

ネット貸付も，政府の多重債務問題改善プログラムの1項目に盛り込まれた。事業者向け貸付の主体には「中小公庫・国民公庫等」の政府系金融機関（現在は日本政策金融公庫の中小企業事業と国民生活事業）が想定されている。

　事業者向け貸付の背景としては，中小・零細企業のなかには，資金繰りに困窮し貸金業者から高金利で借り入れをして多重債務状態に陥る例があると指摘されている。そのため，再生プロセスにある事業者に対しては「企業再建・事業承継支援資金」の利率を引き下げて提供し，いったん失敗した事業者に対しては「再挑戦支援資金」の返済期間を5年から7年に長期化するという対策が打ち出された[14]。

　2008年9月のリーマン・ショック以降，中小企業の資金繰りは経済環境激変への対応から，長引く景気低迷への対応へと次第に移っているが，依然として資金繰りの厳しさは続いている。多重債務対策本部が貸金業法改正時に想定した事業者の多重債務問題とは別の文脈から，セーフティネット貸付の必要性が生じたのである（日本政策金融公庫関係者からの聞き取り2010.2.16，ウェブサイト，内部資料による）。

　金融危機のもとで，事業者向けセーフティネット資金の需要が急増した。2008年は信用保証協会が100％保証する緊急保証制度への申請が殺到したが，2009年になると保証の申請は落ち着きをみせ，代わって日本政策金融公庫のセーフティネット貸付が全国各地で前年比2～3倍と急増した。これは，緊急保証制度融資での不足分を補う形で，仕組みが似通うセーフティネット貸付に利用が流れたためだという［日本経済新聞近畿版，2009.12.19］。同公庫のセーフティネット貸付の実績は，2008年度第3四半期から急増し始め，2009年度第1四半期には前年同期比4.5倍に達した［日本政策金融公庫，2009b］。

　個人事業者や零細業者を対象とする国民生活事業部門についてみると，セーフティネット貸付の実績は平成20年度14万件強で，前年度比1.5倍であった。国民生活事業全体の貸付実績の伸びは件数・実績とも緩やかだが，セーフティネット貸付は際立って大きく伸びている（図9-3，図9-4）。さらに，平成21年度第2次補正予算に盛り込まれたセーフティネット貸付の拡充措置として，

第Ⅲ部　日本のコミュニティ開発金融

【担保別融資構成比(件数)】

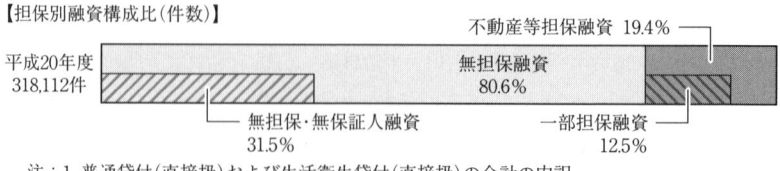

平成20年度
318,112件

不動産等担保融資 19.4%
無担保融資 80.6%
無担保・無保証人融資 31.5%
一部担保融資 12.5%

注：1　普通貸付(直接扱)および生活衛生貸付(直接扱)の合計の内訳。
　　2　一部担保融資とは，不動産等担保が融資額に満たない場合をいう。

【保証人別融資構成比(件数)】

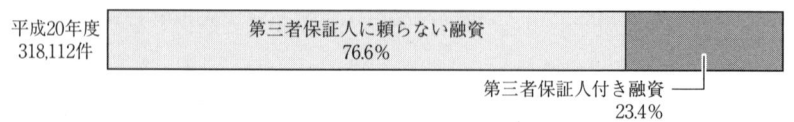

平成20年度
318,112件

第三者保証人に頼らない融資 76.6%
第三者保証人付き融資 23.4%

注：1　普通貸付(直接扱)および生活衛生貸付(直接扱)の合計の内訳。
　　2　第三者保証人に頼らない融資とは，無保証人または経営者やご家族の方などの保証による融資である。

図 9-3　日本政策金融公庫国民生活事業：担保別融資構成比，保証人別融資構成比
出典：日本政策金融公庫［2009b］

(件)

年度	件数
平成16年度	94,821
17	91,896
18	94,659
19	92,404
20	141,067 (152.7)

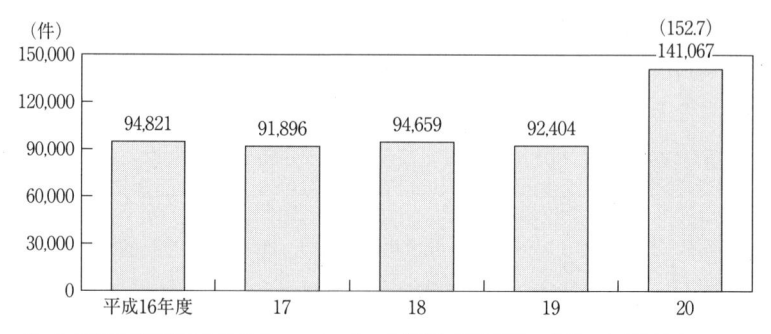

注：1　国民生活事業におけるセーフティネット貸付の融資件数の合計。生活衛生セーフティネット貸付の融資件数を含む。
　　2　（　）内は前年比％。

図 9-4　日本政策金融公庫国民生活事業・セーフティネット貸付の融資実績
出典：日本政策金融公庫［2009b］

雇用の維持・拡大に取り組む企業の運転資金の金利引き下げを0.1%から0.2%に拡充するとともに，他の実施済みの拡充措置についても，取扱期間を2012年3月末まで延長した［日本政策金融公庫ニュースリリース「中小・小規模企業向け融資制度の拡充について」2010.2.8］。そのため，今後もセーフティネット貸付の利用がさらに増えることが予想される。中小企業の資金需要がひっ迫するなかで，有難い制度である。

日本政策金融公庫のセーフティネット貸付は，社会的・経済的な変化により売り上げや収益が減少した中小企業，取引金融機関が経営破綻したり，取引企業が倒産した中小企業などを対象として低利融資する制度である。一時的に売り上げや収益が減少した場合，日本政策金融公庫の国民生活事業は4800万円まで，中小企業事業は7億2000万円まで融資する。なお，国民生活事業については無担保融資が件数全体の8割を占め，無担保・無保証人融資も件数全体の3割を超える。

ただ，マイクロファイナンスの観点からは，7億2000万円までの中小企業事業をマイクロファイナンスに含めるのはやや無理があるだろう。以下，4800万円を上限とする国民生活事業にしぼって述べる。

国民生活事業が主に融資対象としているのは個人事業主や，従業員4人以下の零細企業であり，融資金額も1企業あたり平均575万円（ちなみに信用金庫は平均約3500万円）と少額で，金利も1～2％台と低い。こうした，ハイリスク・ローリターンの融資事業は，いくら民営化されたとはいえ，政府系金融機関だからこそできることであろう。

国民生活事業の融資のリスク管理債権割合は7.19%（うち貸倒率0.6%）［日本政策金融公庫，2009a］で，信用金庫の不良債権比率と比べても遜色はない。融資先の多くが零細企業で，しかも無担保融資が大半を占める割には，リスクを低く抑えることに成功していると考えられる。

公庫のほか，各地の商工会議所が自治体と連携して事業者の融資相談にあたり，自治体が取扱金融機関と信用保証協会を通して，小口の運転資金や設備資金を低利で融資している。その場合，自治体は金融機関への預託，保証料の補

填,損失補償といった役割を負うことが多い。

　ただし,個人事業者や零細企業経営者がもれなく借りられるわけではない。事業収支と家計の峻別がされておらず,確定申告をしていない人や納税をきちんとしていない人などには貸付が難しい。公庫から借りるのが難しい人が多くいるという話も聞かれる。

　事業者向けのセーフティネット貸付は,貧困層が起業によって自立するための融資ではなく,金融危機などの悪条件下で,個人事業主が事業を存続していけるように支える融資である。また,金額的にも平均575万円で,マイクロファイナンスにしてはやや規模が大きい。その点では,一般的なマイクロファイナンスのイメージとはやや異なるが,地域経済の維持と防貧という観点からすれば,広い意味でマイクロファイナンスに含めて考えられるだろう。

7　日本におけるマイクロファイナンスの可能性と課題

　マイクロファイナンスがまだ潜在的な存在にとどまる日本の歴史的・社会的文脈からすると,マイクロファイナンスの必然性や社会的なニーズはどこにあるのか。また,日本のマイクロファイナンスが直面している課題は何か。
　繰り返しになるが,国内のマイクロファイナンスは以下の3種類があり得る。
①生活資金の融資：消費者を対象
②事業資金の融資：個人事業主や零細企業経営者を対象
③就職活動や職業訓練のための融資：失業者や低賃金労働者などを対象
　生活福祉資金は,1955年の創設当初は②や③が中心であったが,その後①が中心となっていった。1966年をピークに件数が減少を続けて今日に至っているが,多重債務者問題を契機に見直す動きが出てきている。
　貸金業法改正に伴い,多重債務問題の焦点が金融債務から金融以外の生活債務へとシフトするとともに,貧困化が進み,生活費の不足を補うための小口融資に需要が集まりつつある。こうした傾向は多重債務者救済貸付を行う生協に共通して見られた。だが,政府や自治体の支援は進んでおらず,民間ではセー

第9章　マイクロファイナンスの現状

フティネット貸付が広がっていない。

　②の事業者向けセーフティネット貸付は政府系金融機関や自治体が担っているが，日本においては貧困層の経済的自立のためというよりも，個人事業主や零細企業経営者が事業を存続できるように資金繰りを支えるための融資であり，地域経済の維持と防貧の意義がある。また③の就職・職業訓練については東京都など，ごく一部に限られている。

　以上のような状況を整理すると，日本におけるマイクロファイナンスの一般的な形は，一つは多重債務者や生活困窮者に対する生活資金の融資であり，もう一つは金融危機や不況の下で零細企業経営者に対する事業資金の融資であった。これらは，アメリカのように，マイノリティなど伝統的に金融サービスから排除されてきた固定的な貧困層を経済的に自立させるための融資とは異なる。また，日本では起業による貧困からの脱却はあまり多くはなく，企業への就職支援や，既存の零細企業の存続による防貧がむしろ一般的であった。[15]

　不況下で事業を存続させるためのセーフティネット貸付に高い金利をかけることは難しい。また生活資金の融資は，生活費を切り詰めながら返済するので，低金利でなければ返済が行き詰まる。しかも，融資のリスクは高く，融資にあわせて相談・啓発・教育・経営支援などを必要とする。そのため，独立採算で持続可能な経営を行うことは難しく，政府・自治体や銀行などによる支援策が求められる。生協や労働金庫など，民間組織の潜在力を生かすための法制度の整備が大きな課題になっているのではなかろうか。

小　括

　日本で「マイクロファイナンス」と言えば，一般的には途上国への支援を指し，国内のマイクロファイナンスの存在はほとんど認知されてこなかった。

　マイクロファイナンスを，事業資金だけでなく生活資金への融資も幅広く含めてとらえると，低所得者を対象とした生活福祉資金貸付制度が挙げられる。多重債務者問題や金融危機を契機に制度の改善が見られた。創設当初は事業資

金融資中心だったものの，現在は大部分が生活資金融資に用いられている。

他方で事業資金については，貧困層が貧困からの脱却を図るために起業するというより，既存事業の維持・存続による地域経済の維持と防貧のために，政府系金融機関がセーフティネット貸付を行っている。

こうした状況は，マイノリティなど伝統的に金融サービスから排除されてきた固定的な貧困層や特定の貧困地域を抱えるアメリカやイギリスなどとは異なる，日本のマイクロファイナンスの独自性があると考えられる。

注
(1) 2006年には，ノーベル平和賞受賞に合わせて，グラミン銀行とムハマド・ユヌス氏の功績を詳しく紹介した特集番組が報道された。例えば「特集　ノーベル平和賞受賞者ムハマド・ユヌス——連帯と信用で貧困を克服しよう」(2006.10.21 (土) NHK 教育)，「海外ネットワーク　ノーベル平和賞ユヌス氏が語る」(2006.10.29 (日) NHK 総合)，「BS世界のドキュメンタリー　貧困撲滅への長い道　ノーベル平和賞ムハマド・ユヌスの挑戦」(2006.11.23 (木) NHK BS1) など。詳細は省略するが，新聞記事でも繰り返し紹介された。
(2) 「ワクチン債」とは，今後最長20年間にわたるドナー国による政府開発援助 (ODA) を担保に，GAVI (ワクチンと予防接種のための世界同盟) を通じて開発途上国に資金提供するもの。将来にわたってドナー国から供給される ODA 資金が，ワクチン債の投資家に償還される。
(3) 大和証券が発売した「マイクロファイナンス・ボンド」は，国際金融公社が発行主体となる豪ドル建て債券で，3年満期，年利5.10%，申し込み単位は1000豪ドル (大和証券マイクロファイナンス・ボンド)。新聞報道によれば総額200〜300億円の発行を予定している (日本経済新聞2009.9.29)。
(4) カンボジア ONE, KIVA JAPAN, ARUN, LLC.などの動向については，多賀・土谷［2010］に詳しい。
(5) 菅は「欧米先進国のマイクロファイナンス機関」として，ACCION, CDFI (コミュニティ開発金融機関), KIVA などを例示しているが，これらのうち KIVA やオイコクレジット，トリオドス銀行などは途上国への投融資であり，国内向けではないものが混在している。
(6) なかには，「(マイクロファイナンスは) 日本でそのままできるとは思えない。野宿者支援とか貧窮者，障害者に融資として商品化ができるか，返済可能か，日

第 9 章　マイクロファイナンスの現状

　　本の金融感覚からは疑問だ。ただし個人への融資は厳しいが、グループの連帯責
　　任にして融資を可能にすることは、できないことではない」(労働金庫関係者か
　　らの聞き取り2008.9.16)との率直な意見も聞かれた。
（7）　事業資金の融資に関連して、ワーカーズ・コレクティブ（またはワーカーズ・
　　コープ）をどうとらえるかという問題がある。ワーカーズ・コレクティブは女性
　　による起業と経済的自立を目指した運動であり、その点でマイクロファイナンス
　　と共通点が多い。たとえば女性・市民コミュニティ・バンクは多くのワーカーズ
　　・コレクティブに起業資金を融資してきた。しかし、その構成メンバーは必ずし
　　も貧困層ではなく、またワーカーズ・コレクティブは貧困からの脱却を目的とし
　　ているわけではない。そのため、ここではワーカーズ・コレクティブへの融資を
　　マイクロファイナンスには含めないものとする。
（8）　佐藤順子［2007］は多重債務者への聞き取り調査で生活福祉資金の存在を知っ
　　ていたか、利用したかを尋ねた。その結果、回答者の82.5％が「知らなかった」
　　と回答し、「知っているが相談に行かなかった」が14.0％、「相談に行ったが利用
　　しなかった」が3.5％で、「利用した」は0.0％だったという。佐藤は「わかりや
　　すい広報による生活福祉資金貸付事業の周知が欠かせない」と指摘している。
（9）　要保護世帯向け長期生活支援資金（リバースモーゲージ制度）の問題点につい
　　ては、木下［2007］と室住［2008］を参照。
（10）　高金利引き下げと貸金業規制法の改正に向けた市民運動の経過については高金
　　利引き下げ全国連絡会編［2007］に詳しい。
（11）　ただし、実際には10億円に満たないので、県からの融資はないという。グリー
　　ンコープ生協ふくおか生活再生相談室関係者からの聞き取り2009.12.21.および
　　ウェブサイトによる。
（12）　1999年度（1999年 6 月〜2000年 5 月）と2008年度（2008年 6 月〜2009年 5 月）
　　の実績比較。
（13）　スイッチローンの貸付金額は、信用生協の2008年度貸付金額全体（12億1868憶
　　円）の約 4 分の 3 （77％）を占める。
（14）　この生協法の省令改正は、信用生協が隣接県での事業を行うことを認めるとい
　　う趣旨である。これは、信用生協の新規設立に代わり、県域規制を緩和して、岩
　　手県と隣接する青森県などにも信用生協が進出できるようにすることで問題解決
　　を図ったものである。
（15）　ただし、その貸付件数（2008年度）をみる限り、あまり多いとは言えない。
　　　企業再建・事業承継支援基金：国民生活事業　69件、中小企業事業　755件、
　　再挑戦支援資金：国民生活事業　954件、中小企業事業　46件

253

(16) 佐藤 [2010b] が明らかにしているように，生活保護受給世帯や障害をもった世帯は生活福祉資金貸付を利用して起業し，経済状態の向上のみならず自らの生活を変えようという意欲をもっている。彼らに対する適切な経営支援の体制さえ整えば，貧困層の起業に対するマイクロファイナンスのニーズは，日本においても決して低くはないだろう。

ical equations

終　章
コミュニティ開発金融の展望

1　コミュニティ開発金融の理論と実態

　筆者が本書で明らかにしようとしたことは，先進国（特にアメリカと日本）におけるコミュニティ開発金融の実態であった。
　理論研究と実証研究を通して明らかになった点を最後にまとめておきたい。

(1) コミュニティ開発金融の機能
　第一に社会開発論の観点から，コミュニティ開発金融が果たしている機能を明らかにした。これまでは，貧困層（特に途上国）の個々人に対して金融サービスを提供し所得水準の向上を図るというマイクロファイナンスにのみ注目が集まる傾向にあったが，個人への金融サービス提供の側面だけでは，コミュニティ開発金融の全体像を充分に把握できない。個人への金融サービスとともに，貧困層や貧困地域で社会サービスを供給するNPO・社会的企業に対する資金提供も，社会的包摂に不可欠の金融の役割である。アメリカのコミュニティ開発金融機関（CDFI）や日本のNPOバンクなども，実際にそうした機能を果たしていた。
　社会開発論の観点から光を当てれば，コミュニティ開発金融は純粋な金融の機能にとどまらない。金融リテラシーの教育や経営力量の形成といった人間開発の機能，貧困地域住民への社会サービスを通したコミュニティ開発の機能，そして住宅やコミュニティ施設（学校，診療所，保育所など）の建設による生活

基盤整備の機能を果たす。アメリカ，日本いずれにおいても，程度は少しずつ異なるが，金融教育や能力開発が意識的に行われていた。アメリカのCDFIは，アフォーダブル住宅やチャータースクール，保育所の建設に多額の融資を行っている。日本のNPOバンクや地域金融機関はNPO法人・コミュニティビジネスに融資することにより，公的介護保険事業や障害者自立支援事業，地域活性化事業などを支援している。

　また，個人やNPO・社会的企業へのサービス提供という側面だけでは，こうした金融は機能し得ない。政府・自治体，民間金融機関，財団，個人投資家など，特に民間から幅広く資金を調達することによって，初めて資金循環が有効に機能する。利益目的ではなく，社会的目的をもつ投融資であるだけに，必要な資金を調達するには仕掛けが必要となる。この仕掛けが一定程度整備されているアメリカでは多くの資金が集まる一方で，充分に整備されていない日本では資金難に直面している。

　このように，マイクロファイナンスだけでなくNPO融資とコミュニティ投資を一体のものとしてとらえることにより，コミュニティ開発金融の機能・役割を総体として把握することが可能となる。

（2）コミュニティ開発金融のインパクト

　他方で，コミュニティ開発金融が社会にもたらした成果（インパクト）を社会開発の観点からいかに評価するかは，難しい課題である。マイクロファイナンス論においては一般的に，貧困層に対するサービスの到達度（アウトリーチ）と，マイクロファイナンス機関の持続可能性を主な評価指標としている。実証ではマイクロファイナンスの利用によって貧困層の所得水準がどれほど向上したかを厳密に測定する研究も多くなされている。

　しかし，社会開発論の観点からすれば必ずしも所得水準向上といった定量的な経済的側面だけではなく，人間の潜在能力や社会生活の向上，コミュニティへの参加など，定性的な非経済的側面における変化・改善を，重要な成果指標と考えるはずである。また，融資を受けた個人の利得だけにとどまらず，

NPO の社会サービスを通じて得られた地域社会全体の利得も考慮にいれる必要がある。欧米ではSPMや社会的投資リターン，社会業績指標など，いくつかの評価基準作成の試みが進んでいる。ただし，これらは対象をマイクロファイナンスに限定したもので，まだ欧米で広く共通に使われているわけでもない。日本では評価基準の作成自体も未着手の状況にあり，コミュニティ開発金融が社会全体にどれだけのインパクトを与えているかはまだ明らかになっていない。

本書は評価基準の精緻化やインパクトの集計について検討してこなかったが，個別事例について言えば，アメリカと日本いずれも，コミュニティ開発金融が貧困・社会的排除の問題解決に向けて，側面から貢献したことは容易に推測されるだろう。

(3) 金融仲介組織の役割の重要性

第二に，コミュニティ開発金融における金融仲介組織の役割の重要性を明らかにした。スクリーニングや株主行動と異なり，コミュニティ投資の場合は投資家よりも，金融仲介組織が主導的役割を発揮して，複数の資源から多様な種類の資金を調達する。それと同時に，NPO や社会的企業，貧困層への投融資の局面でも，金融仲介組織が融資先に関する情報収集から経営支援に至るまで，専門性をもって中心的な役割を果たしている。

アメリカと日本のいずれも，金融仲介組織は資金調達でも投融資でも中心的な位置を占めている。金融仲介組織といっても，組織によって理念や組織形態，方法論，対象者層が異なり，そのためコミュニティ開発金融の実践も多種多彩で，金融仲介組織間の棲み分けや競合も生じている。

(4) 政策の影響

第三に，コミュニティ開発金融は，政府・自治体の政策から影響を受けることが明らかになった。地域再投資法（CRA）をはじめとしてコミュニティ開発金融を積極的に支援してきたアメリカでは，支援政策の拡充と時を同じくしてCDFIの数も急増した。アメリカと対照的に，支援政策を用意せず，逆に規制

を厳しくしている日本では，政府が「日本版グラミン銀行」の普及を提唱しているものの，その効果はほとんど上がっていない。

　社会的目的を理念に掲げるコミュニティ開発金融にとって，資金を集めるための仕掛けが必要であり，投資減税や補助金など，政府による支援政策がその仕掛けの一つであることは明らかである。

（5）各国の違いと共通点

　コミュニティ開発金融の基本的な特徴については，アメリカと日本で共通しているものの，各国間の違いも少なくない。それは各国の歴史的・社会的背景の違いや，法制度上の違いに起因するところが大きい。

　アメリカでは黒人やヒスパニック系移民などの貧困層や女性が銀行を利用できない，金融の社会的排除層として大量に存在しており，また彼らは特定の地域に集住していたことから，貧困層・貧困地域が固定化されていた。コミュニティ開発クレジットユニオンやコミュニティ開発法人（CDC）などがこうした貧困層の経済的自立と貧困地域の活性化をめざして活動し，アメリカのコミュニティ開発金融の発展を牽引した。

　これに対し，特定の貧困地域と貧困層をほとんどもたない日本では，現代的なコミュニティ開発金融の登場はイギリスよりもさらに遅れた。日本は営利の消費者金融の繁栄の陰で，民間のコミュニティ開発金融の担い手がなかなか育たなかった。

　コミュニティ開発金融の発展は，このように各国の歴史的・社会的背景と深い結びつきをもっているが，他方でこうした金融がいずれの国においても程度の差はあれ，おおよそ1990年代以降に台頭してきたのは，1980年代以降の新自由主義政策による貧困問題の深刻化を一つの背景としている。政府の公的資金による社会保障や社会サービスに市場原理が導入され，急速に民営化がすすめられた結果，大量の貧困層が生まれるとともに，社会サービスの不足，営利目的の金融システムの機能不全があらわになった。アメリカでは金融自由化政策を促進する一方で，金融の社会的包摂にも配慮しなければコミュニティが解体

してしまうという事態を政府も理解し，1990年代以降にコミュニティ開発金融の支援に本腰を入れるようになったのである。日本でも1990年代以降，民営化が進むなかで，多様な社会サービスの担い手としてNPOが台頭してきた。

このように，コミュニティ開発金融は各国の歴史的・社会的背景の違いがありながらも，新自由主義政策によって引き起こされた貧困と社会的排除が共通した要因となって，営利金融ではないもう一つの金融に対する社会的な要請が高まり，その結果，各国でほぼ同時期に台頭してきたと考えられる。

もう一点，各国に共通する要素を挙げるとすれば，それは先進国におけるコミュニティ開発金融の特質である。一般的に途上国のマイクロファイナンスはアウトリーチと持続可能性を主な評価基準としているが，そうした評価基準が先進国には直ちに当てはまらないということが経験的に明らかになってきた。すなわち，途上国の実践に比べて，先進国では少数の貧困層を対象とした，手間ひまのかかる支援を行う必要があることから，アウトリーチの幅は小さくなり，かつ経営支援のコストがかかるために持続可能性が低い。こうした違いは西欧諸国と中東欧諸国の間にも見られたが，先進国においてコミュニティ開発金融を進める場合にはその特質を充分に踏まえる必要があろう。

2　残された課題と今後の展望

本書は日米におけるコミュニティ開発金融の実態を明らかにしようと努めたが，筆者の力量不足と紙幅の制限により，不充分な点も残されている。

第一に，融資制度や支援政策の紹介など，表面的な記述がかなりの割合を占めたことである。社会開発論の観点からは，NPOや個人の受益者にしっかりと寄り添い，コミュニティ開発金融のもたらした質的な成果や影響をより深く，時間をかけて分析し解明する必要がある。特に，金融教育や経営支援のように，なかなか形になって見えにくい部分にこそ，コミュニティ開発の本質が隠されていると思われる。

第二に，コミュニティ開発金融の問題点に触れなかったことである。本書は

コミュニティ開発金融のもたらした成果を主眼に置いていた。そこには，コミュニティ開発金融は良きものであるという暗黙の前提があった。しかし，物事には必ず光と影がある。筆者が今回調査した際には，問題点が明確に顕在化していなかったが，よりバランスのとれた慎重な検討が求められる。

第三に，取り上げた国の事例が限られていることである。フランスやオランダなどのヨーロッパ諸国，あるいは韓国などの動向も幅広く見渡す必要がある。

これらの点については，筆者の今後の課題として研究を進めていきたい。

最後に，コミュニティ開発金融をめぐる今後の展望について述べる。

コミュニティ開発金融は，貧困と社会的排除に対する一つの挑戦である。貧困と社会的排除に苦しんでいる人々は，ただ何もせず支援を待ってぶらぶらしているわけではなく，自分たちのことは自分たちで何とかしたいと願って，その方法を日々模索している［Kotler and Lee, 2009 = 2010：5］。貧困者に，貧困から脱出する機会を与え，適切な方法を伝授すれば，彼らは自立を果たすことができる。そのなかで金融は，貧困や社会的排除をなくしていくのに欠かせない役割を示している。

ただし，金融が単独で効果をもたらすものではなく，社会的問題解決の万能薬でもない。さまざまなコミュニティ開発の取り組みのなかに統合されて初めて効果を発揮する。

途上国だけでなく日本においても，生活保護費の急増や失業率の高さに象徴されるように，貧困は深刻な問題である。低収入を原因とする多重債務者へのセーフティネット貸付はまだ十分とは言い難く，今後の発展の余地は大きい。外国人労働者や障害者などの社会的弱者は一般企業への就職が難しいため，むしろ彼ら自身の起業を支援して新たな雇用を生み出すことも考えられる。「新しい公共」の担い手として注目を集める社会的企業のなかにも，ホームレスの自立支援など，貧困問題に果敢に取り組むものが少なくない。

コミュニティ開発金融は，こうした貧困・社会的排除とのたたかいを，金融の面から支える方法論である。外国の模倣ではない，日本独自のコミュニティ開発金融モデルを構築することが切に求められている。

初出一覧

第1〜3章　書き下ろし
第4章　「アメリカのコミュニティ開発金融政策とCDFI」『経営論集』(明治大学経営学研究所) 58 (3), 2010年
第5章　「アメリカのコミュニティ開発金融機関 (CDFI) によるNPO融資と経営支援」(日本NPO学会第12回年次大会報告, 2010年)
第6章　書き下ろし (「アメリカ・イギリスのコミュニティ開発金融機関 (CDFI) によるマイクロファイナンス」『格差社会への視座』(社会政策学会誌17号) 法律文化社, 2007年を一部再掲)
第7章　書き下ろし (「コミュニティ投資と非営利組織の役割」『経営論集』(明治大学経営学研究所) 52 (3/4), 2005年を一部再掲)
第8章　「ソーシャル・ファイナンスとソーシャル・エンタープライズ」塚本一郎他編『ソーシャル・エンタープライズ』丸善, 2008年
　　　　「NPO融資における経営支援の役割」『経営論集』(明治大学経営学研究所) 58 (1/2), 2010年
第9章　「セーフティネット貸付の動向と課題」(社会政策学会第120回大会報告, 2010年)
終　章　書き下ろし

参考文献

青木武［2004a］「米国金融機関の地域開発・貢献活動（前編）」『信金中金月報』8月号

青木武［2004b］「米国金融機関の地域開発・貢献活動（後編）」『信金中金月報』9月号

秋山をね［2003］『社会責任投資とは何か――いい会社を長く応援するために』生産性出版

秋山をね・菱山隆二［2004］『社会責任投資の基礎知識――誠実な企業こそ成長する』（岩波アクティブ新書）岩波書店

麻島昭一［1983］「無尽業の存立基盤とその変質」http://d-arch.ide.go.jp/je_archive/society/wp_unu_jpn85.html

足達英一郎・金井司［2004］『CSR経営とSRI――企業の社会的責任とその評価軸』金融財政事情研究会

荒巻浩明［2004］「地域経済の低迷と再生に向けた金融機関のあり方――地域再生への金融機関と農協系統の役割を探る」『農林金融』4月号

アリスセンター編［2004］『たあとる通信』第16号

石田重森［2009］「低所得者対策とマイクロファイナンス」『週刊社会保障』第2539号

伊東早苗［2005］「特集マイクロファイナンス――弱者を支える融資」『国際協力』1月号

岩田正美［2008］『社会的排除――参加の欠如・不確かな帰属』有斐閣

岩谷賢伸［2008］「欧米で活発化するマイクロファイナンス投資」『資本市場クォータリー』秋号

岩川健［2007］「NPOによる住宅関連事業の発展可能性の考察」NPO法人家づくり援護会

上田正［2008］「生協の貸付事業と岩手信用生協の取り組み」『生活協同組合研究』第388号

梅村哲夫［2004］「グローバリゼーション下における郵便貯金の役割と可能性：ソーシャル・セーフティー・ネット及びマイクロファイナンスの視点から」http://www.geocities.jp/umemurat2001/Works/PSR2004.pdf

参考文献

江島由裕［2005］「外部資源が中小企業経営に与える影響分析」Osaka University of Economics Working Series 2005-3.

遠州尋美［2002］「合衆国のコミュニティ開発における税制誘導の効果：低所得者住宅投資税額控除の活用とインターミディアリの役割」『大阪経大論集』第53号（2）

大塚秀之［1994］「レッドライニングと居住地の人種隔離」『研究年報』（神戸外国語大学）第31号

岡本眞理子［2008a］「南アジアにおける低所得層のための社会的保護システムの発展――インドとバングラデシュの事例より」『日本福祉大学経済論集』第36号

岡本眞理子［2008b］「都市貧困問題に立向かうマイクロファイナンスの課題」『都市問題』第99号（5）

岡室博之・比佐優子［2005］「選別か育成か――ベンチャーキャピタルの関与とIPO前後の企業成長率」（COE/RES Discussion Paper Series, No. 131, Graduate School of Economics and Institute of Economic Research Hitotsubashi University）

岡本眞理子・栗野晴子・吉田秀美編［1999］『マイクロファイナンス読本――途上国の貧困緩和と小規模金融』財団法人国際開発高等教育機構

小倉将志郎［2008］「米国地域再投資法を巡る諸議論の検討と展望」『一橋研究』第32号（4）

小山田泰彦［2007］「セーフティネット貸付の提供――岩手県消費者信用生活協同組合の場合」『司法書士』11月号

恩田守雄［2001］『開発社会学――理論と実践』ミネルヴァ書房

加藤俊也［2008］「NPOバンクの課題と全国NPOバンク連絡会」田中優編［2003］所収

勝又長生［2009］「改正貸金業法完全施行とろうきんの役割」消費者アドバイザー講座Ⅱ資料

萱野智篤［2004］「バングラデシュ第二世代マイクロファイナンスの課題：ガバナンスの視点から」『北星論集（経）』（北星学園大学）第44号（1）

唐木宏一［2004］「社会的責任投資としてのコミュニティ・インベストメント――金融排除と金融機関」『社会・経済システム』（社会・経済システム学会）第25号

唐木宏一・藤井良広［2007］「地域に対する社会的な金融」谷本寛治編『SRIと新しい企業・金融』東洋経済新報社

河口真理子・谷本寛治［2003］「社会的責任投資と企業価値」谷本寛治編［2003］所収

川本敏［2007］「消費者金融の上限金利等の見直し――貸金業規制法等の改正の背景・

決定過程・影響・評価」『NIRA ケーススタディ・シリーズ』総合研究開発機構
環境省［2009］「コミュニティ・ファンド等を活用した環境保全活動の促進に係る調査検討業務報告書について」http://www.env.go.jp/council/02policy/y020-50/ref05.pdf
菅正広［2008］『マイクロファイナンスのすすめ──貧困・格差を変えるビジネスモデル』東洋経済新報社
菅正広［2009］『マイクロファイナンス：貧困と闘う「驚異の金融」』（中公新書）中央公論社
禧久孝一［2007］「鹿児島県奄美市における取り組み──キーは行政にあり」『司法書士』11月号
木下秀雄［2007］「『要保護世帯向け長期生活支援資金』（リバースモーゲージ制度）の問題点」『賃金と社会保障』第1443号
木村温人［2004］『現代の地域金融──「分権と自立」に向けての金融システム』日本評論社
木村真樹［2008］「実例報告 広がるNPOバンク」『志金循環のつくり方──第3回全国NPOバンクフォーラム報告書』第3回全国NPOバンクフォーラム実行委員会
倉橋透・小林正宏［2008］『サブプライム問題の正しい考え方』（中公新書）中央公論社
経済産業研究所［2006］「2005年NPO法人アンケート調査結果報告」http://www.rieti.go.jp/jp/projects/npo/index.html
経済産業研究所［2007］『平成18年度NPO法人の活動に関する調査研究（NPO法人調査）報告書』
高金利引き下げ全国連絡会編集・発行［2007］『平成草の乱──借金で苦しまない社会を：2006年"激闘"の記録』
国立国会図書館調査及び立法考査局［2000］「地域再投資法-Community Reinvestment Act-（仮訳）」『調査と情報』（国立国会図書館調査及び立法考査局）345, 10月27日
小関隆志［2005］「コミュニティ投資と非営利組織の役割」『経営論集』（明治大学経営学部）第52号（3/4）
小関隆志［2008a］「日本におけるNPO融資の現状と課題」（日本NPO学会第10回年次大会報告）
小関隆志［2008b］「ソーシャル・エンタープライズとソーシャル・ファイナンス」塚本一郎・山岸秀雄編著『ソーシャル・エンタープライズ』丸善
向山英彦［2006a］「アジアの貧困削減とマイクロファイナンス」『国際金融』1168

参考文献

向山英彦［2006b］「アジアの貧困削減とマイクロファイナンス」『Business & Economic Review』第16号（11）
佐藤寛［2007］「社会開発に込められる多様な期待」佐藤寛・アジア経済研究所開発スクール編『テキスト社会開発――貧困削減への新たな道筋』日本評論社444
佐藤順子［2001］「生活福祉資金貸付制度の現状と課題――介護・療養資金貸付相談の事例検討を通して」『佛教大学総合研究所紀要』第8号
佐藤順子［2002］「今，生活福祉資金貸付制度に問われるもの」『公的扶助研究』第26号
佐藤順子［2003］「消費者向無担保金融問題と生活福祉資金貸付制度の今後の展望」『社会福祉士』第10号
佐藤順子［2004a］「多重債務者に対する生活支援のあり方とは――岩手県信用生活協同組合とNPO法人いわて生活者サポートセンターの取組みから」『社会学部論集』（佛教大学）第39号
佐藤順子［2004b］「多重債務者の生活支援のための視点――最近の動向から考える」『人権と部落問題』第721号
佐藤順子［2007］「これからの多重債務者支援に問われるもの――多重債務者への生活支援のあり方についての調査結果を中心に」『福祉教育開発センター紀要』（佛教大学）第4号
佐藤順子［2010a］「行政の多重債務対策に関する全国調査を実施して――多重債務問題に関する相談体制及び関係機関との連携についての結果を中心に」『消費者法ニュース』第82号
佐藤順子［2010b］「生活福祉資金貸付制度の今後――生活福祉資金貸付制度（生業費）実態調査結果から見えてくるもの」『福祉教育開発センター紀要』（佛教大学福祉教育開発センター）第7号
佐藤俊幸［2005］『コミュニティ金融と地域通貨』新評論
佐藤久男［2008］「秋田県における多重債務者救済生協の必要性」『生活協同組合研究』第388号
澤山弘［2005］「NPO・コミュニティビジネスに対する創業融資――行政や『市民金融』（「NPOバンク」）との協働も有益」『信金中金月報』9月号
シーズ［2003］「地方自治体のNPO支援策等に関する実態調査――NPO立県千葉実現のための基礎調査」（平成14年度千葉県委託調査）
三瓶弘喜［2006］「アメリカにおける連邦制的地域統合の特質――地域金融・地域的資金循環構造の観点から」『文学部論叢（歴史学編）』（熊本大学）第89号

重頭ユカリ［2004］「ヨーロッパにおけるソーシャル・ファイナンス──社会的な利益追求を目標にする金融機関」『農林金融』6月号
柴田武男［1994］「地域再投資法改正の影響と現行の規制構造──アメリカにおける金融機関のアファーマティブ・オブリゲーション論を中心にして」『証券研究』第108号
柴田武男［1997］『地域再投資法入門──銀行の公共性と社会性を考える』日本太平洋資料ネットワーク（JPRN）
柴田武男［2008］「多重債務問題の現状と生協の生活再生事業」『生活協同組合研究』第388号
（財）自治体国際化協会『CLAIR REPORT』第292号　http：//www.clair.or.jp/j/forum/c_report/pdf/292.pdf
上西英治［2007］「マイクロファイナンスの意義とその課題──グラミン銀行を事例とした論点整理」『地域政策研究』（高崎経済大学地域政策学会）第10号（2）
鈴木正明［2006a］「小企業融資を手がける北米のNPO──米国の金融NPOを中心に」『調査季報』5月号
鈴木正明［2006b］「NPOバンクの現状と課題」『国民生活金融公庫調査月報』10月号
鈴木直也［2006］「コミュニティビジネスの起業プロセス──特徴と支援者の役割」『国民生活金融公庫調査季報』8月号
全信協［2004］「市民事業を支える地域金融の可能性を拓く──紡ぐ事業の芽吹くうるおいのある地域創造に向けて」コミュニティビジネス支援研究会報告
園部修也［2008］「無尽について」『ひめぎん情報』2008夏号　http：//www.himegin.co.jp/furusato/pdf/hi258_4.pdf
多賀俊二［2004a］「NPO施策と労働金庫」労働金庫研究所『RESEARCH』第15号
多賀俊二［2004b］「市民金融は頼母子講か」ニュースレター『協同金融』第53号
　http：//www.ccij.jp/kinyu/pdf/fcnews_053.pdf
多賀俊二［2007］「市民金融の台頭と協同組織金融機関」日本協同組合学会春季研究大会報告
多賀俊二・土谷和之［2010］「コミュニティ投資の普及」NPO法人社会的責任投資フォーラム編・発行『日本SRI年報2009』
高野久紀・高橋和志［2009］「マイクロファイナンスの現状──貧困層へのインパクトと返済を支えるメカニズム」山形辰史編『後発開発途上国の開発戦略──中間報告』調査研究報告書，アジア経済研究所

竹内英二［2006］「起業家による起業家支援の現状と課題」国民生活金融公庫『調査季報』2月号　http://www.k.jfc.go.jp/pfcj/pdf/kihou2006_02a.pdf

田中優［2008］「おカネの奴隷からの解放」田中優編［2008］所収

田中優編［2008］『おカネが変われば世界が変わる——市民が創るNPOバンク』コモンズ

谷本寛治［2003］「社会的責任投資とは何か」谷本寛治編『SRI 社会的責任投資入門——市場が企業に迫る新たな規律』日本経済新聞社

谷本寛治編［2003］『SRI 社会的責任投資入門——市場が企業に迫る新たな規律』日本経済新聞社

谷本寛治［2004］「事業型NPOの要諦」http：//www.e-elder.jp/bsite/docs/spc040101.html

谷本寛治・徳野明洋［2007］「社会的に責任ある企業と金融のあり方」谷本寛治編『SRIと新しい企業・金融』東洋経済新報社

塚本一郎［2008］「アメリカにおけるソーシャル・エンタープライズ研究の動向」塚本一郎・山岸英雄編著『ソーシャル・エンタープライズ——社会貢献をビジネスにする』丸善

土浪修［2003］「社会的責任投資と企業年金の受託者責任——米国の法制，判例，行政解釈を中心に」『ニッセイ基礎研究所報』第28号

坪井ひろみ［2006］『グラミン銀行を知っていますか——貧困女性の開発と自立支援』東洋経済新報社

東京ボランティア・市民活動センター［2001］『NPO（市民活動団体）への融資制度に関する調査報告書』

内閣府国民生活局編［2001］『2001年　市民活動レポート』財務省印刷局

内閣府国民生活局市民活動促進課［2002］『NPO支援組織レポート2002——中間支援組織の現状と課題に関する調査報告書』財務省印刷局　http://www.npo-homepage.go.jp/data/report11.html

永井敏彦［2004a］「米国クレジットユニオンの経営戦略6——オレゴン州O. U. R. Federal Credit Union～教育活動を通じた低所得者の自立支援～」『金融市場』4月号

永井敏彦［2004b］「米国クレジットユニオンの経営戦略7——カリフォルニア州People's Partnership Federal Credit Union～銀行取引ができない人々を救済」『金融市場』4月号

中嶋祐［2003］「アメリカにおけるマイクロファイナンス」『国際金融』7月号

中村研二［2007］「沖縄におけるマイクロファイナンスの可能性」『日本地域政策研究』（日本地域政策学会）第5号

中村久人［2008］「ベンチャー・ファイナンスとベンチャー支援インフラの展開」『経営力創成研究』（東洋大学経営力創成研究センター）第4号（1）

西川潤編［1997］『社会開発――経済成長から人間中心型発展へ』有斐閣

西澤信善［1993］「社会開発論の再検討」『国際協力論集』（神戸大学大学院国際協力研究科）第1号（2）

西澤信善［1996］「社会開発論の新展開」『国民経済雑誌』（神戸大学経済経営学会）第173号（1）

日本政策金融公庫［2009a］『日本政策金融公庫ディスクロージャー誌2009』

日本政策金融公庫［2009b］『日本政策金融公庫　国民生活事業のご案内2009』

日本政策投資銀行［2001］『NPOの資金調達と金融機関の役割――相互理解を進めるために』

日本政策投資銀行［2005］『米国のコミュニティ開発金融機関と支援の仕組み――欧米地域金融調査①（米国編）』（地域レポート Vol. 12）

野村総合研究所［2006］『高齢者の金融資産の有効活用及び社会的責任投資等への資金流入の可能性に関する調査――報告書――』http://www5.cao.go.jp/keizai2/2006/0621kourei/

ノンバンク制度研究会［2007］「生活福祉資金貸付制度の運用実態と課題」『月刊消費者信用』6月号

萩原康生［2003］「解題」ジェームス・ミッジリィ著，萩原康生訳『社会開発の福祉学――社会福祉の新たな挑戦』旬報社所収

長谷川克也［2006］「事業育成サービス業としてのベンチャーキャピタル――シリコンバレーのベンチャー・キャピタリストの経歴を通しての分析」『JAPAN VENTURES REVIEW』第7号

長谷川勉［2001a］「日本におけるクレジットユニオンの理論と動向」『生活協同組合研究』第301号

長谷川勉［2001b］「マイクロファイナンスにおける協同組織金融の位置と含意：地域経済発展とマイクロビジネスを射程において」『商工金融』――第51号（12）

服部昌久［1999a］［1999b］［1999c］［1999d］「アメリカの金融制度改革のカギを握る地域再投資法」①～④『国際金融』第1034号～第1037号

原洋之介［2002］『開発経済論　第2版』岩波書店

広井良典［2009］『コミュニティを問いなおす――つながり・都市・日本社会の未来』（ちくま新書）筑摩書房

フェルダー直子［2005］『入門マイクロファイナンス――世界を貧困から救う，新しいビジネスモデル』森友環莉訳，ダイヤモンド社

福原宏幸［2007］「社会的排除／包摂論の現在と展望」福原宏幸編著『社会的排除／包摂と社会政策』法律文化社

福光寛［1993］「CRA（地域社会再投資法）について」『立命館経済学』第42号（1）

藤井良広［2007］『金融NPO――新しいお金の流れをつくる』（岩波新書）岩波書店

藤崎亮一［2006］「社会開発理論におけるコミュニティ開発についての一考――開発社会学のアプローチを中心に」『現代社会学部紀要』（長崎ウエスレヤン大学）第4号（1）

古江晋也［2009a］「米国クレジットユニオンの現況と経営戦略④――地域コミュニティの発展に取り組むノースイースト・コミュニティ・フェデラル・クレジットユニオン――」『金融市場』6月号

古江晋也［2009b］「米国クレジットユニオンの現況と経営戦略⑤――社会問題化するペイデーローンとミッション・サンフランシスコ・フェデラル・クレジットユニオン」『金融市場』8月号

穂坂光彦［2006］「開発研究からみた地域福祉――コミュニティ開発論を中心に」『地域福祉研究』（日本生命済生会福祉事業部）第34号

北海道NPOバンク編［2007］『NPOバンクを活用して起業家になろう！――組織作りから資金調達まで』昭和堂

北海道市民活動団体基盤強化検討委員会［2002］『市民活動団体の基盤強化に向けて』http://www.pref.hokkaido.lg.jp/ks/sbs/npo/m_bar2/S_gaiyo.htm

牧野百恵［2004］「パキスタン・スラム地区での個人貸付」『アジ研ワールド・トレンド』第106号

松田岳［2004］「米国の地域コミュニティ金融――円滑化策とそれが機能するための諸条件」金融庁金融研究研修センター Discussion Paper Series, Vol. 14, 3. 19. http://www.fsa.go.jp/frtc/seika/discussion/2004/20040319.pdf

松原治郎［1973］「社会開発論の展開」福武直監修・松原治郎編『社会学講座14　社会開発論』東京大学出版会

三重野文晴［2006］「途上国農村の金融問題とマイクロファイナンス」奥田英信・三重

野文晴・生島靖久『開発金融論』日本評論社

水口剛・國分克彦・柴田武男・後藤敏彦［1998］『ソーシャル・インベストメントとは何か』日本経済評論社

三菱UFJリサーチ＆コンサルティング［2008］『平成19年度コミュニティ・ファンド等における先進的取組事業選定及び実施状況調査業務報告書』（平成19年度環境相請負業務）

三菱UFJリサーチ＆コンサルティング［2009］『平成20年度コミュニティ・ファンド等を活用した環境保全活動の促進に係る調査検討業務報告書』（平成20年度環境相請負業務）環境省総合環境政策局環境計画課

宗野隆俊［2007］「公共領域と非政府主体――住宅政策，都市計画とコミュニティ開発法人（4）」『彦根論叢』第368号

村上晃［2010］「セーフティネット貸付について――生活福祉資金貸付制度の改正と『新たなセーフティネット』を踏まえながら」『消費者法ニュース』第82号

室住眞麻子［2008］「生活福祉資金貸付制度の現状分析――生業資金から要保護世帯向け長期生活支援資金に至る変化」『人間文化学部研究年報』（帝塚山学院大学）第10号

モーダック，ジョナサン［2004］「マイクロクレジットを再考するグラミン銀行」『アジ研ワールド・トレンド』第106号

森中由貴［2007］「アメリカのクレジットユニオンと事業基盤の拡充」『経営研究』（大阪市立大学経営学会）第57号（4）

森中由貴［2008a］「20世紀初頭のアメリカにおけるクレジットユニオンの普及と社会的背景（上）」『経営研究』（大阪市立大学経営学会）第59号（2）

森中由貴［2008b］「20世紀初頭のアメリカにおけるクレジットユニオンの普及と社会的背景（下）」『経営研究』（大阪市立大学経営学会）第59号（3）

モンゴメリ，ヘザー，ジョン・ワイス［2004］「マイクロファイナンスの費用対効果とターゲティング」『アジ研ワールド・トレンド』第106号

由里宗之［2003］『リレーションシップ・バンキング入門――地域金融機関と顧客・地域社会との互恵的関係のために』金融財政事情研究会

由里宗之［2004］「米国の銀行業界の変化とCRA（地域社会再投資法）――「市場主義」に立つ大手銀行の豊富な資金をインナーシティに「誘導」する対銀行政策メカニズムの生成」『中京商学論叢』第51号（2）

由里宗之［2009］『地域社会と協働するコミュニティ・バンク――米国のコミュニティ

銀行・クレジットユニオンと NPO』ミネルヴァ書房

横沢善夫［2008］「改正貸金業と東京都における生活再生支援事業」『生活協同組合研究』第388号

吉田忠彦［2004］「NPO 中間支援組織の類型と課題」『龍谷大学経営学論集』第44号(2)

吉田秀美［2007］「社会開発とマイクロファイナンス」佐藤寛・アジア経済研究所開発スクール編『テキスト社会開発――貧困削減への新たな道筋』日本評論社

ラザフォード, ステュワート［2004］「SafeSave ――貧困層の貯蓄管理機関」『アジ研ワールド・トレンド』第106号

ロバート・ボズウェル［2006］「アメリカと日本の NPO サポートセンター」NPO 法人ボランタリーネイバーズ『ボラネイキャラバン』第13号 http://www.vns.or.jp/C05_hakkoubutu/C04_report/report/V-13/imadahonbun13.pdf

Barr, Michael S. [2005] "Credit Where It Counts : The Community Reinvestment Act and Its Critics", *University of Michigan Law School The John M. Olin Center for Law & Economics Working Paper Series*, Paper 43. http://law.bepress.com/cgi/viewcontent.cgi?article=1043&context=umichlwps

Bates, Timothy [2000] "Financing the Development of Urban Minority Communities : Lesson of History", *Economic Development Quarterly*, Vol. 14, No. 3.

Benjamin, Lehn, Julia Sass Rubin and Sean Zielenbach [2004] "Community Development Financial Institutions : Current Issues and Future Prospects", *Journal of Urban Affairs*, vol. 26 (2).

Bhatt, Nitin, Gary Painter and Shu-Yan Tang [2002] "The Challenges of Outreach and Sustainability for U. S. Microcredit Programs", in Carr and Tong ed. [2002].

Bolton, Margaret [2005] "Foundations and Social Investment : making money work harder in order to achieve more", Esmée Fairbairn Foundation. http://www.esmeefairbairn.org.uk/docs/EFF_foundations_report.pdf

Burrus, William [2006] *Innovations in Microenterprise Development in the United States*, ACCION USA.

Buss, Terry F. [1999] "Microenterprise in International Perspective : An Overview of the Issues", *International Journal of Economic Development*, 1 (1).

Campfens, Hubert [1997] "International Review of Community Development : Theory and Practice", in : Hubert Campfens ed., *Community Development around the World : Practice, Theory, Research, Training*, University of Toronto Press Incorporated.

Carr, James H. and Zhong Yi Tong ed. [2002] *Replicating Microfinance in the United States*, Woodrow Wilson Center Press, Washington DC.

CDFI Data Project [2006] "Providing Capital Building Communities Creating Impact", Fiscal Year 2006 Sixth Edition. http://CDFI.org/uploads/other/CDP_fy_2006.pdf

CDFI Data Project [2007] "Fiscal Year 2007, Seventh Edition ; Providing Capital, Building Communities, Creating Impact". http://opportunityfinance.net/store/product.asp?pID=165

Community Development Financial Institutions Fund (CDFI Fund) [2007] "Three Year Trend Analysis of Community Investment Impact System Institutional Level Report Data FY 2003-2005".

Community Development Financial Institutions Fund (CDFI Fund) [2008] *Promoting Investment in Distressed Communities : The New Market Tax Credit Program*, United States Department of the Treasury, October.

Cook, James B. [1994] "Community Development Theory", University of Missouri. http://extension.missouri.edu/publications/DisplayPub.aspx?P=MP568

Copisarow, Rosalind [2000] "The Application of Micro credit technology to the UK : Key commercial and policy issues", *Journal of Microfinance*.

Derban, William K., Jane M. Binner and Andy Mullineux [2005] "Loan Repayment Performance in Community Development Finance Institutions in the UK," *Small Business Economics*, vol. 25.

Domini, Amy [2001] *Socially Responsible Investing : Making a Difference and Making Money*, Dearborn Trade.

Evers, Jan, Stefanie Lahn and Martin Jung [2007] "Status of Microfinance in Western Europe : an academic review", *EMN Issue Paper*, European Microfinance Network.

FRB [2009] *Revisiting the CRA : Perspectives on the Future of the Community Reinvestment Act*, a Joint Publication of the Federal Reserve Banks of Boston and San Francisco. http://www.frbsf.org/publications/community/CRA/index.html

Glenn, Brandon [2007] "ShoreBank leaders had hand in Nobel Prize", Crain's

Chicago Business. http://www.chicagobusiness.com/cgi-bin/news.pl?id=22455&rel=1

Hung, Chikan Richard [2003] "Loan Performance of Group-Based Microcredit Programs in the United States", *Economicdevelopment Quarterly vol.*, 17 (4).

Kearns, Kevin P. [2004] "Management-Capacity Building in the Pittsburgh Region," *Nonprofit Management & Leadership*, Vol. 14, No. 4, Summer.

Kiviat, Barbara [2009]" Can Microfinance Make It in America?", *TIME*, Jan. 11. http://www.time.com/time/magazine/article/0,971,1950949-1,00.html

Kotler, Philip and Nancy R. Lee [2009] *Up and Out of Poverty:the Social Marketing Solution*, Person Education, Inc. (塚本一郎監訳 [2010]『コトラー ソーシャルマーケティング――貧困に克つ7つの視点と10の戦略的取り組み』丸善)

Kroszner, Randall [2009] "The Community Reinvestment Act and the Recent Mortgage Crisis", in : FRB [2009].

Liou, Thomas Y. and Robert C. Stroh [1998] "Community Development Intermediary Systems in the United States : Origins, Evolution, and Functions," *Housing Policy Debate*, Vol. 9, Issue 3, Fannie Mae Foundation.

Litan, Robert E., Nicolas P. Retsinas, Eric S. Belsky and Susan White Haag [2000] "The Community Reinvestment Act After Financial Modernization : A Baseline Report," The United States Department of the Treasury. http://www.ustreas.gov/press/releases/reports/crareport.pdf

Mclenighan, Valjean and Kathryn Tholin [1997] "Partners in Community Building : Mainstream and Community Development Financial Institutions", Woodstock Institute. http://www.woodstock.org

Mendez, Fred [1997] "Community Development Financial Institutions : A Primer", *Community Investments*, Vol. 9, No. 2, Spring.

Midgley, James [1995] Social Development : The Developmental Perspective in Social Welfare. (ジェームス・ミッジリィ著 [2003]『社会開発の福祉学 : 社会福祉の新たな挑戦』萩原康生訳, 旬報社)

National Community Reinvestment Coalition [2008] "The CRA and Fair Lending Performance of Major Banks in New Orleans". http://www.ncrc.org/images/stories/pdf/research/ncrc%20new_orleans_report%20june%2008%20_%20final.pdf

National Federation of Community Development Credit Unions [2009] "Financial

Trends in Community Development Credit Unions." http://www.natfed.org/

New Economies Foundation [2004] "Overview of the microfinance sector in Western Europe", European Microfinance Network.

The Office of the Comptroller of the Currency (OCC) [2002] "Community Developments : OCC Community Affairs OnLine News Articles Summer", http://www.novoco.com/new_markets/resource_files/notices/other/OCC_ComplianceCorner_Summer04.pdf

Office of Thrift Supervision (OTS) [2008] "Findings from Analysis of Nationwide Summary Statistics for 2007". http://files.ots.treas.gov/481112.pdf

Olson, John, Prabal Chakrabarti and Ren Essene [2009] "A Framework for Revisiting the CRA", in : FRB [2009].

Opportunity Finance Network [2008] "CDFI State Legislation and Advocacy Guide" http://www.opportunityfinance.net/store/downloads/2008stateLegislature.pdf

Opportunity Finance Network [2009] "CDFI Market Conditions Report Third Quarter 2009" http://www.opportunityfinance.net/store/ downloads/ CDFI_market_conditions_Q209.pdf

Pennsylvania Community Development Bank (PCD Bank) [2009] Program Guidelines http://www.newpa.com/find-and-apply-for-funding/funding-and-program-finder/funding-detail/index.aspx?progId=60

Pharoah, Cathy, Duncan Scott and Andrew Fisher [2004] *Social Enterprise in the Balance*, Charities Aid Foundation.

Prescott, Edward Simpson. [1997] "Group Lending and Financial Intermediation : An Example", *Economic Quarterly*, vol. 83 (4), Federal Reserve Bank of Richmond.

Schreiner, Mark and Gary Woller [2003] "Microenterprise Development Programs in the United States and in the Developing World", *World Development*, vol.31 (9).

Schreiner, Mark and Jonathan Morduch [2002] "Opportunities and Challenges for Microfinance in the United States", in Carr and Tong [2002].

Servon, Lisa J. [2002] "Fulfilling the Potential of the U. S. Microfinance Strategy", in Carr and Tong.

Social Investment Forum [2003] "2003 Report on Socially Responsible Investing Trends in the United States" (SIF Industry Research Program) .

Social Investment Forum [2008] "2007 Report on Socially Responsible Investing Trends in the United States" http://www.socialinvest.org/resources/pubs/documents/FINALExecSummary_2007_SIF_Trends_wlinks.pdf

Sparkes, Russell [2002] *Socially Responsible Investment : A Global Revolution*, John Wiley & Sons Ltd.

Tulchin, Drew [2003] "Microfinance's Double Bottom Line : Measuring Social Return for the Microfinance Industry", Social Enterprise Associates, 2003.

Vaughn, Andrea L. [2005] "Strategic Planning : Management Assistance Models for the Nonprofit Sector", The Askew School of Public Administration and Policy, Florida.

Waldhorn, Steven A., James O. Gollub and Joyce A. Klein [1989] "New Approaches to Financing Nonprofit Organizations : The Role of Lending", Hodgkinson et al. ed., *The Future of the Nonprofit Sector*, Jossey-Bass.

Williams, Caroline [2003] "New Trends in Financing the Non-profit Sector in the United States : The Transformation of Private Capital- Reality or Rhetoric?", in : the Organisation for Economic Co-operation and Development (OECD), *The Non-profit Sector in a Changing Economy*, OECD.

Winberley, Terry and Arthur Rubens [2002] "Management Support Organizations and University Patnership in Nonprofit Education, Training and Consultation", *The Social Science Journal*, Vol. 39, Issue 1.

Woodstock Institute [2003] "CRA and CDFIs Revisited : The Importance of Bank Investments for the Community Development Financial Institutions Industry and Implications for CRA Regulatory Review," *Reinvestment Alert*, No. 20, April. http://www.woodstockinst.org

Yetman, Robert J. [2007] "Borrowing and Debt," in Dennis R. Young ed., *Financing Nonprofits: Putting Theory into Practice*, National Center and Nonprofit Enterprise & ALTAMIRA Press.

Young, Dennis R. [2003] "Entrepreneurs, Managers, and the Nonprofit Enterprise," in Helmut Anheier and Avner BenNer eds., *The Study of the Nonprofit Enterprise*, Kluwer Academic/Plenum Publishers.

Zipkin, Amy [2005] "For Some, a Little Loan Goes a Long Way", *The New York Times*, December 22. http://www.nytimes.com/2005/12/22/business/22sbiz.

html

【参考 URL】
ウッドストック研究所（Woodstock Institute）http://www.woodstockinst.org/
カルバート財団（Calvert Foundation）http://www.calvertfoundation.org
グラミン・アメリカ（Grameen America）http://www.grameenamerica.com/
グリーンコープ生協ふくおか生活再生相談室 http://www.greencoop.or.jp/saisei/
コミュニティ・ユース・バンク momo http://www.momobank.net/
ジェーン・ロビンソン（Jean Hardy Robinson）http://www.acnconsult.org/members-only/profile?consultant=48
ショアバンク（Shore Bank）http://www.sbk.com
フェアマウント・ベンチャーズ（Fairmount Ventures, Inc.）http://www.fairmountinc.com
ヘザー・パリッシュ（Heather D. Parish）http://www.acnconsult.org/members-only/profile?consultant=56
ユナイテッド・フィラデルフィア銀行 http://www.ubphila.com/
近畿労働金庫 http://www.rokin.or.jp/npo/
静岡県労働金庫 http://shizuoka.rokin.or.jp/
女性・市民コミュニティ・バンク http://www.wccsj.com/
信用生協 http://www.iwate-cfc.or.jp
生活サポート基金 http://www.ss-k.jp
全国NPOバンク連絡会 http://npobank.net/
多重債務者対策本部 http://www.kantei.go.jp/jp/singi/saimu/
東京コミュニティパワーバンク http://www.h7.dion.ne.jp/~fund
日本政策金融公庫・国民生活事業本部 http://www.k.jfc.go.jp
ACCION USA http://www.accionusa.org
CARS http://www.CARSratingsystem.net/
CDFI Coalition http://cdfi.org/
CDFI Fund http://www.cdfifund.gov
Chicago Commons http://www.chicagocommons.org/
Chicago Community Loan Fund（CCLF）http://www.cclfchicago.org
Chicago Community Ventures（CCV）http://www.chiventures.org/
Education Works http://www.educationworks-online.org

Genesis Loan Fund http://www.genesisfund.org/cdfi.htm
Growing Home http://www.growinghomeinc.org/
Illinois Facilities Fund (IFF) http://www.iff.org
The Mann Center http://www.manncenter.org
Microfinance USA http://www.microfinanceusa2010.org
National Community Investment Fund (NCIF) http://www.ncif.org
National Federation of Community Development Credit Union (NFCDCU) http://www.cdcu.coop/
Noble Network http://www.noblenetworkcmo.org
Nonprofit Finance Fund (NFF) http://nonprofitfinancefund.org/
Philadelphia Development Partnership (PDP) http://www.pdp-inc.org/
Social Investment Forum Foundation http://www.communityinvest.org/overview/industry.cfm
The Reinvestment Fund (TRF) http://www.trfund.com/

索 引
(＊は人物名)

あ 行

アウトリーチ　19, 23, 66, 154, 158, 167, 184, 256, 259
アフォーダブル住宅　13, 54, 56, 57, 60, 72, 87, 92, 98, 101, 109, 118, 119, 122-124, 148, 256
一般社団法人生活サポート基金　236, 240
イリノイ・コミュニティ投資連合　103
岩手県消費者信用生活協同組合（岩手県信用生協）　173, 232, 246
インターミディアリ　109, 143
インフォーマルセクター　23, 153, 154
上西英治＊　19
ウッドストック研究所（Woodstock Institute）　84, 102
エデュケーションワークス　119, 138
エンタープライズ財団　56
オイコクレジット　28
大阪府同和金融公社　174
岡本真理子＊　19
オポチュニティ・ファイナンス・ネットワーク（OFN）　55, 77
恩田守雄＊　12

か 行

開発前段階　148
開発預金口座（Development Deposits）　65
貸金業法（貸金業規制法）　81, 186, 187, 191, 221, 231-234, 238, 240, 247, 250
勝又長生＊　231
唐木宏一＊　29
カルバート財団（Calvert Foundation）　66, 68, 78, 108, 122
環境コミュニティビジネス　188
菅正広＊　23, 224
木村温人＊　81
キャピタル・マグネット・ファンド（CMF）　98
キャンフェンス，ハバート（Campfens, Hubert）　11
きょうとNPOセンター　212, 216
きょうと市民活動応援提携融資制度　215, 216
京都労働者福祉協議会（京都労福協）　216
近畿労働金庫　177, 181, 216
銀行補助金（BEA）　95
金融危機　65, 73, 74, 86-89, 98-100, 117, 120, 121, 130, 231, 239, 240, 251
金融商品取引法　81, 185, 187, 191
金融仲介組織　5, 31-34, 56, 58, 257
近隣再投資法人　56
グラミン・アメリカ　156, 168
グラミン銀行　17-21, 153, 155, 157, 158, 164, 224, 235, 245, 246, 258
グリーンコープ生協ふくおか　176, 242
栗原市のぞみローン　235
グループ融資　156
クレジットユニオン　15, 22, 29, 50-54, 62-64, 71, 89, 105, 173, 191
グローイング・ホーム　126
経営支援（TA）　37-45, 92, 93, 132, 134-137, 139-146, 163-165, 185, 188, 193, 199, 204-208, 212-215, 217, 220-223
講　172, 191
コミュニティ・ユース・バンクmomo　176, 184, 221
コミュニティ開発　1-4, 11-16, 20, 24, 45, 53, 56, 58-60, 75, 85, 88-90, 95, 103, 106, 109, 146, 152, 159, 183
コミュニティ開発銀行　130, 158
——および金融機関法　59, 76
——機関（CDBI）　70
——融資プログラム（PCD Bank）　100
コミュニティ開発金融　1-4, 13, 15, 16, 24, 34, 35, 38, 53, 54, 75, 107, 152, 177, 187-189, 191, 255-260
——政策　80, 92, 102, 109, 186
コミュニティ開発金融機関（CDFI）　3, 4,

279

29, 36, 40, 54, 58, 115, 255
コミュニティ開発クレジットユニオン　51,
　52, 55, 60, 64, 157, 160, 161, 167, 225, 258
　──全国連合会（NFCDCU）　52, 76
コミュニティ開発団体（CDE）　96
コミュニティ開発ベンチャーキャピタルファン
　ド協会（CDVCA）　69, 77
コミュニティ開発法人（CDC）　53, 75, 102,
　118, 163, 258
コミュニティ開発ローンファンド　55, 60
コミュニティ銀行　28, 51
コミュニティ施設　13, 15, 38, 54, 72, 106, 109,
　121, 140, 255
コミュニティ投資　16, 17, 24, 27-35, 45, 55,
　57, 58, 75, 80, 81, 84, 102, 189, 256, 257
コミュニティ投資センター（Community
　Investing Center）　57
コミュニティビジネスサポートセンター
　206, 212
コモン・ボンド　51, 60, 161
コンサルティング　23, 55, 134-138, 140-148,
　163-165, 208-210, 219, 241

さ　行

財政支援（FA）　92
財団法人大阪府地域支援人権金融公社（ヒュー
　ファイナンスおおさか）　174
財団法人横浜企業経営支援財団（IDEC）
　213
佐藤順子　229
佐藤寛　9
サブプライム問題　86
サブプライム融資　87
サブプライムローン問題　86, 88, 90, 98, 117,
　151
シカゴ・コミュニティローンファンド（CCLF）
　72
シカゴ・コモンズ　131
事業関連投資（PRI）　55-57, 75, 117
資金仲介組織　55, 56, 121, 147
静岡県労働金庫　174, 244
市民セクターよこはま　209
市民バンク　174

市民風車　175
市民フォーラム21・NPOセンター　207, 210
社会開発　8-18, 20, 21, 24, 33-35, 45
　──論　3, 5, 9, 13, 15, 16, 18, 20, 152, 255,
　256, 259
社会業績指標　69, 70, 257
社会的責任投資　3, 5, 27, 45, 66, 70
社会的投資フォーラム（Socially Investment
　Forum: SIF）　57
社会的排除　1-3, 5, 10, 16, 22-24, 29, 34, 53,
　151, 181, 191, 257-260
社会的包摂　3, 11, 12, 16-19, 255, 258
シャプラニール＝市民による海外協力の会
　20
ショアバンク　54, 77, 88, 130, 140
消費者信用生活協同組合（信用生協）　174,
　237, 246
食・農等コミュニティビジネスモデル事業
　210
女性・市民コミュニティ・バンク　175, 182,
　183
女性・市民信用組合（WCC）設立準備会
　175
女性銀行　20
信用金庫　176
スクリーニング　5, 27-33, 257
鈴木正明　37
生活再生相談室　176
生活サポート生活協同組合・東京　246
生活福祉資金　227, 228, 231, 233, 234, 239,
　250, 251
セーフティネット貸付　232, 234, 246, 247,
　249-252
セーフティネット貸付実現全国会議　231,
　234
セクション108ローン保証　102
全国コミュニティ投資ファンド（NCIF）　69
全国地域再投資連合（NCRC）　102
全米クレジットユニオン連盟（CUNA）　53
ソーシャルバンク　28, 29
ソーシャルファンド型預金　216

た　行

索 引

大和証券グループ　224
多賀俊二＊　36
多重債務者　4, 37, 173, 174, 176-178, 191, 227, 231-235, 237-243, 245, 250
谷本寛治＊　34
地域再投資法（CRA）　3, 21, 80, 81, 87, 152, 157, 257
チャータースクール　97, 107, 118, 119, 122, 124, 125, 132, 136, 19, 142, 148, 256
チャリティ銀行　28
中央労働金庫　182, 236
中間支援組織　4, 45, 134, 143, 189, 193, 195, 200, 204-210, 212, 220
貯蓄金融機関監査局（OTS）　82
通貨監督庁（OCC）　82
テクニカルアシスタンス　135, 149
東海ろうきんNPO起業助成　210
東海労働金庫　207, 210
東京コミュニティパワーバンク（東京CPB）　176, 182
投資減税制度（NMTC）　56, 62, 65, 66, 85, 96, 106
ドミニ社会資本ファンド　66
トリオドス銀行　28

な　行

中嶋祐＊　155
新潟県労働金庫　244
新潟コミュニティ・バンク　176
日本共助組合　173
日本政策金融公庫　247
日本版グラミン銀行　235, 245
認定CDFI　62
ノーブル・ネットワーク　125, 136

は　行

長谷川勉＊　23
パックス・ワールド投資信託　66
パルシステム生協連合会　210
バンク・オブ・アメリカ（Bank of America）　68
評価・格付けシステム（CARS）　69-71
フェアマウント・ベンチャーズ社　144

藤井良広＊　29
ベンチャーキャピタル（VC）　38, 56, 61, 62, 117
北海道NPOバンク　176, 184
マイクロクレジット　17, 21, 22, 30, 123, 154, 155, 157
マイクロファイナンス　2, 3, 5, 11, 14-24, 28, 151-161, 163, 165-167, 224-228, 237, 249-252, 255-257, 259
────・ボンド　224

ま　行

まちづくり情報センターかながわ　211
松原治郎＊　9
マン・センター　129
ミッジリィ, ジェームズ（Midgley, James）　15
宮城県栗原市　235
未来バンク事業組合　175, 182
無尽講　172

や　行

山梨中央銀行　219
山梨中銀NPOサポートローン　219
有限責任中間法人生活サポート基金　176
融資保証制度（CAP）　101
ユナイテッド・フィラデルフィア銀行　141
由里宗之＊　81
よこはまCB Smiles　209
横浜こみゅにてぃろーん　213
横浜市経済観光局　214
横浜信用金庫　208, 213

ら　行

リーグル地域社会開発・規制改善法（リーグル法）　76
リレーションシップ・バンキング　80, 81, 178, 187, 188, 191
レッドライニング　53, 90
連邦準備制度理事会（FRB）　82
連邦政府抵当金庫（Ginnie Mae）　102
連邦預金保険公社（FDIC）　82
労働金庫　176

ローンファンド　54-56, 60-63, 65, 66, 69, 72,
　73, 75, 105, 122, 124, 126, 128, 132, 133, 167

わ　行

ワーカーズ・コレクティブ　204, 253
ワクチン債　224

アルファベット

ACCION USA　166
AMDA　21
ap bank　176
ARUN, LLC.　224
Bhatt, Nitin　154
CAMEL　79
Carr, James H. and Zhong Yi Tong　152
CARS　72
CDC　54-56, 102, 118, 122, 182
CDFI　21, 56, 59-63, 65-69, 71, 73-75, 85-89,
　92-95, 97-109, 115, 122, 123, 134, 135, 141,
　142, 148, 256, 257
　──データプロジェクト　63, 77
　──ファンド　52, 92, 96, 112, 157, 166
　──連合　102
Chicago Community Ventures (CCV)
　112, 134, 162
CRA　55, 57, 65, -67, 74, 82-92, 103-106, 109,
　246
　──近代化法案　92
　──クレジット (CRA credit)　85
EMN (European Microfinance Network)
　22
Ford 財団　56
Fundusz Mikro　22
GLS コミュニティ銀行　28
Illinois Facilities Fund (IFF)　67, 78, 124,
　135
Imp-Act　165
INAISE (International Association of
　Investors in the Social Economy)　28
KIVA JAPAN　224
LISC　56
MSO　143, 144
Mystyle@ こだいら　209, 211
NMTC　97
Nonprofit Finance Fund (NFF)　67, 78,
　128, 137
NPO 会計税務サポートサイト　209
NPO 会計税務専門家ネットワーク
　(NPO@PRO)　206, 209
NPO 事業サポートローン　36, 176
NPO バンク　29, 35-37, 81, 176-181, 183-186,
　188-191, 200, 208, 221, 226, 255
NPO 法人 EDGE　203
NPO 法人いわて生活者サポートセンター
　237
NPO 法人蜘蛛の糸　245
NPO 法人高齢社会の食と職を考えるチャンプ
　ルーの会　211
NPO 法人自立支援センターふるさとの会
　182
NPO 法人スペースふう　203
NPO 法人でっかいそら　215
NPO 法人北海道グリーンファンド　175
NPO 夢バンク　176, 184
Philadelphia Development Partnership (PDP)
　79, 93
Prescott, Edward Simpson　156
Servon, Lisa J.　153
SPM (Social Performance Management in
　Microfinance)　165
SRI　27-30, 33, 58, 66
Street UK　22
TA →経営支援
Taconic 財団　56
The Reinvestment Fund (TRF)　72, 79
VC　39, 40

《著者紹介》

小関　隆志（こせき・たかし）
1971年　東京生まれ。
1999年　一橋大学大学院後期博士課程修了。社会学博士（一橋大学）。
　　　　法政大学大原社会問題研究所，NPO法人建設政策研究所などを経て，
2001年　明治大学経営学部専任講師。
2006年　明治大学経営学部准教授。
専　門　NPO経営論，コミュニティ投資論。
主　著　「アメリカ・イギリスのコミュニティ開発金融機関（CDFI）による
　　　　マイクロファイナンス」『格差社会への視座』（社会政策学会誌17号）
　　　　法律文化社，2007年
　　　　「コミュニティ金融の基盤整備」塚本一郎・山岸秀雄・柳澤敏勝編著
　　　　『イギリス非営利セクターの挑戦』ミネルヴァ書房，2007年
　　　　「ソーシャル・ファイナンスとソーシャル・エンタープライズ」
　　　　塚本一郎・山岸秀雄編著『ソーシャル・エンタープライズ』丸善，
　　　　2008年

現代社会政策のフロンティア③
金融によるコミュニティ・エンパワーメント
——貧困と社会的排除への挑戦——

2011年6月10日　初版第1刷発行　　　　　　　　　検印廃止

定価はカバーに
表示しています

著　者　　小　関　隆　志
発行者　　杉　田　啓　三
印刷者　　中　村　知　史

発行所　　株式会社　ミネルヴァ書房
607-8494　京都市山科区日ノ岡堤谷町1
電話代表　(075)-581-5191番
振替口座　01020-0-8076番

©小関隆志, 2011　　　　　　　　　中村印刷・兼文堂

ISBN978-4-623-05940-9
Printed in Japan

地域社会と協働するコミュニティバンク　由利宗之 著　A5判 六五一二頁 本体六五〇〇円

貧困と社会的排除　岩田正美・西澤晃彦 編著　A5判 三三六頁 本体三五〇〇円

「日常的貧困」と社会的排除　宮坂順子 著　A5判 三三七頁 本体五五〇〇円

参加と連帯のセーフティネット　連合総合生活開発研究所 編　A5判 三三八頁 本体三二〇〇円

NPOと公共サービス　L・M・サラモン 著／江上哲 監訳　A5判 三二八頁 本体五五〇〇円

NPOと事業　谷本寛治・田尾雅夫 編著　A5判 二六〇頁 本体二四〇〇円

現代社会政策のフロンティア
① 生活保護は最低生活をどう構想したか　岩永理恵 著　A5判 三五二頁 本体五〇〇〇円
② 東アジアにおける後発近代化と社会政策　李蓮花 著　A5判 三二四頁 本体六五〇〇円

── ミネルヴァ書房 ──

http://www.minervashobo.co.jp/